쉽게 풀이한 다니엘서 강해

지구의 운명을 지배하는 손

written by
강병국

SOS TV

지구의 운명을 지배하는 손 – 다니엘서 강해

초판 1쇄 발행 2007년 11월 30일
초판 6쇄 발행 2016년 6월 6일

지은이 강병국
펴낸이 손계문

ISBN 978-89-959940-2-3 03230
값 13,000원

쉽게 풀이한 다니엘서 강해

지구의 운명을 지배하는 손

"그때에 네 민족을 호위하는 대군 미가엘이 일어날 것이요 또 환난이 있으리니
이는 개국 이래로 그때까지 없던 환난일 것이며 그때에 네 백성 중
무릇 책에 기록된 모든 자가 구원을 얻을 것이라." (단 12:1)

"다니엘아 마지막 때까지 이 말을 간수하고 이 글을 봉함하라
많은 사람이 빨리 왕래하며 지식이 더하리라." (단 12:4)

Contents

Introduction
지구의 운명을 결정짓는 예언들 / 8
예언 연구를 시작하면서 / 9 · 다니엘서의 결론 / 10 · 끝을 향해 달려가고 있는 지구 / 12 · 다니엘서에 나타나 있는 세상 역사 / 13

Chapter 1.
다니엘과 세 친구들의 신앙 / 16
유다의 멸망 원인과 하나님의 섭리 / 19 · 현대 교회의 영적 상태 / 20 · 하나님께서 사용하시는 젊은이들 / 22 · 개국 이래로 없던 환난 / 24 · 이름의 의미와 역할 / 27 · 왕의 음식을 거절한 청년들 / 30 · 진리와 원칙에 순종하는 곧은 마음 / 32 · 음식이 영성에 미치는 영향 / 35 · 주님 뜻대로 사는 사람들의 특권 / 37

Chapter 2.
2500년의 세상 역사를 보여주는 예언 / 40
예언을 통해 이루시는 하나님의 목적 / 42 · 참 그리스도인의 성품 / 46 · 꿈의 해석 / 50 · 하나님의 전도 방법 / 62

Chapter 3.
금신상과 풀무불이 주는 영적 교훈 / 66
하나님 숭배에서 우상 숭배까지 / 67 · 종교와 정치의 연합과 예언 연구의 중요성 / 69 · 하나님의 계명과 사람의 계명 / 73 · 용광로의 시련 속에서 단련되는 믿음 / 76 · 하나님을 신뢰한 결과와 순종의 열매 / 81

Chapter 4.
느부갓네살 왕의 회개와 간증 / 86

평강의 느부갓네살 왕이 되기까지 / 88 · 느부갓네살 왕의 타락과 하나님의 구원의 계획 / 90 · 꿈을 해석해 주는 다니엘의 권면 / 94 · 교만한 자를 낮추심으로 구속하시는 섭리 / 97

Chapter 5.
바벨론의 멸망 / 100

Chapter 6.
계명을 지키는 다니엘의 믿음과 신앙 / 110

신실한 신앙인으로서의 다니엘의 영향력 / 114 · 하나님의 계명을 목표로 반복되는 사단의 술수 / 116 · 기도의 중요성 / 119 · 순종하는 주의 백성에게 피난처 되시는 하나님 / 121

Chapter 7.
적그리스도에 대한 예언 / 128

다시 한 번 간단하게 복습하는 다니엘 2장 / 130 · 다니엘 2장의 속편인 다니엘 7장 / 131 · 계시에 대한 천사의 해석 / 133 · 첫 번째 짐승(사자) : 바벨론 / 135 · 두 번째 짐승 (곰) : 메대와 페르시아 (바사) / 137 · 세 번째 짐승 (표범) : 그리스 (헬라) / 138 · 네 번째 짐승 (무섭고 놀라운 짐승) : 로마제국 / 140 · 로마제국의 분열 / 144 · 열 뿔 가운데서 출현하는 작은 뿔 / 146 · 작은 뿔의 7가지 특징 / 147 · 작은 뿔에 대한 종교 개혁자들의 믿음 / 160 · 재림 전에 있을 심판의 광경 / 163

Chapter 8.
적그리스도와 성소 정결 / 166

수양 – 페르시아 / 169 · 수염소 – 헬라 (그리스) / 170 · 안티오커스 에피파네스에 대한 오해 / 173 · 작은 뿔의 등장과 그의 행적 / 174 · 2300일 예언과 성소 정결 / 178

Chapter 9.
성경에서 가장 긴 예언 / 190

다니엘 8장에서 배운 2300일 예언의 간단한 복습 / 191 · 성소 정결과 심판 / 192 · 다니엘의 기도 / 194 · 2300일 예언의 시작 기간인 70이레(주일)예언 / 198 · 그리스도의 초림과 유대 민족의 마지막 유예 기간을 가리키는 70주일 예언 / 198 · 70주일 예언이 2300일 예언에 속하였다는 3가지 증거 / 199 · 정확한 시간에 성취된 그리스도의 침례와 공중 봉사 사업 / 203 · 2300일 예언의 시작점 / 205 · 정확한 시간에 이루어진 그리스도의 죽음과 십자가 / 206 · 정확한 시간에 끝난 유대인의 은혜의 기간과 이방인들을 위한 복음 전파의 시작 / 208 · 2300일 예언의 종점에 대한 오해와 새로운 빛의 발견 / 209 · 2300일 예언에 대한 성경 학자들의 견해 / 212 · 모든 것이 마지막을 향해 달려가고 있다! / 213

Chapter 10.
미가엘과 사단과의 전쟁 / 216

Chapter 11-1.
남방 왕과 북방 왕 / 224

Chapter 11-2.
지구 역사의 마지막 부분에 대한 예언 / 238

다니엘 11장 1~39절까지의 복습 / 239 · 지금 이루어지고 있으며 앞으로 성취될 예언 / 240 · 마지막 때를 위한 예언 / 242 · 시대에 따라 변하는 북방 왕과 남방 왕의 정체 / 243 · 북방 왕의 복수 / 247 · 교황권과 미국의 비밀 동맹 / 250 · 마지막 시대의 영화로운 땅 / 252 · 영화로운 땅에 들어가는 북방 왕 / 254 · 교황권과 미국의 연합 / 255 · 짐승의 표 법령을 가속화 시키는 요소들 / 258 · 마지막 시대의 종교 개혁운동 / 264

Chapter 12.
다니엘서 예언의 결론 / 270

하나님의 참 백성을 호위하는 대군 미가엘 / 272 · 개국 이래로 없던 환난 / 274 · 부활의 소망 / 275 · 성경이 뜻하는 지혜 있는 자 / 277 · 마지막 때가지 봉함되어 있던 다니엘서 / 277 · 1290일과 1335일의 예언 / 280 · 다니엘서를 마치면서 / 284

지구의 운명을 결정짓는 예언들 | 서론

The introduction of Daniel

서론
Introduction

다니엘서 예언 연구 서론

예언 연구를 시작하면서

다니엘 예언 연구를 시작하게 된 여러분은 지금 여러분의 생애에서 가장 놀랄만하며 감격적인 예언들과 그 역사적 성취들을 발견하게 될 문턱에 와 있다. 성경에는 두 가지 예언서가 있는데 신약에는 요한계시록이, 구약에는 다니엘서가 있다. 이 두 책은 서로 깊이 연결되어 있기 때문에 두 책 모두를 참조하며 연구해야만 한다. 다니엘서는 오래 전부터 많은 교육자들과 종교 지도자들과 과학자들에게 애독되어 왔다. 미대륙을 발견한 콜롬버스는 다니엘서를 열심히 연구한 사람이었고 만유인력을 발견한 과학자 아이삭 뉴톤도 얼마나 이 책을 좋아했는지 모른다. 미국이 낳은 첫 번째 시인이었던 앤 브래스트릿(Ann Bradstreet)도 이 책을 연구하는 학도였고 또한 예일 대학의 초대 총장이었던 티모디 드와잇(Timothy Dwight) 박사도 이 다니엘서를 열심히 연구하는 학도 가운데 하나였다. 다니엘서에 기록되어 있는 예언은 인간의 긴 역사를 다루고 있으며 이 예언의 내용들은 우리가 살고 있는 현재 이 시대에까지 미치고 있는 놀라운 예언들로 가득 차 있다.

어떤 분들은 왜 우리가 약 2500년 전에 기록된 말씀을 연구하는데 시간을 바쳐야 하는가 라고 질문할지도 모른다. 왜냐하면 대부분의 사람들은 가장 최신의 현대적인 정보들을 알기를 원하기 때문이다. 정보가 홍수처럼 쏟아지는 현실 세상에서 왜 그토록 오래 전에 기록된 말씀을 연구하려고 애를 쓰냐고 묻는 분들에게 다니엘서는 오늘을 살고 있는 우리에게 가장 중요한 책이라는 사실을 말해주고 싶다. 독자들은 이 책을 읽어가면서 그 이유를 이제 분명하게 알게 될 것이다.

그러면 다니엘 예언 연구를 과연 어디에서부터 시작해야 할까? 여러분은 어떤 책을 읽을 때에 그 책의 마지막 장부터 읽어본 적이 있는가? 어떤 사람들은 책을 읽을 때 꼭 마지막 장부터 읽는다. 마지막이 흥미롭지 못하면 그러한 결론으로 인도하는 내용들을 읽을 필요가 없기 때문에 읽지 않는다는 것이다. 필자도 가끔 그렇게 하는 경우들이 있다. 이 다니엘 예언 연구도 마지막 장인 12장부터 먼저 읽어보도록 하자. 정말 이 예언이 연구할 가치가 있는 것인지 함께 알아보도록 하자.

다니엘서의 결론

다니엘서가 성경 어디쯤에 있는지도 잘 모르는 독자들이 있을 것인데, 다니엘서는 에스겔서와 호세아서 사이에 있으며 총 12장으로 되어 있다. 그러면 먼저 다니엘서의 마지막 장인 12장 중에서 다섯 절을 읽어 보자. 여기에서 우리는 다니엘서의 중점을 말해주는 핵심 용어를 발견할 수가 있다.

단 12:4, "다니엘아 마지막 때까지 이 말을 간수하고 이 글을 봉함하라 많은 사람이 빨리 왕래하며 지식이 더하리라."

단 12:6, "그 중에 하나가 세마포 옷을 입은 자 곧 강물 위에 있는 자에게 이르되 이 기사의 끝이 어느 때까지냐 하기로."

단 12:8, "내가 듣고도 깨닫지 못한지라 내가 가로되 내 주여 이 모든 일의 결국이 어떠하겠삽나이까."

단 12:9, "그가 가로되 다니엘아 갈지어다 대저 이 말은 마지막 때까지 간수하고 봉함할 것임이니라."

단 12:13, "너는 가서 마지막을 기다리라 이는 네가 평안히 쉬다가 끝날에는 네 업을 누릴 것임이니."

이 다섯 절들이 공통적으로 말해주고 있는 핵심 용어는 무엇인가? 그렇다. "마지막 때"이다. 다니엘서는 2500년 전에 기록되었지만 바로 이 세상 마지막 때를 위하여 기록된 예언서인 것이다. 다니엘 12장 4절을 다시 읽어보자. **"다니엘아 마지막 때까지 이 말을 간수하고 이 글을 봉함하라 많은 사람이 빨리 왕래하며 지식이 더하리라."** 천사가 다니엘에게 이 책의 의미를 봉함하라고(닫아 두라고) 하였는데, 언제까지 봉함하라고 했는가? "많은 사람이 빨리 왕래하"는 마지막 때가 올 때까지 봉함하라고 하였다.

우리가 살고 있는 이 시대를 보라. 지구가 창조된 이후 수천 년 동안 사람들이 말을 타고 다니는 속도로 움직이다가 지난 약 100여년 전부터 이 세상이 마지막이 되자 사람들이 갑자기 빨리 움직이며 교통하는 시대가 되었다. 말을 타고 다니던 시대를 지나 로케트를 타고 우주를 여행하는 놀라운 시대로 접어든 것이다. "많은 사람이 빨리 왕래하"는 마지막 때가 되면 다니엘 예언서의 예언이 정확히 이해될 것이고 그 적용 또한 이 세상 마지막 때에 와서야 드디어 풀리게 될 것이라고 했다. 또한 "지식이 더할"것이라고 했는데 특별히 성경의 다니엘서를 이해하는 지식이, 사람들이 빨리 왕래하는 이 마지막 때에 한층 더해지게 될 것이라고 말했다.

끝을 향해 달려가고 있는 지구

생각하는 사람이라면 모두가 다 현재 우리가 사는 이 시대는 위기일발의 직전에 와 있다는 사실을 느끼고 있다. 온 세계의 대도시들은 범죄의 소굴들이 되어가고 있다. 특히 미국의 형편은 더욱더 그러하다. 많은 나라들이, 그리고 여러 민족들이 전쟁의 일보 직전에 와 있는 상황들을 볼 수 있다. 아프리카의 나라들, 중동의 분쟁들은 큰 위기의 분위기에 휩싸여 있다. 과연 이스라엘과 팔레스타인 분쟁이 이스라엘과 아랍 민족들 간에 전면전으로 번지게 될까? 또한 북한의 핵 문제가 등장하여 국제사회를 긴장케 하고 있다. 미국은 이라크를 지나 이란과 긴장된 관계를 가지게 되었으며 나아가서는 모든 아랍권과 기독교계의 대립으로 번지고 있다.

이 세상 역사가 과연 어떻게 진행될 것인가? 지진과 해일과 폭풍과 기근, 홍수, 화재와 끊임없이 증가해만 가는 천연재해들이 지구촌을 긴장시키고 있지만 현재 가장 시급한 문제는 테러분자들과의 전쟁이다. 만약 그들이 여행 가방 사이즈의 핵폭탄을 미국의 대도시에 한번 터뜨린다면 과연 이 세상이 어떻게 흘러가게 될까? 지금 이 세상은 하나님의 심판이 없이도 스스로 자멸할 수 있는 가공할 폭탄들을 소유하고 있다. 과거에 핵 위기 상황에서 존 에프 케네디(John F. Kennedy) 대통령은 "우리는 함께 이 세계를 살리든지 아니면 함께 이 세계를 불 속에 태우든지 둘 중에 하나가 될 것입니다"라고 말했다. 이 세상 역사에 오늘날과 같은 위기의 상황이 과거에 없었다. 이제는 하나님께서 인간의 역사에 직접적으로 개입하실 때가 되었다.

과연 이 세상의 미래는 어떻게 되겠는가? 어떠한 방식으로 이 세상의 역사가 끝나게 될까? 우리 모두의 미래의 운명은 과연 어떻게 마무리 지어지게 될까? 바로 이러한 중요한 예언을 다루고 있는 책이 바로 다니엘서이다. 이 세상 역사의 흐름뿐 아니라 세상의 마지막 장면이 어떻게 마쳐지게 될지에 대하여 예언한 책이 다니엘서이다. 예수님 자신도 이 다니엘서의 중요성을 다음과 같이 인정하셨다. "그러므로 너희가 선지자 다니엘의 말한바 멸망의 가증한 것이 거룩한 곳에 선 것을 보거든(읽는 자는 깨달을 진저) 그때에 유대에 있는 자들은 산으로 도망할 지어다"(마 24:15,16).

예수께서 인용하신 다니엘의 예언은 로마가 예루살렘을 포위하고 멸망시킨 A.D 70년에 성취되었다. 예수께서는 다니엘을 신뢰할 수 있는 선지자로 지목하셨다. 그리고 그 말씀을 읽고 깨달으라고 경고하셨다. 그러므로 그리스도인들은 다니엘서에 있는 이 놀라운 예언들을 이해해야 한다. 한 가지 더, 이 다니엘서에는 1989년도에 있었던 공산권의 몰락에 대한 예언도 기록되어 있다. 흥미롭지 않은가? 어느 때보다도 그 필요성이 더 절실하게 된 이 중요한 예언들을 함께 연구해보도록 하자.

다니엘서에 나타나 있는 세상 역사

다니엘서는 마치 이정표와 같다. 다니엘서에 기록된 이정표들은 세계를 주름잡는 제국들의 일어남과 멸망을 예언한다. 이 세상의 정치적인 흐름을 정확하게 미리 말해준다. 이 예언 속에는 현재 유럽의 형편이 앞으로 어떻게 될 것인지에 대해서도 언급하고 있으며, 왜 세계 1,2차 대전을 통해서도 유럽이 하나의 나라로 합쳐지지 않았는지 그 이유를 말해 주고 있다. 이 예언들은 이 세상의 역사가 인간의 손에 달려 있는 것이 아니라 하나님의 손에 달려 있다는 사실을 분명하게 보여주고 있다. 다니엘서는 우리에게 세상의 마지막 역사가 어떻게 다가오고 있는지를 보여주고 우리가 어떻게 준비해야 할 것인가를 제시한다.

이 책 속에 있는 이야기들에는 그 목적이 있다. 다니엘이 사자굴에 던져진 실제적인 사건은 마지막에도 하나님의 백성들을 죽이려고 하는 명령들이 있을 것을 예표한다. 우리의 믿음이 시련받는 때가 이르러 올 것을 예고하고 있는 것이다. 그때에 어떻게 해야 할까? 어떻게 기도해야 할까? 우리가 과연 어디에서 능력을 얻어야 할까? 이러한 모든 문제들을 이해하기 위해서 다니엘이 겪은 경험을 연구하게 될 것이다. 그러므로 다니엘서는 마지막 시대의 사건들을 우리에게 예언해 주고 있을 뿐만 아니라 마지막을 위해 준비하는 일을 도와주는 예언서이기도 하다.

> "다니엘아 마지막 때까지 이 말을 간수하고 이 글을 봉함하라 많은 사람이 빨리 왕래하며 지식이 더하리라"
>
> 다니엘 12:4

다니엘과 세 친구들의 신앙 |제1장

Faith and Friendship

다니엘서 제 1 장

다니엘과 세 친구들의 신앙

서론에서 우리는 마지막 시대를 위하여 쓰여진 다니엘서에 대해서 살펴보았다. 다니엘서는 이야기와 예언이 함께 어우러져 있는 책이다. 먼저 1장부터 6장까지는 다니엘의 경험들에 대한 이야기이며 7부터 마지막 12장까지는 예언들을 기록해 놓았다. 처음에 나오는 6장까지의 이야기들을 통하여 장래에 다가오는 사건들을 대비해 어떤 준비를 해야 하는지를 가르쳐 주고 있다. 그러므로 6장까지의 다니엘의 경험과 이야기들을 깊이 이해해야 7장부터 나오는 예언에 대한 이해와 지식이 그 의미를 갖게 된다. 자 그럼, 이제부터 다니엘서 1장으로 가서 한 절씩 읽어 가면서 연구해보자.

단 1:1

"유다 왕 여호야김이 위에 있은 지 삼 년에 바벨론 왕 느부갓네살이 예루살렘에 이르러 그것을 에워쌌더니."

여기서 우리는 우선 다니엘서의 역사적 배경을 알 수 있다. 그 당시에 유다왕은 야호야김이었다. 원래 이스라엘 나라 12지파는 솔로몬 왕 이후에 북방 이스라엘 10지파와 유다 2지파로 갈라졌다. 그런데 북방 이스라엘은 너무나 불순종했기 때문에 B.C 721년경 앗시리아에 의해 멸망해서 다 흩어졌고 남쪽의 남방 유다만 남게 된다. 다니엘은 남방 유다가 바벨론에게 포로가 되어 잡혀있는 동안에 이 책 대부분을 기록한 것이며 메대 페르시아 시대에 기록한 것도 후반부에 조금 있다. 이 예언서는 유다 왕과 바벨론 왕 사이의 전쟁으로 시작된다.

이 전쟁은 이 세상의 선과 악의 대쟁투를 상징한다. 유다와 바벨론의 전쟁을 말하고 있지만 실제적인 사건을 통해서 하늘의 세력과 지옥의 세력의 투쟁을 나타내고 있다. 이 예언은 결국 하나님의 세력이 승리하게 되고 하나님의 계획이 이 땅에 성취될 것을 말하고 있다. 여호야김은 유다의 마지막 왕으로서 그는 25세부터 36세까지 왕위에 있었다(물론 여호야긴과 시드기야가 그 이후에 잠깐씩 다스리는 일이 있었지마는). 그런데 그는 유다를 반역과 불순종으로 이끌어 간 악한 왕이었다. 열왕기 상하와 역대상을 보면 유다 왕들의 역사가 나오는데 이것이 성경에 기록된 것은, 타락하고 반역한 나라를 하나님께서 어떻게 취급하시는가를 보여주는 것이고 또한 인간이 어떻게 해야 하나님과 올바른 관계를 가지며 어떻게 해야 영생에 이르고 어떻게 할 때 저주와 심판을 받는 것인지 알려주시기 위해서이다.

성경은 과장하거나 불필요하게 화려하게 꾸미는 미사여구가 없는 진리이다. 하나님의 안목으로 기록된 것이 성경이다. 유다 나라가 하나님께 충성하고 그분의 말씀들을 순종했을 때는 하나님께서 그들을 보호하시고 축복하셨다. 또한 이방 나라들이 쳐들어 오지 못했다. 그러나 그들이 반역하고 불순종했을 때에는 하나님께서 그들을 보호해 주실 수가 없으셨다. 그래서 바벨론의 느부갓네살 왕이 공격해 와서 다니엘과 유대 백성들을 포로로 잡아간 것이다.

유다의 멸망 원인과 하나님의 섭리

　예루살렘은 참 하나님을 예배하는 곳이다. 참 하나님과 그 진리에 대하여 세상에 알려주는 하늘 왕국의 대표자로 존재했다. 독자 여러분도 살아있는 하나님의 대리자이므로 하나님의 품성과 진리를 세상에 대표해야 한다. 참 하나님을 어떻게 섬기는 것인지를 보여주기 위한 실물교훈으로 예루살렘이 존재하고 있었다. 그러나 그들은 하나님의 법을 어기고 곁길로 가기 시작했다. 이방 나라들을 본받기 시작한 것이었다. 그래서 그들은 이방 나라들처럼 왕들을 요구하기 시작했다. 또한 이방신들을 섬기기 시작하였다. 하나님께서는 많은 선지자들을 보내셔서 여러 번 경고하셨지만 듣지 않음으로 인해 그들은 결국 바벨론의 포로가 된 것이었다. 만약 세상 사람들의 성공과 번영을 얻기 위하여 하나님의 뜻과 계명을 버리고 세상 사람들의 신을 섬기면, 하나님을 믿는 우리도 결국 유대인들처럼 하나님의 보호를 받지 못하게 되는 것이다. 이것은 우리에게도 영적인 교훈이 된다. 유다 나라가 바벨론에게 멸망하여 잡혀가게 된 두 가지 섭리와 목적을 알아보자. 하나님께서는 불행 속에서도 그분의 뜻을 이루신다.

　❶ 유다 나라를 회개시켜 자기들의 죄를 고백하고 하나님을 다시 신뢰할 수 있게 하시기 위하여 유대 백성이 바벨론의 포로가 되는 것을 허용하셨다. 번영의 때에 하지 못한 일들이 가끔 시련을 통하여 이루어진다. 우리가 슬픔과 고통과 어려움을 당할 때에 불평하고 원망하지마는 많은 경우에 우리의 시련을 통해서 하나님께서는 우리를 구원하시고 우리를 씻으시고 우리를 변화시키신다.

　❷ 그 당시 바벨론은 세계적인 대제국이었다. 하나님께 대한 진리의 지식이, 잡혀간 유대인들을 통하여 바벨론과 온 세상에 전파될 수 있게 하시기 위하여 바벨론의 포로로 끌려가는 것을 허용하셨다. 하나님의 놀라운 섭리가 아닌가! 유

다 나라가 멸망하고 포로로 잡혀 가는 일을 통해서도 하나님의 뜻을 이루셨다.

원래 바벨론은 유다 나라가 아닌 애굽을 공격하려고 했다. 그래서 처음에는 애굽과 근접해 있는 적은 나라들과 도시들을 공격하기 시작했다. 그때에 유다의 여호야김 왕이 바벨론과의 조약을 어기고 애굽과 화친을 맺었다. 그래서 바벨론이 유다를 침공하게 된 것이었다. 고대에 적군들이 성을 에워싸는 일은 참으로 끔찍한 일이었다. 먼저 성을 포위하여 식량의 통로를 끊어 버리고 성 안의 백성을 굶주리게 한다. 목이 마르고 먹을 것이 없어서 아이를 잡아먹는 끔찍한 일이 생긴다. 여러 주일, 여러 달 동안 백성들은 성 안에서 두려움 가운데 떨며 살게 된다. 곧 시가지에 피의 강이 흐르게 될 것을 예상하며 두려워 떤다. 기아 선상에서 허덕인다. 그때 갑자기 대포알 같은 돌들이 날아오기 시작한다. 성벽 위에 긴 사다리들이 놓여지고 적군들이 기어 올라오기 시작한다. 성벽이 무너지고 문이 부서지면서 적군들이 쳐들어온다. 피가 길거리에 낭자해진다. 이것이 옛날의 전쟁이었다.

현대 교회의 영적 상태

단 1:2

"주께서 유다 왕 여호야김과 하나님의 전 기구 얼마를 그의 손에 붙이시매 그가 그것을 가지고 시날 땅 자기 신의 묘에 이르러 그 신의 보고에 두었더라."

그 엄청난 전쟁이 유다 나라를 멸망시켰다. 그 무시무시하고 잔인한 바벨론 군사들이 들어와서 전부 부수고 도륙하고 금은 보화를 빼앗고 더욱 가슴 아픈 것은 성소에 들어가서 성소를 훼파하는 것이었다. 바벨론 군인들이 들어와서 하나님께 예배하고 제사드리기 위해 쓴 금은 기명들을 가지고 나간다. 성소는 이 우주를 지으신 하나님께서 임재하시는 곳인데 그 성전이 불타는 것이다. 상상해 보라! 있을 수가 있는 일인가! 우리가 진리를 가지고 있고 계명을 가지고 있는 것만이 중요한 것이 아니다. 우리는 그 진리와 계명을 따라 살아야 한다. 그렇게 할 때에 진리의 하나님이 우리 속에 계셔서 우리의 보호가 되시는 것이다. 형식적으로 이름만 그리스도인이 된다고 해서 주님의 사람이 아니다.

단 1:3~5

"왕이 환관장 아스부나스에게 명하여 이스라엘 자손 중에서 왕족과 귀족의 몇 사람 곧 흠이 없고 아름다우며 모든 재주를 통달하며 지식이 구비하며 학문에 익숙하여 왕궁에 모실 만한 소년을 데려오게 하였고 그들에게 갈대아 사람의 학문과 방언을 가르치게 하였고 또 왕이 지정하여 자기의 진미와 자기의 마시는 포도주에서 그들의 날마다 쓸 것을 주어 삼 년을 기르게 하였으니 이는 그 후에 그들로 왕의 앞에 모셔 서게 하려 함이었더라."

이런 중에 바벨론의 느부갓네살 왕이 특별히 명령해서 유다 나라의 젊은 왕족의 청년들과 똑똑한 청년들을 데리고 1차 포로로 데려갔다. 그들을 바벨론으로 데려가 바벨론 제국의 교육을 시키고 대학공부를 시켜서 다시 본국으로 돌려보낸 후 바벨론의 정책으로 자기 나라들을 다스리게 할 수 있도록 하기 위해서였다. 느부갓네살 왕은 유대와 전쟁 중에 본국에 있던 자기 부친 느보폴라살이 죽었다는 통고를 받았고 혹시 본국에 무슨 혁명이 일어날까 봐 장군들에게 전쟁을 맡기고 급히 바벨론으로 돌아갔다. 이때 느부갓네살 왕은 돌아가면서 유다 나라의 젊은 포로들을 먼저 데리고 간 것이다. 성전의 기병들을 가지고 가서 바벨론의 보물 창고에 두었다고 성경은 말한다. 생각해 보라. 말둑신은 이방신의 보물 창고를 맡고 있는 신의 이름인데, 이 말둑신의 창고에 하나님의 성전 안에서 쓰던 금은 기명들을 갖다 놓은 것이다.

이것은 오늘날 영적으로 기독교의 진리가 바벨론에게 빼앗긴 것과 같다. 바벨론의 이방 종교 가르침이 기독교회에 들어와서 순결한 진리가 타협되고 혼합되었다. 교인들의 영적인 생애가 타협되었다. 세상과 교회가 하나가 된 것이다. 세상의 출세를 하나님을 믿는다고 말하는 그리스도인도 원하고 있다. 그리스도인들이 세상의 욕심을 그대로 가지고 있다. 어떤 의미에서 하나님의 교회 안의 중요한 것들이 바벨론의 포로로 잡혀가 있는 듯한 그러한 영적인 상태가 오늘날 현대 교회의 상태가 아니고 무엇이겠는가! 그러므로 다니엘의 이야기가 그때 있었던 이야기일 뿐만 아니라 영적으로 우리에게 또다시 적용되고 있는 것이다.

하나님께서 사용하시는 젊은이들

느부갓네살 왕이 첫 번째 포로로 잡아간 젊은이들 중에는 다니엘과 세 친구들이 포함되어 있었다. 그들은 모든 참화를 목격했다. 자기 부모들이 죽임 당하는 것을 목격했을지 모른다. 그들은 걸어서 바벨론까지 먼 길을 끌려갔다. 성전기구들이 마차에 실려 가는 것을 보았다. 이런 상황에서 그들은 어떻게 했을까? 집에 있을 때에 갑자가 바벨론 군대가 쳐들어 왔다. 그리고 엄청난 전쟁이 시작되었다. 그들은 열심히 기도했을 것이다. "하나님이시여! 우리 부모를 살려 주십시오. 우리 왕국을 살려 주십시오. 우리 교회를 보호해 주십시오." 간절히 기도하며 하소연 했을 것이다. 그러나 그들의 기도에는 별 응답이 없는 것처럼 보였다. 그리고 군대들이 들어왔다. 엄청난 피비린내 나는 싸움이 계속 된다. 갑자기 대문이 부서진다. 군인들이 쳐들어 온다. 마당에 부모를 끌어내어 칼로 쳤을지 모른다. 성경에 이런 상황들은 정확히 성경에 기록되어 있지 않지만 그들의 부모가 살해된 것으로 추측할 수밖에 없다. 그때 다니엘의 마음 가운데 있었던 그 고통과 증오심이 어떠했겠는가! 자기 부모를 살해한 저 적군들, 나라를 멸망케 한 저 바벨론의 느부갓네살 왕 군대들, 성전을 훼파한 그들을 보면서 마음 가운데 분노와 질시와 증오와 억울함으로 가득 찼을 것이다.

그때 당시 다니엘의 나이는 젊은 17세~19세였을 것이다. 그는 분노하였으나 낙심하지 않았으며 절망 가운데 빠지지는 않았다. 어떻게 알 수 있는가? 그가 포로로 잡혀가서 하나님께 충성을 다하고 기도하는 것들을 보면서 알 수가 있다. 하나님께서 다니엘을 특별히 선택하신 이유를 알 수가 있다. 그는 그러한 시련 가운데서도 견디고 하나님을 여전히 신뢰하며 충성할 수 있는 그러한 품성이 준비된 젊은이였다. 이런 젊은이들이 교회에 지금 얼마나 있는지 모르겠다. 마지막 환난의 시기에 어떤 일이 있더라도 주 앞에 충성할 것을 마음에 작정한 젊은이들이 오늘날 교회에도 많이 있어야 되지 않겠는가! 그러나 현실은 그렇게 보이지 않는다. 독자 여러분들이 참석하는 교회의 젊은이들은 어떠한가? 다니엘서는 우리에게 놀라운 교훈을 주고 있다. 다니엘은 엄청난 경험 가운데서도 낙심하지 않았고 하나님께 대한 신뢰를 포기하지 않았다. 오히려 그는 기도의 사람이 되었다.

다니엘은 왕족이었다. 역사를 보면 다니엘은 왕의 친척이었다. 똑똑한 젊은 이로서 세 친구와 함께 1차 포로에 잡혀서 가고 있는 것이다. 신발이 변변할 수 있었겠는가! 먹을 것도 없이 엄청난 시련을 겪으면서 묶여서 끌려 간다. 분노와 답답함과 옆에 있지 않은 부모를 생각했지만 하나님을 버리지 않았다. 그에게 또 한 가지 깊은 실망을 주는 것이 있었다. 유다에서 바벨론으로 끌려가기까지 유다 광야와 모래밭을 거쳐 간다. 삭막한 사막을 지나 끌려가는데 그 옆에 한 마차가 지나간다. 그 마차 안에 눈에 익숙한, 예루살렘 성전 안에 있던 하나님을 예배하고 제사할 때 쓰던 금은 기명들이 실려가고 있지 않은가! 금촛대가 지나가고 있지 않은가!

다니엘서 5장에 보면 금촛대 뒤에 한 손이 나타나서 글을 썼다고 기록되어 있는데 그 금촛대는 바로 바벨론 군대들이 예루살렘에 쳐들어왔을 때 성전에서 가지고 왔던 금촛대이다. 그때 그의 마음 가운데 '하나님께서 우리를 버리셨나'하는 절망감을 느끼지 않았겠는가. 그러나 다니엘은 낙심치 않았다. 주님께서 분명히 어떤 목적이 있기 때문에 이런 일을 허용하신다고 믿었다. 그는 신뢰심을 가지고 계속해서 주 앞에 기도했다. 그의 기도와 헌신 때문에 하나님께서는 그를 택하셔서 바벨론 안에서 놀라운 일을 행하신다. 다니엘을 통해서 이 세상 역사의 놀라운 예언을 보여주시기 시작한 것이다.

개국 이래로 없던 환난

<u>다니엘 12장의 몇 구절을 먼저 이해해 본다</u>
단 12:1, "그때에 네 민족을 호위하는 대군 미가엘이 일어날 것이요 또 환난이 있으리니 이는 개국 이래로 그때까지 없던 환난일 것이며 그때에 네 백성 중 무릇 책에 기록된 모든 자가 구원을 얻을 것이라."

다니엘은 다니엘 1장부터 12장까지 기록하고 제일 마지막 장에 가서 지금까지 기록한 모든 말씀과 예언을 토대로 해서 우리가 이 마지막 시대, 예수님께서 이 땅에 다시 오실 바로 직전에 있는 마지막 시대의 환난에 대해서 설명해 주고 있다. 그러므로 이 다니엘 연구는 얼마나 중요한 것인가!

"네 민족"은, 다니엘이 믿던 진리 그대로를 믿는 마지막 시대의 영적 이스라엘 민족인 하나님의 참 교회를 상징한다. "대군 미가엘"은 누구인가? 예수 그리스도를 상징한다. 미가엘은 "누가 여호와와 같으뇨"라는 뜻으로서 하나님께만 붙일 수 있는 이름이다. 예수님께서 우리를 보호하기 위해서 마귀의 군대와 전쟁하실 때의 별명은 미가엘이다. 그러므로 미가엘이 당신의 백성들을 마지막 환난에서 보호하기 위해서 일어난다. 메데 페르시아 시대에 유대인들을 죽이라는 명령이 떨어졌었는데, 특별히 주님의 참된 백성들을 죽이라는 사형명령이 있었던 것을 알 수 있다. 그것은, 우리가 사는 이 마지막 시대에도 그런 일이 있을 것을 말하는 것이다.

그때에 어떤 일이 생기게 될 것인가? "**또 환난이 있으리니 이는 개국 이래로 그때까지 없던 환난일 것이며.**" 예수께서 이 땅에 오시기 전에, 지금까지 6천 년 인류 역사 가운데 단 한 번도 있은 적이 없는 놀라운 환난이 이르러 올 것이다. "**그때에 네 백성 중 무릇 책에 기록된 모든 자가 구원을 얻을 것이라.**" 하늘의 생명책에 이름이 기록된 자만 하나님의 보호를 받으며 구원을 받을 수 있다는 말이다. 하나님께서 다니엘 12장에 마지막 환난에 대하여 기록해 주신 것은 다니엘서 1장부터 12장까지에 있는 모든 내용들을 연구하면서 장래에 있을 사건들에 대한 예언들을 이해하고, 또한 그 속에 있는 이야기를 통해서 그러한 사건들이 다가 올 때에 어떻게 대처 할 수 있는지를 보여주기 위해서이다. 또한 준비된 사람들만이 미가엘의 보호를 받으면서 마지막 환난을 통과할 수 있다는 사실을 이 말씀이 설명해 주고 있다.

단 12:2, "**땅의 티끌 가운데서 자는 자 중에 많이 깨어 영생을 얻는 자도 있겠고**

수욕을 받아서 무궁히 부끄러움을 입을 자도 있을 것이며."

이 장면은 예수 재강림 직전에 나타나는 모습이다. 그러므로 예수께서 오실 때에 의인들의 부활이 있을 것이 분명한 사실이지마는, 예수께서 오시기 바로 직전에 어떤 모종의 특별한 부활이 있을 것을 이 절은 말하고 있다. 마지막 환난이 끝나는 무렵, 예수의 재강림 바로 직전에 또 다른 하나의 부활이 있을 것에 대한 힌트를 주고 있는 것이다. 그때에 많은 자들이 깨어나서 영생을 얻는다고 말하고(예수의 재림 시에 있을 의인들의 부활) 어떤 자들은 부활했다가 영원히 모욕을 당하고 다시 죽음을 당한다고 말씀하고 있다.

예를 들자면, 당신을 잡아서 심판하던 가야바와 안나스 같은 유대 대제사장들에게 예수께서 다음과 같이 말씀하셨었다. **"예수께서 잠잠하시거늘 대제사장이 가로되 내가 너로 살아 계신 하나님께 맹세하게 하노니 네가 하나님의 아들 그리스도인지 우리에게 말하라 예수께서 가라사대 네가 말하였느니라 그러나 내가 너희에게 이르노니 이 후에 인자가 권능의 우편에 앉은 것과 하늘 구름을 타고 오는 것을 너희가 보리라 하시니"**(마 26:63,64). 다시 말하자면, 예수를 잡아 십자가에 못 박아 죽인 자들이 무덤에서 일어나 하늘에서 재강림하시는 예수를 바라보며 그들이 과연 누구를 핍박하고 죽였는지에 대하여 충격적인 사실을 깨닫게 될 것이라는 것이다.

단 12:3, "지혜 있는 자는 궁창의 빛과 같이 빛날 것이요 많은 사람을 옳은 데로 돌아오게 한 자는 별과 같이 영원토록 비취리라."

다니엘은 마지막 시대에, 개국 이래로 없던 엄청난 환난이 온다고 예언하고 있는데 그때에는 더 이상 우리의 돈은 필요가 없어진다. 자동차, 좋은 직장, 좋은 평판, 인기, 편안한 집들이 더 이상 소용이 없게 된다. 그때 가장 중요한 것은 우리의 이름이 하늘 생명책에 기록되어 있는지의 여부이다. 그러므로 이제 머지 않은 장래에 우리가 애지중지하고 아끼는 것들은 다 재가 되어서 없어질 것이다. 그러나 앞으로 **"지혜 있는 자는 궁창의 빛과 같이 빛날 것이요 많은 사람을 옳은 데로 돌아오게 한 자는 별과 같이 영원토록"** 빛날 것이다. 이러한 경험을 하게 하는 책이 바로 다니엘서이다.

다니엘서는 오히려 우리가 살고 있는 이 현대 시대에 더 큰 의미와 예언의 적용을 가지고 있다. 바벨론의 느부갓네살 왕이 유다에서 포로로 잡아 온 젊고 똑똑한 청년들을 바벨론의 청년들과 그리고 다른 나라에서 포로로 잡아 온 청년들과 함께 바벨론 대학에서 3년 동안 특별 교육을 시킨 다음에 각각 자신들의 나라로 되돌려 보내서 그곳에서 정치를 하도록 하며 바벨론의 과학과 철학을 가르치게 했는데, 이것은 바벨론 제국이 고안해 낸 특별한 방법이었다. 바벨론 사람들이 직접 점령한 나라를 다스리는 것보다는 피점령국 사람들이 자신들의 나라를 다스리도록 하는 것이 저항과 폭동을 효과적으로 막을 수 있기 때문이었다.

포로로 잡혀 간 상황 속에서는 신앙대로 살기가 전혀 불가능하게 보이는 입장이었다. 다니엘 예언서는 그러한 상황 속에서도 하나님을 신뢰하며 승리하는 선지자 다니엘에 대하여 기록하고 있는 것이다. 다니엘 1장 6절부터 공부해 보자.

이름의 의미와 역할

단 1:6,7

"그들 중에 유다 자손 곧 다니엘과 하나냐와 미사엘과 아사랴가 있었더니 환관장이 그들의 이름을 고쳐 다니엘은 벨드사살이라 하고 하나냐는 사드락이라 하고 미사엘은 메삭이라 하고 아사랴는 아벳느고라 하였더라."

하나님이 다니엘과 세 친구를 통해서 어떤 일을 시작하시고 그들이 얼마나 신실했는지를 이 말씀이 설명해 주고 있다. 이때 다니엘과 세 친구들의 나이는 십대 후반이었다고 보는 것이 중론이다. 고등학교를 졸업하고 대학에 곧 들어갈 나이에 있었다. 어떻게 알 수 있는지 알아보자. 다니엘이 바벨론에서 약 70년을 살았는데 페르시아왕, 고레스왕, 다리오왕 때까지 그가 국무총리를 했었음을 다니엘서를 통해서 볼 수 있다. 그리고 4절에 그들을 "소년"이라고 표현했던 것을 보더라도 그들이 나이 많아서 잡혀간 것이 아니라는 것을 알 수 있다. 매우 젊은 나이에 하나님과 진리에 충성하는 그들의 모습이 다니엘서에 그려져 있다.

어떻게 그렇게 될 수 있었을까? 바로 그것은 훌륭한 가정교육의 결과였다. 그들의 부모들이 어릴 때부터 그들을 진실되게 가르쳤다. 또한 부모 자신이 하나님께 진실되게 순종하며 사는 모습을 그 자녀들에게 보여주었을 것이다. 훌륭한 가정교육을 받은 다니엘과 세 친구들은 그들이 받은 신앙 교육대로, 포로로 잡혀가서 희망이 없어 보이는 그러한 바벨론 도성 안에서도 그들의 신앙을 지키면서 충성스럽게 살았다.

그들을 잡아간 느부갓네살 왕도 또한 젊은 왕이었다. 그는 유대에서 온 청년들을 세뇌 교육시키기 시작했다. 그들의 신앙을 없애고 바벨론의 이교 신앙과 철학으로 그들의 머리를 채우고자 하였다. 그렇게 하기 위한 첫 번째 단계로 그들의 이름을 바벨론의 이름으로 바꿨다고 성경은 말한다. 성경에서 이름은 성품을 나타낸다. 예를 들자면, 야곱은 원래 히브리말로 "속이는 자"라는 뜻이다. 장자권을 얻기 위해서 그는 속이는 자였다. 그런데 그가 얍복 강가에서 승리한 다음에 하나님께서 그의 이름을 이스라엘이라고 바꿔주셨다. 이스라엘은 "승리자"로서 하나님과 씨름해서 이겼다는 뜻이다. 얍복 강가에서 성품의 변화를 경험한 다음에 그러한 이름을 받았다.

또, 아브라함은 원래 그의 이름이 아브람이었는데 아브람의 뜻은 "높이 들린 자"라는 뜻이고 아브라함은 "열국의 아비"라는 뜻이다. 성품과 태도가 변했을 때 그 이름을 바꾸는 것이 성경의 사상이다. 사도 바울도 원래 이름은 사울이었다. 그래서 느부갓네살 왕은 다니엘과 그 세 친구들을 바벨론의 철학과 신을 섬기게 하는 사람으로 바꿔주기 위해서 먼저 그들의 이름을 바꿔주고 있는 사실을 다니엘 1장에서 보게 된다.

히브리 이름으로 다니엘은 "하나님은 나의 심판자"라는 뜻이다. 그의 친구들은 그를 여전히 다니엘이라고 불렀을 것이다. 그의 이름이 불리어질 때마다 그는 그의 마음 가운데 다음과 같이 상기했을 것이다. "하나님께서 나를 지켜보고 계신다!" 히브리 사상에서 심판자는 재판관뿐만 아니라 변호자를 상징한다. 나를 변호하시고 내 곁에 항상 계시는 분, 나를 올바르게 판단하여 주시는 분이라는 뜻이 심판자라는 의미에 담겨져 있다. 다니엘은 자기 이름을 들을 때마다 하나님을 기억했을 것이다. 그러나 그의 이름이 바벨론의 이름으로 바꾸어지게 되었다. 바벨론의 이름으로 "벨드사살"이라고 불리워지게 된 것이다. 바벨론의 이방신인 "벨신의 보물을 맡은 자"라는 뜻이다. 얼마나 이상한 이름인가. 또한 다른 세 친구들의 이름을 살펴 보도록 하자. 하나냐, 미사엘, 아사랴이다. 하나냐 이름의 뜻은 원래 "주께서 내게 은혜로우시다"라는 뜻이다. 심지어는 포로생활과 슬픔 속에서도 은혜로우신 하나님을 기억할 수 있게 하는 이름이었다. 그러나 그의 이름을 "사드락"이라고 바꾸었는데 "태양(신)의 영감"이라는 뜻이다. 미사엘은 "하나님을 닮은 자"라는 아름다운 이름인데 "메삭" 곧 "세바 여신에게 속한 자"라는 뜻을 가진 이름으로 바꿨다. 아사랴는 "주께서 나의 도움이시라"는 뜻인데 "아벧느고"라는 이름으로 바꿔치기를 당하였는데, "아벧느고"는 "느보신의 종"이라는 뜻이다.

이렇게 바벨론 왕은 히브리 젊은이들의 이름까지 바꾸면서 그들의 참 하나님 여호와에 대하여 잊어버리게 만들려고 애를 썼다. 여러분들의 머리 속에 상상해 보라. 여러분들이 2500년 전에 살고 있었다고 가정해 보자. 집을 떠나 포로로 잡혀간 것이다. 집에서 약 1000마일 떨어진 원수의 땅으로 포로가 되어 가는 것이다. 부모님은 이미 살해 당했고, 피가 낭자한 조국의 거리들을 목격했다. 그리고 이제는 어마어마한 바벨론의 궁중의 한 연회장에 끌려와 있는 것이다. 느부갓네살 왕이 높이 들린 보좌에 앉아 있다. 건장한 군인들이 곁에 지키고 있다. 그런데 여러분들 앞에 맛있는 산해진미의 음식들이 상 위에 가득하고 거기에는 취하게 만드는 포도주들이 있으며 또한 먹지 못할 부정한 음식들이 가득 차 있다. 보기에 먹음직스러운 음식이 잘 차려져 있으며 매우 감각적인 분위기가 주변을 두르고 있다. 입에서 군침이 돈다. 그런데 이 모든 음식들은 먼저 우상에게 가서 바쳐진 후에 소년들 앞에 가져왔기 때문에 그것을 먹으면 바벨론의 우상을 섬기고 경배한다는 뜻으로 비추어지게 된다. 만약 이러한 분위기에 독자 여러분이 처해 있었다면 어떻게 했겠는가? 이러한 상황 속에서 다니엘과 세 친구가 놓여있는 것이다. 그들은 과연 어떻게 해야 될까? 이것은 얼마나 중요한 대목인가. 그들이 어떻게 했는가에 따라서 그들의 신실성이 많은 사람들 앞에서 드러나게 되는 것이다.

왕의 음식을 거절한 청년들

단 1:8~16

"다니엘은 뜻을 정하여 왕의 진미와 그의 마시는 포도주로 자기를 더럽히지 아니하리라 하고 자기를 더럽히지 않게 하기를 환관장에게 구하니 하나님이 다니엘로 환관장에게 은혜와 긍휼을 얻게 하신지라 환관장이 다니엘에게 이르되 내가 내 주 왕을 두려워하노라 그가 너희 먹을 것과 너희 마실 것을 지정하셨거늘 너희의 얼굴이 초췌하여 동무 소년들만 못한 것을 그로 보시게 할 것이 무엇이냐 그렇게 되면 너희 까닭에 내 머리가 왕 앞에서 위태하게 되리라 하니라 환관장이 세워 다니엘과 하나냐와 미사엘과 아사랴를 감독하게 한 자에게 다니엘이 말하되 청하오니 당신의 종들을 열흘 동안 시험하여 채식을 주어 먹게 하고 물을 주어 마시게 한 후에 당신 앞에서 우리의 얼굴과 왕의 진미를 먹는 소년들의 얼굴을 비교하여 보아서 보이는 대로 종들에게 처분하소서 하매 그가 그들의 말을 좇아 열흘을 시험하더니 열흘 후에 그들의 얼굴이 더욱 아름답고 살이 더욱 윤택하여 왕의 진미를 먹는 모든 소년보다 나아 보인지라 이러므로 감독하는 자가 그들에게 분정된 진미와 마실 포도주를 제하고 채식을 주니라."

성경은 말하기를 다니엘과 세 친구들이 뜻을 정하여 단호하게 그 음식을 먹지 않기로 결심하고 단호하게 거절했다고 말한다. 이것은 어려운 일이었다. 포로로 잡혀와서 대학에서 왕의 명령을 따라서 공부하고 있는 상황이다. 그런데 왕의 호의로 주어진 음식을 거절하는 것은 결단코 쉬운 일이 아니다. 다니엘과 세 친구들이 왕의 음식을 거절한 이유에는 두 가지가 있다. 첫째

는, 참 하나님 여호와를 섬기고 있기 때문에 바벨론의 우상들을 섬기는 일에 동참하지 않겠다는 표시였다. 둘째는, 왕의 진미와 포도주로 자기를 더럽히지 않겠다는 결심 때문이었다. 그러한 부정한 음식들과 포도주로 자기의 뇌세포들에게 영향을 주어 자기의 생각과 판단력을 흐리게 하지 않기로 마음을 굳게 정하였다는 뜻이다.

여러분들은 주님을 섬기는 신앙을 지키기 위해서 여러분의 몸과 마음을 깨끗하게 보존하는가? 왜 성경은 독주를 마시지 말라고 말하는가? 왜 하나님을 섬기는 사람은 좋지 않은 음식을 먹지 않는가? 그것은 우리의 두뇌와 몸을 깨끗하게 하고 건강하게 보존해서 우리가 하나님께 기도하고 말씀을 읽을 때 깨끗한 머리로 이해할 수 있게 하기 위해서이다. 그래서 그들은 하나님께서 원래 인류에게 주신 채식을 하기로 결정하게 된 것이다. 물론, 그것은 그들이 히브리 가정교육을 잘 받은 덕분이었을 것이다. 어렸을 때부터 채소, 곡류, 과일, 견과류들의 정결한 음식을 먹도록 교육을 받았을 것이다.

진리와 원칙에 순종하는 곧은 마음

우리도 환난이 오기 전에 먼저 마음을 곧게 정하는 습관을 키워야 한다. 어떠한 일이 닥칠지라도 하나님의 진리대로 살기로 작정하는 믿음을 지금 평화스러운 때에 키워야 한다. 그러한 결심은 우리 몸 가운데 어디 부분에서 이루어지는가? 가슴에서 하는가? 손에서 하는가? 그렇다. 우리 마음속에서 한다. 마음속에 있는 양심이 한다. 동물들에게는 양심이 없다. 해피라는 이름을 가진 개가 있다고 가정하자. 해피는 옆집 마당에 뼈가 있으면 그냥 달려가서 주어 먹는다. 해피는 그것이 남의 것이라는 생각이 없다. 양심이 없다. 하나님의 계명에 도적질하지 말라고 했으니 이것은 먹지 말아야 하는 생각의 기능이 마음 가운데 없다. 만일 옆집에 뼈가 있어도 가지 않는다면 양심의 소리 때문이 아니라, 그 옆집에 있는 큰 개에게 물릴까 봐 무서워서 안 가는 것이다. 다시 말해서 양심의 소리가 아닌 것이다. 그러나 인간에게는 동물과 다른 특수한 기능이 있는데 그것은 양심이다. 도덕적으로 옳고 그름을 판단할 수 있는 양심이 있다.

강물이 흐르는 대로 떠내려 가기는 쉽지만 물살을 거슬러 올라가는 일은 결심이 필요한 것이다. 필자가 오래 전에, 오래곤 주 태평양 연안에 있는 연어 양어장들에 가서 견학한 적이 있다. 바다로 방류되었던 연어들이 약 2년 후에 산란기가 되면 고향으로 돌아온다. 어떻게 알고 그 먼 길을 찾아 돌아오는지 참으로 기적이다. 과학자들이 연구하는 신비 가운데 하나이다. 연어 떼들이 새까맣게 돌아온다. 어장으로 가는 길이 좁지만 새까맣게 몰려서 올라간다. 피부가 벗겨지고 피가 나고 상처가 나도 고향으로 돌아가는 것이다. 흐르는 물을 거슬러 올라가며 어떤 때는 폭포수도 거슬러 올라간다. 폭포수를 치고 위로 올라오는 그 무서운 힘을 볼 때 우리가 경의의 마음을 가지지 않을 수가 없는 것이다.

다니엘과 세 친구들도 흐르는 세상의 추세를 거슬러 올라가며 하나님의 말씀을 순종하기로 마음에 작정하고 결심했다고 성경은 말하고 있다. 주위의 모든 사람들과 다르게 지목을 받게 될지라도 진리에 굳게 서기로 결정했다. 다니엘은 평범하게 살지 않기로 결심했다. 그는 주위 사람들과 달랐다. 여러분들의 생애는 어떠한가? 독자 여러분들은, 주님의 뜻과 진리를 알지만 주위 사람들의 눈총 때문에 타협하고 뒤로 물러가는 경험들이 혹시 없는가? 다니엘서의 예언이 제시하는 앞으로 다가올 환난을 위해서 다니엘과 같은 충성심과, 미리 결정하는 그런 결심과 믿음이 우리들 가운데 지금 있어야 한다.

여러분은 다니엘과 같은 그런 결심을 하고 살고 있는가? 주위에 있는 사람들에게 독특하다는 말을 듣는 것이 혹시 겁이 나는가? 옆 사람들의 비위를 맞추어 주기 위하여 원칙이나 진리를 혹시 타협하며 살고 있지는 않는가? 옆에 있는 교인 가운데 한 사람이 술을 마시기 때문에 아니면 주위 사람들이 다 마시니까 나도 할 수 없이 한잔 해도 괜찮다고 생각지는 않는가?

앞으로 큰 환난과 핍박이 우리 앞에 놓여 있다고 성경 예언은 말하고 있다. 그때는 엄청난 압박이 올 것이다. 지금 현재 평안한 시대에 우리가 자꾸 타협하고 산다면 그때 혼자 어떻게 설 수 있겠는가? 그런 엄청난 압박 속에서 여러분들은 혼자 설 수 있겠는가? 이것을 가르치는 것이 바로 다니엘 1장이다. 진리가 옳다는 이유 하나만 가지고도 분명하게 설 수 있어야 한다. 주님께서 "가라사대"라고 말씀하셨기 때문에 설 수 있는 결심이 우리 마음 가운데 있어야 한다. 다니엘 1장이 우리에게 가르쳐 주고 있는 가장 중요한 교훈은 진리를 위하여 혼자 설 수 있는 자가 되라는 것이다. 주위의 환경에 따라 변하는 자가 아니라 그 일이 옳기 때문에 두려움이 없이 혼자라도 설 수 있는 자가 되라는 것이 1장의 교훈이다.

필자가 좋아하는 한 문구가 있다. 한 백여 년 전에 쓰여진, "교육"(Education)이라는 제목 책의 한 페이지에 아주 아름다운 문구가 있다. "**이 세상에서 가장 큰 결핍은 사람의 결핍이다. 돈으로도 사고 팔리지 않는 사람, 마음속 깊은 곳이 참되고 정직한 사람, 죄를 죄라고 부르기를 두려워 하지 않는 그러한 사람, 나침판의 바늘이 항상 북쪽을 가리키듯이 그의 양심이 진실된 사람, 하늘이 무너질지라도 옳은 일을 위하여 설 수 있는 사람.**"

얼마나 좋은 말씀인가? 교회 안에서 정직한 사람, 비즈니스 할 때 믿을 수 있는 사람, 학교 생활에서 정직한 학생, 이웃들을 정직히 대하는 자들, 이러한 자들이 오늘날 얼마나 많이 필요한가! 오늘날 얼마나 많은 그리스도인들이 더 많이 알고, 더 많은 것을 소유하기 위해서 자신들이 믿는 진리와 원칙을 타협하며 살고 있는가! 이제 얼마 있지 않으면 짐승의 표의 환난이 우리에게 닥쳐 올 것인데 그때에 설 수 있기 위하여 지금부터 마음을 굳게 정하는 연습을 해야 할 것이다. 하나님께서는 다니엘과 세 친구들의 믿음을 보시고 그들을 크게 축복하셨다. 그들을 통하여 왕을 비롯하여 바벨론 전국에 하나님의 진리를 전하는 일을 이루셨던 것이다.

음식이 영성에 미치는 영향

> 단 1:17~21

"하나님이 이 네 소년에게 지식을 얻게 하시며 모든 학문과 재주에 명철하게 하신 외에 다니엘은 또 모든 이상과 몽조를 깨달아 알더라 왕의 명한바 그들을 불러들일 기한이 찼으므로 환관장이 그들을 데리고 느부갓네살 앞으로 들어갔더니 왕이 그들과 말하여 보매 무리 중에 다니엘과 하나냐와 미사엘과 아사랴와 같은 자 없으므로 그들로 왕 앞에 모시게 하고 왕이 그들에게 모든 일을 묻는 중에 그 지혜와 총명이 온 나라 박수와 술객보다 십 배나 나은 줄을 아니라 다니엘은 고레스 왕 원년까지 있으니라."

다니엘과 세 친구들은 기도했을 것이다. "이 시험을 이기게 도와주십시오." 그리고 책임자에게 가서 "여기에 있는 부정한 음식과 왕의 포도주로 우리 몸과 마음을 취하게 하지 말고 우리에게 채소와 과일과 물만 달라"고 부탁했다. 그리고 열흘 동안 시험해 달라고 했다. 다니엘과 세 친구들은 열흘 동안 그들이 원하는 대로 채소와 과일만 먹을 수 있도록 허락을 받았다. 열흘 후 그들의 용모가 훨씬 더 윤택해졌다고 성경은 말하고 있다. 하나님께서 특별히 역사하신 것이다.

음식물과 우리의 지성의 관계가 아주 밀접하고 깊은 관계가 있다는 사실을 여러분은 아는가? 우리가 먹는 것에 의해서 우리의 마음이 담겨져 있는 두뇌가 형성된다. 먹는 것은 참으로 중요하다. 술을 한 잔만 마셔도 그 술이 들어가서 우리 뇌세포의 얼마나 많은 부분을 파괴하는가! 먹는 것은 우리의 지성과 양심과 두뇌 세포와 우리의 성품과 우리 몸의 세포에 얼마나 지대한 영향들을 끼치는지 모른다. 이것은 지극히 과학적인 이야기이다.

시험과 유혹이 많은 바벨론 도성 중심에 살면서 다니엘과 세 친구들은 하나님께 충성하고 진리를 지키는 하나님의 도구가 되기 위해서 얼마나 절제하면서 신실하게 살았는지 모른다. 그들에게 무엇을 먹고 마시는가 하는 일은 매우 중요한 것이었다. 먹고 마시는 일에 타협하면 다른 도덕적인 결정도 타협할 수 있기 때문이다. 그래서 그들은 기초적으로 먹고 마시는 일에 주님의 뜻대로 살기 위해 굳게 결심한 것을 볼 수가 있다. 여러분들은 생활 속에서 무엇을 먹고 마시며 즐기고 있는가? 여러분은 기본적인 마음의 상태가 하나님을 기쁘게 하기 위해서인가? 아니면 내 입맛과 정욕의 기쁨을 위해서 살고 있는가?

다니엘 1장 17절의 중요성은 우리 마음 가운데 계속 살아서 감동을 주어야 한다. "하나님이 이 네 소년에게 지식을 얻게 하시며 모든 학문과 재주에 명철하게 하신 외에 다니엘은 또 모든 이상과 몽조를 깨달아 알더라". "몽조"

란 무엇인가? 그것은 계시이다. 하나님께서 꿈 등으로 주신 계시를 알게 되는 능력과 영성을 얻게 되었다는 말이다. 얼마나 중요한 말씀인가! 다니엘 1장 17절은 앞으로 오는 많은 엄청난 계시를 받고 깨달을 수 있는 지혜를 얻기 위해서 그가 먹고 마시는 일에 충성하기로 결심했다는 사실을 보여주고 있다. 하나님께서는 그들의 신실함 위에 축복해 주셔서 그들의 지성과 영성이 크게 발전하였다. 다른 학생들과 술객들보다 지혜와 총명이 10배나 더 뛰어났다고 성경은 말한다. 지식뿐만 아니라 잘 깨닫는 총명과 지혜를 주셨다. 지식과 지혜는 차이가 있다. 지식은 학문이지만 지혜는 깨달음이다. 특히 영적인 깨달음을 주셨다. 이것은 하나님의 큰 축복이다. 우리가 피곤해서 하나님의 성경 말씀을 잘 이해하지 못하는 것도 있지만 잘못 먹고 잘못 마시고 부절제하여 영적인 분별력을 잃어버릴 수 있다는 사실을 다니엘 1장은 가르쳐 주고 있다.

주님 뜻대로 사는 사람들의 특권

다니엘 1장은 다니엘 예언서의 서론이다. 하나님께서 사용하신 다니엘이 어떠한 사람이었다는 사실을 배우게 된다. 또한 그가 하나님께 신실하고 충성되지 아니했더라면 하나님께서 사용하실 수가 없었을 것이다. 여러분은 어떠한 생활을 살고 있는가? 여러분은 이 세상에 어떠한 이익보다도 하나님의 명령을 더 중요하게 여기며 살고 있는가? 다니엘 1장에서 배울 수 있는 또 하나의 교훈은 하나님의 뜻대로 살고 진리를 위해 자기의 육체를 쳐서 복종시키는 자, 어떤 환경 속에서도 변치 않고 주님의 뜻대로 살기로 결심하는 자, 바로 그런 자들을 주님께서 사용하실 수 있다는 것이다.

하나님께서는 다니엘과 세 친구들을 높여서 바벨론 안에서 사용하셨다. 다니엘은 느부갓네살 왕이 물러난 후에도 여전히 모든 신하들과 바벨론 제국에 속해 있는 모든 나라들에게 놀라운 증인의 역할을 하였다. 유다 땅에서 평화롭게 살고 있던 때가 아닌 환난의 때에 하나님께서 신실한 히브리 청년들을 사용하신 것이다. 평화로울 때 주님의 참된 증인 되기보다 시련의 때에 주님 앞에 신실하게 남아 있기로 결심할 때 주님께서 우리를 사용하실 수 있다.

다니엘 1장에서 꼭 기억할 것이 있다. 첫째, 어떤 입장에서 그들이 주님 앞에 신실하게 믿음을 지켰는지 이해해야 한다. 비위 잘 맞추면 호의호식할 수 있는 기회였지만 그러나 주님께 충성하고 하나님의 뜻대로 사는 것이 그들에게 있어서 가장 중요한 일이었다. 유다 땅에 있을 때보다 포로로 잡혀 갔기 때문에 오히려 온 세상에 복음을 전파하는 일을 하게 되었다. 그들의 감화 때문에 성경에 대한 지식이 그 주위에 있던 여러 나라에 퍼지게 되었다는 사실을 역사책과 고고학적인 기록을 통해서 확인할 수 있다. 그것이 바로 증인되는 것이다. 다니엘서 2장에는 심지어 그들을 포로로 잡아간 느부갓네살 왕이 회개하는 장면이 나온다. 다니엘 4장에는 성경 가운데 유일하게 여러 선지자들이 아닌 이방인 가운데 한 사람인 느부갓네살 왕의 고백이 기록되어 있다. 이것 또한 신실했던 다니엘 때문이었다. 주님의 뜻대로 순종하고 사는 일이 얼마나 중요한 일인가!

여러분들은 어떻게 살고 있는가? 성경을 읽고 예언을 읽으면서 주님의 참된 진리가 무엇이고 원칙이 무엇인지 알고 있으며 그 진리와 원칙대로 살고 있는가? 아니면, 나 혼자 이렇게 할 필요가 있는가 하는 낙심한 마음으로 하나님의 진리와 원칙을 하나씩 둘씩 타협하는 생활을 살고 있는가? 시련과 환난이 오면 그때 결심하려고 생각하고 있지는 않은가? 그때가 닥치면 이미 늦는다. 우리가 승리할 때는 그때가 아니고 지금이다. 오늘 오후에 유혹이 올 때를 기다렸다가 그때 결정하려고 생각한다면 언제나 패배할 수밖에 없다. 시험이 오기 이전에 먼저 확고한 마음과 결심을 가져야 한다. 우리의 승리는 오늘 먼저 있어야 한다. 지금 결심해야 한다.

마지막 환난 때에 주님께서 일어나신다고 했다. "감히 너희가 내 백성을 건드리느냐"라고 말씀하시면서.. 사자굴 속에서 보호하신 하나님, 사드락과 메삭과 아벳느고를 뜨거운 풀무불 속에서 보호하셔서 머리카락 하나 타지 않게 하신 하나님, 그 똑같은 하나님께서 지금도 하늘에 살아 계신다. 그분께서 다니엘처럼 신실하게 사는 자들에게 오늘도 함께 축복하시고 지혜를 주시고 보호하실 것이다.

2500년의 세상 역사를 보여주는 예언 | 제2장

Prophecy and History

다니엘서 제 2 장

2500년의 세상 역사를 보여주는 예언

다니엘서는 이 세상 역사의 마지막 시대를 위하여 기록된 책이다. 하나님께서 이스라엘을 택하신 목적이 있었는데 진리를 보여줄 수 있는 한 백성이 필요하셨기 때문이다. 또한 메시야가 태어나야 할 민족이 필요하셨다. 그런데 그 나라가 하나님의 말씀을 순종하지 않음으로써 그들이 택함 받은 목적이 실패로 돌아갔다. 그 결과로 유다는 바벨론의 침공을 받아 멸망했고 많은 사람이 포로로 잡혀서 바벨론 지방으로 갔다. 그 중에 다니엘과 세 친구들이 있었다. 그들은 3년을 바벨론 대학에서 공부한 후 최고의 졸업생들이 되었다. 지식뿐만 아니라 하나님의 영감을 이해하는 출중한 지혜가 그들에게 있었다. 바벨론의 학자들보다 10배나 더 지혜가 있었다. 하나님께서 당신을 순종하며 충성스럽게 따라오는 종들을 통하여 역사하시기 시작했다. 다니엘 1장에서 우리는 다니엘과 세 친구들의 충성됨을 보았다. 하나님께서 그들을 어떻게 축복하셨는지를 배웠다. 이제 다니엘 2장에 나오는 놀라운 예언을 연구할 것이다. 예언도 중요하지만 그보다 더 중요한 것은 예언 속에 나타나는 다니엘의 성품이다. 다니엘서는 마지막 시대를 위해서 기록된 예언서이다. 주님의 말씀에 대해서 분명한 확신과 미래를 볼 수 있는 지혜를 가지고 살도록 하시기 위해서 이 예언을 허락해 주셨다.

예언을 통해 이루시는 하나님의 목적

단 2:1

"느부갓네살이 위에 있은 지 이 년에 꿈을 꾸고 그로 인하여 마음이 번민하여 잠을 이루지 못한지라."

이 절에서 한 가지 모순점이 발견된다. 우리가 성경에서 모순되는 것 같은 점을 발견할 때에 걱정하지 말고 기도하며 기다리자. 하나님을 신뢰하도록 하자. 자세히 연구해 보면 그 뒤에 자세한 해석이 있고 이유가 있음을 발견하게 된다. 2장 1절은 느부갓네살 왕의 3년이 아니라 느부갓네살 2년이라고 적고 있다. 다니엘이 포로로 잡혀간 후 3년 동안 공부했으니 느부갓네살 3년이라고 해야 되는데 2년이라고 한 이유가 무엇일까? 바벨론 왕들은 즉위하는 해는 계산하지 않기 때문이다. 즉위하는 해는 0년으로 계산하기 때문이다.

고대 왕들은 꿈을 아주 중요시했다. 꿈은 신이 그들에게 무엇을 현시해 주기 위한 수단이라고 생각했다. 느부갓네살 왕은 이 꿈을 범상한 것이 아닌 특별한 계시로 생각했다. 다니엘서에서 세 번째 앞으로 돌아가면 아모스라는 책이 있는데 아모스 3장 7절에 다음과 같은 말씀이 있다. **"주 여호와께서는 자기의 비밀을 그 종 선지자들에게 보여 주시지 아니하시고는 결코 행하심이 없으시리라."** 이 세상 역사 속에 일어나는 중요한 일들을 하나님께서는 당신의 백성들에게 먼저 알려주시는 것이다. 주님께서 알려주시지 않고서는 하시는 일이 없다고 성경은 말하고 있다. 다니엘 2장은 이 세상 역사의 흐름에 대한 줄거리를 알려주고 있다.

"너희는 옛적 일을 기억하라 나는 하나님이라 나 외에 다른 이가 없느니라 나는 하나님이라 나 같은 이가 없느니라 내가 종말을 처음부터 고하며 아직 이루지 아니한 일을 옛적부터 보이고 이르기를 나의 모략이 설 것이니 내가 나의 모든 기뻐하는 것을 이루리라 하였노라."(사 46:9,10) 우리가 믿는 하나님은 예언의 하나님이시요, 과거와 현재와 미래를 아시는 하나님이시요, 장래의 일들을 미리 보여 주시고 말씀해 주시는 하나님이다. 그런 하나님은 이 우주의 여호와 하나님밖에 없으시다. 바벨론의 13종류의 우상의 신들은 그렇게 할 수가 없었다. 어떤 점성술사들이 우리의 과거에 있었던 일들을 얘기해 줄 때에 거기에 놀라 미래에 대하여 점치는 말까지 믿어버리게 되는 경우들이 있는데, 마귀는 과거와 현재에 대해서만 알고 미래는 볼 수가 없는 존재이다.

하나님께서 우리에게 <u>예언을 주신 목적</u>이 있다.

❶ 예언이 정확하게 성취되는 역사의 장면을 보면서 하나님의 전지전능하심을 더욱더 신뢰하도록 하기 위해서이다.
❷ 성경 말씀의 확실성을 알려주시므로 하나님을 더욱 신뢰하도록 하기 위해서이다. - 성경은 그저 인간들의 작품이 아니고 문학 서적도 아니며 역사책도 아니다. 이것은 성령께서 주신 영감의 말씀이다.
❸ 성경 예언은 과거와 미래를 연결시켜 줌으로써 불확실한 미래를 두려움 없이 맞이 할 수 있게 해 준다. - 이 세상 역사의 흐름이 우연이 아니라 하나님께서 주관하신다는 것을 알려준다.
❹ 확신을 가지고 현재를 살 수 있게 하기 위해서 예언을 주셨다.

느부갓네살 왕이 자기가 세운 이 나라가 앞으로 어떻게 될까 염려하며 잠자리에 들어갔고 하나님께서 그에게 꿈을 주셨다. 그런데 문제는 그가 그 꿈의 내용을 잊어버린 것이다.

단 2:2

"왕이 그 꿈을 자기에게 고하게 하려고 명하여 박수와 술객과 점장이와 갈대아 술사를 부르매 그들이 들어와서 왕의 앞에 선지라."

이 점장이와 술사들은, "과거를 알지만 또 미래를 안다"고 항상 장담하며 왕에게 조언했던 사람들이다. 그래서 느부갓네살 왕은 그 자신만만한 술객들을 전부 다 불렀다. 그래서 자기가 잊어버린 꿈도 맞추고 꿈에 대한 해석도 해 달라고 명령했다. 바벨론은 천문학과 점성술의 시조 나라이다. 박수는 무당이란 뜻이고 술객은 마술사들(Sorcerers)을 말한다. 이 사람들은 죽은 자들과 교통할 수 있다고 장담했다. 점장이는 점성학자들(Astrologers)을 말한다. 이들은 별의 움직임을 통해 점치는 사람들이었다. 갈대아 술사들은 과학자들이며 수학자들이었고 이 과학과 수학을 통해 미래를 점칠 수 있다는 사람들이었다.

"네 하나님 여호와께서 네게 주시는 땅에 들어가거든 너는 그 민족들의 가증한 행위를 본받지 말 것이니 그 아들이나 딸을 불 가운데로 지나게 하는 자나 복술자나 길흉을 말하는 자나 요술을 하는 자나 무당이나 진언자나 신접자나 박수나 초혼자를 너의 중에 용납하지 말라 무릇 이런 일을 행하는 자는 여호와께서 가증히 여기시나니 이런 가증한 일로 인하여 네 하나님 여호와께서 그들을 네 앞에서 쫓아 내시느니라."(신 18:9~12) 이 말씀과 같이 이런 일은 절대로 용납해서는 안 되는 일이다. 그러나 느부갓네살은 진리를 모르고 하나님을 몰랐기 때문에 의지하던 모든 신접자들과 요술객들을 불러 꿈을 해몽하려고 했던 것이다.

단 2:3~6

"왕이 그들에게 이르되 내가 꿈을 꾸고 그 꿈을 알고자 하여 마음이 번민하도다 갈대아 술사들이 아람 방언으로 왕에게 말하되 왕이여 만세수를 하옵소서 왕은 그 꿈을 종들에게 이르시면 우리가 해석하여 드리겠나이다 왕이 갈대아 술사에게 대답하여 가로되 내가 명령을 내렸나니 너희가 만일 꿈과 그 해석을 나로 알게 하지 아니하면 너희 몸을 쪼갤 것이며 너희 집으로 거름터를 삼을 것이요 너희가 만일 꿈과 그 해석을 보이면 너희가 선물과 상과 큰 영광을 내게서 얻으리라 그런즉 꿈과 그 해석을 내게 보이라."

다른 사람이 꾸고 잊어버린 꿈을 어떻게 알아 맞출 수가 있는가? 이러한 생떼가 어디에 있단 말인가! 느브갓네살 왕은 매우 조급했다. 자기가 꾼 꿈은 신이 준 것이며 너무나 중요하다고 느꼈기 때문이다. "너희들은 옛날부터 미래를 안다고 말했지 않느냐"라며 생떼를 쓰고 있는 것이다. 그들의 명예뿐만 아니라 생명이 달려있었다. 부름을 받고 왕 앞에 나온 바벨론 최고의 박사들과 술사들에게, 만일 왕이 잊어버린 꿈을 밝혀내어 해몽하지 못하면 "너희가 거짓말을 해 온 것이니까 너희와 너희 식구들을 다 죽이겠다"는 살인명령이 떨어진 것이다.

단 2:7,8

"그들이 다시 대답하여 가로되 청컨대 왕은 꿈을 종들에게 이르소서 그리하시면 우리가 해석하여 드리겠나이다 왕이 대답하여 가로되 내가 분명히 아노라 너희가 나의 명령이 내렸음을 보았으므로 시간을 천연하려 함이로다."

그들은 참 하나님을 아는 자들이 아니었다. 자기들의 지혜를 의지하고 악한 신과 악령을 의지하여 추측을 해오던 자들이다. 이 계기로 그들이 믿는 신이 참 신이 아닌 것을 그들은 뼈저리게 느끼게 되었을 것이다. 그들은 너무도 어려운 입장에 처하게 되었다. 자기들의 잘못된 믿음 때문에 그들과 그의 가족까지 죽게 될 입장이 된 것이었다.

단 2:9

"너희가 만일 이 꿈을 나로 알게 하지 아니하면 너희를 처치할 법이 오직 하나이니 이는 너희가 거짓말과 망령된 말을 내 앞에서 꾸며 말하여 때가 변하기를 기다리려 함이니라 이제 그 꿈을 내게 알게 하라 그리하면 너희가 그 해석도 보일 줄을 내가 알리라."

하나님께서 왜 느부갓네살 왕이 꿈을 꾼 다음에 잊어버리게 하셨을까? 만약 왕이 꿈을 정확하게 기억해서 꿈의 내용을 얘기해 준다면 누구는 못 풀겠는가! 꿈보다 해몽이 좋다는 말처럼 적당하게 둘러대면 될 것이었다. 하나님께서는, 당신의 종만이 꿈을 해석하도록 하기 위해 왕으로 하여금 꿈을 잊게 하셨던 것이었다.

단 2:10,11

"갈대아 술사들이 왕 앞에 대답하여 가로되 세상에는 왕의 그 일을 보일 자가 하나도 없으므로 크고 권력 있는 왕이 이런 것으로 박수에게나 술객에게나 갈대아 술사에게 물은 자가 절대로 있지 아니하였나이다 왕의 물으신 것은 희한한 일이라 육체와 함께 거하지 아니하는 신들 외에는 왕 앞에 그것을 보일 자가 없나이다 한지라."

여기에서 그들은 이 계시를 보여준 참 신만이 그 꿈을 해석해 줄 수 있다고 솔직히 고백하고 있다.

참 그리스도인의 품성

단 2:12,13

"왕이 이로 인하여 진노하고 통분하여 바벨론 모든 박사를 다 멸하라 명하더라 왕의 명령이 내리매 박사들은 죽게 되었고 다니엘과 그 동무도 죽이려고 찾았더라."

다니엘과 세 친구들도 바벨론의 대학을 졸업하고 박사가 되어 있었다. 그러므로 다니엘과 세 친구 또한 다른 박사들과 함께 죽임을 당하게 될 입장에 처하게 된 것이다.

단 2:14~23

"왕의 시위대 장관 아리옥이 바벨론 박사들을 죽이러 나가매 다니엘이 명철하고 슬기로운 말로 왕의 장관 아리옥에게 물어 가로되 왕의 명령이 어찌 그리 급하뇨 아리옥이 그 일을 다니엘에게 고하매 다니엘이 들어가서 왕께 구하기를 기한하여 주시면 왕에게 그 해석을 보여 드리겠다 하니 이에 다니엘이 자기 집으로 돌아가서 그 동무 하나냐와 미사엘과 아사랴에게 그 일을 고하고 하늘에 계신 하나님이 이 은밀한 일에 대하여 긍휼히 여기사 자기 다니엘과 동무들이 바벨론의 다른 박사와 함께 죽임을 당치 않게 하시기를 그들로 구하게 하니라 이에 이 은밀한 것이 밤에 이상으로 다니엘에게 나타나 보이매 다니엘이 하늘에 계신 하나님을 찬송하니라 다니엘이 말하여 가로되 영원 무궁히 하나님의 이름을 찬송할 것은 지혜와 권능이 그에게 있음이로다 그는 때와 기한을 변하시며 왕들을 폐하시고 왕들을 세우시며 지혜자에게 지혜를 주시고 지식자에게 총명을 주시는도다 그는 깊고 은밀한 일을 나타내시고 어두운 데 있는 것을 아시며 또 빛이 그와 함께 있도다 나의 열조의 하나님이여 주께서 이제 내게 지혜와 능력을 주시고 우리가 주께 구한바 일을 내게 알게 하셨사오니 내가 주께 감사하고 주를 찬양하나이다 곧 주께서 왕의 그 일을 내게 보이셨나이다 하니라."

얼마나 아름다운 이야기인가! 여기에 아름다운 사건이 하나 더 있으니, 다니엘이 박수들과 술객들에게 보인 그의 아름다운 성품이다. 그 성품이 24절에 기록되어 있다.

단 2:24

"이에 다니엘이 왕이 바벨론 박사들을 멸하라 명한 아리옥에게로 가서 이르매 그에게 이같이 이르되 바벨론 박사들을 멸하지 말고 나를 왕의 앞으로 인도하라 그리하면 내가 그 해석을 왕께 보여 드리리라."

바벨론의 박수들과 술객들이 다니엘을 얼마나 시기, 질투, 모함했겠는가! 저 유다 나라에서 포로로 잡혀온 히브리 사람이 너무나 잘 풀리고 왕의 은총을 받고 있는 것을 보면서 얼마나 그를 미워했겠는가! 그리고 얼마나 괴롭혔겠는가! 그러나 다니엘은 그들을 복수하지 않았다. 그들이 어려움 가운데 처해서 죽게 되었을 때 장군에게 부탁하여 죽음을 모면하게 하였다. 얼마나 아름다운 성품인가! 복수하지 않는 성품, 이것이 예수 그리스도의 마음이 아니고 무엇이겠는가! 다니엘이 하나님께로부터 계시를 받고 그것을 풀 수 있는 지혜와 능력이 있었던 이유는 그의 마음 가운데 원수를 용서하는 마음, 하나님의 성품이 있었기 때문이었다.

예수께서 십자가에 돌아가실 때 어떻게 하셨는가? "아버지시여, 그들을 용서해 주시옵소서. 저들이 하는 것을 알지 못하나이다"라고 기도하시지 않았는가! 기독교회 첫 번째 순교자인 스데반이 죽기 전에 어떻게 기도했는가? "하나님이시여, 저들을 용서해 주십시오. 저들이 하는 것을 알지 못하나이다." 이것이 바로 성령 충만한 주님의 종들의 품성의 특징이다. 이 예언 속에서 알알이 숨겨져 있는 하나님의 참된 백성들의 품성을 발견하게 된다.

단 2:25~28

"이에 아리옥이 다니엘을 데리고 급히 왕의 앞에 들어가서 고하되 내가 사로잡혀 온 유다 자손 중에서 한 사람을 얻었나이다 그가 그 해석을 왕께 아시게 하리이다 왕이 대답하여 벨드사살이라 이름한 다니엘에게 이르되 내가 얻은 꿈과 그 해석을 네가 능히 내게 알게 하겠느냐 다니엘이 왕 앞에 대답하여 가로되 왕의 물으신바 은밀한 것은 박사나 술객이나 박수나 점장이가 능히 왕께 보일 수 없으되 오직 은밀한 것을 나타내실 자는 하늘에 계신 하나님이시라 그가 느부갓네살 왕에게 후일에 될 일을 알게 하셨나이다 왕의 꿈 곧 왕이 침상에서 뇌 속으로 받은 이상은 이러하니이다."

다니엘은 하나님, 이스라엘의 여호와를 소개하고 있다. 그리고 그는 겸손하게 이 은밀한 비밀을 해석해 주기 시작한다.

단 2:29,30

"왕이여 왕이 침상에 나아가서 장래 일을 생각하실 때에 은밀한 것을 나타내시는 이가 장래 일을 왕에게 알게 하셨사오며 내게 이 은밀한 것을 나타내심은 내 지혜가 다른 인생보다 나은 것이 아니라 오직 그 해석을 왕에게 알려서 왕의 마음으로 생각하던 것을 왕으로 알게 하려 하심이니이다."

보통 사람 같았으면 얼마나 오만한 자세로 자신을 자랑했겠는가! 그러나 다니엘은 하나님을 의지했다. 주님께만 영광 돌리고 하나님께만 영광을 돌리게 하는 것이 그의 생애의 목적이었다. "이것은 내가 하는 일이 아니고 하나님께서 하시는 일입니다"라고 그는 말했다.

꿈의 해석

> 단 2:31~35

"왕이여 왕이 한 큰 신상을 보셨나이다 그 신상이 왕의 앞에 섰는데 크고 광채가 특심하며 그 모양이 심히 두려우니 그 우상의 머리는 정금이요 가슴과 팔들은 은이요 배와 넓적다리는 놋이요 그 종아리는 철이요 그 발은 얼마는 철이요 얼마는 진흙이었나이다 또 왕이 보신즉 사람의 손으로 하지 아니하고 뜬 돌이 신상의 철과 진흙의 발을 쳐서 부숴뜨리매 때에 철과 진흙과 놋과 은과 금이 다 부숴져 여름 타작 마당의 겨 같이 되어 바람에 불려 간 곳이 없었고 우상을 친 돌은 태산을 이루어 온 세계에 가득하였었나이다."

얼마나 놀라운 이야기인가! 이것은 하나님께서만 하실 수 있는 지혜의 일이었다. 이 놀라운 꿈의 해석을 듣고 나서 아마 이 느부갓네살 왕은 무릎을 쳤을 것이다. "맞다. 다니엘아, 네 말이 맞다. 그래, 이 꿈의 뜻이 무엇이냐?" 그 꿈에 대한 다니엘의 해석은 36~43절 가운데 있다.

> 단 2:36~38

"그 꿈이 이러한즉 내가 이제 그 해석을 왕 앞에 진술하리이다 왕이여 왕은 열왕의 왕이시라 하늘의 하나님이 나라와 권세와 능력과 영광을 왕에게 주셨고 인생들과 들짐승과 공중의 새들, 어느 곳에 있는 것을 무론하고 그것들을 왕의 손에 붙이사 다 다스리게 하셨으니 왕은 곧 그 금머리니이다."

"왕이 가진 그 모든 영광과 권세는 하늘에 계신 하나님께로부터 온 것입니다. 그러므로 주의하십시오. 그 권력을 선하게 사용하십시오. 온 만국을 다스릴 때 하나님께 영광을 돌리는 방향으로 통치하십시오"라고 다니엘은 왕에게 충고하고 있는 것이다.

[바벨론 - 금 나라]

단 2:31

"왕이여 왕이 한 큰 신상을 보셨나이다 그 신상이 왕의 앞에 섰는데 크고 광채가 특심하며 그 모양이 심히 두려우니."

단 2:32,38

"그 우상의 머리는 정금이요 … 인생들과 들짐승과 공중의 새들, 어느 곳에 있는 것을 무론하고 그것들을 왕의 손에 붙이사 다 다스리게 하셨으니 왕은 곧 그 금 머리니이다."

고대 바벨론 나라는 B.C 605~539년까지 존재했던 막강한 나라였다. 온 세계를 지배하는 제국이었다. 그 나라는 유프라테스 강 위에 건설되어 있었고 그 성 안에는 20년 동안 먹을 양식을 저장할 수 있는 창고가 있었다. 또한 성벽이 299피트의 높이였다. 그 성의 둘레가 60마일 둘레로서 크고 막강한 난공불락의 성이었다. 예레미야 51장 7절에 말씀하기를 "**바벨론은 여호와**

의 수중의 온 세계로 취케 하는 금잔이라"고 했다.

옛날 바벨론 성의 터는 지금의 이라크인데, 고고학자들이 이라크 남부에 가서 파 보면 옛날 바벨론 성의 터전을 발견하게 되는데 그 당시 금을 참으로 많이 사용했음을 알게 된다. 그래서 바벨론 나라는 금으로 상징되었다. 그런데 신상의 가치가 금, 은, 동, 철, 진흙의 순서로 내려가면서 그 금속의 가치는 점점 떨어지지만 강도는 점점 더 강해지는 것을 볼수가 있다. 무슨 뜻일까? 각 제국들이 바뀌면서 그 부요함은 줄어들어 갈지 모르지만 군사적인 힘은 점점 더 강력해질 것을 하나님의 지혜로 보여주신 것이다.

성경의 예언들의 적용은 대부분 바로 그 계시를 받은 선지자의 시대에서부터 시작된다. 다니엘이 설명한 이 예언은 다니엘이 살던 바벨론 시대로부터 시작해서 약 2500년이 넘는 지구상의 역사를 요약해서 한 눈으로 설명해 주고 있다. 아주 간단하지만 정확하고 요점이 분명한 줄거리를 가지고 역사를 미리 예언하여 준 것이다. 우리가 요한계시록을 공부하여 보면 계시록은 사도 요한이 살던 시대 즉, 로마 시대부터 세상 종말까지에 있을 중요한 사건에 대하여 예언해주고 있는 사실을 보게 된다.

[메대 페르시아 - 은 나라]

단 2:39

"왕의 후에 왕만 못한 다른 나라가 일어날 것이요."

금나라인 바벨론 다음, 두 번째 나라는 메대 페르시아 동맹국이었다. 고레스가 와서 바벨론을 정복했고 B.C 539~331년 사이에 존재했던 강력한 나라이다. 금신상을 보면 두 팔이 서로 안고 있는 모습을 볼 수 있는데 그 모습 속에서 우리는 메대와 페르시아가 동맹해서 바벨론을 쳐서 무너뜨리고 은나라가 되었던 역사를 생각하게 된다.

느부갓네살 왕이 본 꿈의 신상은 전체가 금으로 만들어진 것이 아닌 것처럼 한 나라가 세상을 계속적으로 지배할 것이 아니요, 나라들의 권세가 뒤바뀌면서 결국에는 인간 나라들의 권력들이 이 세상 역사를 주관하는 것이 아니라 하늘의 하나님께서 주관하신다는 사실을 알려 준다. 금으로 상징된 바벨론은 곧 쓰러지게 되고 그만 못한 은으로 상징된 메대 페르시아 나라가 그 뒤를 이을 것이라고 다니엘은 설명해주고 있는 것이다.

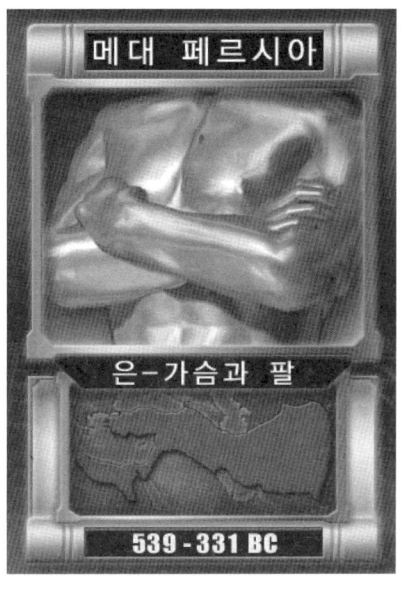

바벨론은 B.C 605년부터 B.C 539년까지 세상을 지배하였었는데, 느부갓네살 왕이 죽은 지 여러 해 후인 B.C 539년에 바벨론의 벨사살 왕이 잔치를 베풀고 있는 동안 밤에 몰래 페르시아의 고레스 왕이 거느리는 군대가 유프라테스 강을 빼돌린 후 수문 밑으로 군대들을 들여 보내어 난공불락의 성채였던 바벨론을 점령하게 되었다. 그날 밤, 벨사살 왕이 잔치를 즐기며 하늘의 하나님을 무시하는 말들을 하는 동안 한 손이 나타나 벽에 글씨를 썼다. 떨고 있는 왕 앞에 다니엘이 들어와 그 의미를 해석하여 준 사실이 다니엘 5장에 기록되어 있다. "기록한 글자는 이것이니 곧 메네메네 데겔 우바르신이라 그 뜻을 해석하건대 메네는 하나님이 이미 왕의 나라의 시대를 세어서 그것을 끝나게 하셨다 함이요 데겔은 왕이 저울에 달려서 부족함이 뵈었다 함이요 베레스는 왕의 나라가 나뉘어서 메대와 바사 사람에게 준바 되었다 함이니이다"(단 5:25~28).

성경의 예언에 의하여 B.C 539년에 메대와 페르시아의 동맹군에 의하여 바벨론이 멸망을 당하였는데, 페르시아의 고레스왕이 바벨론을 점령하기 150년 전에 벌써 선지자 이사야는 고레스 왕에 대하여 예언해 두었으며 고레스가 자기에 대한 예언이 기록된 성경을 보자 깜짝 놀라서 그는 다니엘과 유대 나라를 선대하고 예루살렘의 무너진 성전을 다시 건축하도록 허락하게 되었다. 이사야는 다음과 같이 예언해 두었다. "**고레스에 대하여 이르기를 그는 나의 목자라 나의 모든 기쁨을 성취하리라 하며 예루살렘에 대하여 이르기를 중건되리라 하며 성전에 대하여는 이르기를 네 기초가 세움이 되리라 하는 자니라 나 여호와는 나의 기름 받은 고레스의 오른 손을 잡고 열국으로 그 앞에 항복하게 하며 열 왕의 허리를 풀며 성문을 그 앞에 열어서 닫지 못하게 하리라**"(사 44:28~45:1).

성경은 인간이 기록한 책이 아니다. 이 책은 하나님의 영감으로 기록된 하나님의 말씀이다. 이 말씀들을 믿고 받아들이는 자들에게 영생의 문이 열리는 것이다. 성경의 예언들은 장래들을 미리 말하여 주고 심지어는 사람의 이름까지 150년 전에 기록해 두었다. 이 세상의 역사의 흐름은 하나님의 계획 속에서 움직여 나가고 있다. 그러면, 가슴과 팔 부분인 은으로 상징된 메대 페르시아가 다시 세상을 영원히 지배할 것인가? 다시 계속해서 예언을 살펴보도록 하자.

[그리스(헬라) - 놋 나라]

> **단 2:39**

"**셋째로는 또 놋 같은 나라가 일어나서 온 세계를 다스릴 것이며.**"

세 번째 제국은 놋 같은 나라 헬라였다. B.C 331~168년까지 존재했던 나라였다. 우리가 잘 아는 알렉산더 대왕의 나라이다. 가장 빠르게 세상을 정복했던 나라로서 동으로 만든 무기들을 만들던 나라로 유명하다. 그래서 그 나라를 동(놋)으로 표현했다. 얼마나 놀라운 주님의 지혜인가! 이 세상 역사의 줄거리를 만화처럼 쉽고 정확하게 보여 주고 있는 것이다.

다니엘은 두 번째 나라인 페르시아도 영원히 지속되지 못하고 B.C 331에 세 번째 제국인 헬라에 의하여 정복되게 될 것인데 그 세 번째 나라는 배와 넓적다리 부분으로서 놋으로 표현되어졌다고 설명하였다. 우리가 잘 아는 헬라왕 알렉산드리아는 25세 때에 왕이 되어서 33세 때에 그 당시의 온 세계를 점령하였으며, 인도 갠지스 강까지 가서 더 이상 정복할 나라가 없다고 하여서 땅을 치며 울었다는 이야기는 유명한 전설 중의 하나이다.

잘 알려진 역사가 아리안은 알렉산더 대왕에 대하여 기록하기를 "그가 영향을 미치지 아니한 나라나 도시들이나 사람들은 없을 것이다. 그의 행적과 사업에는 마치 하나님의 손이 함께 하신 것 같은 느낌이 든다"라고 말하였다. 위에서 언급한 대로, 이 예언 가운데서 한 가지 괄목할 만한 흥미있는 점은 금속의 가치가 금 신상의 아래로 내려가면서 떨어지지만 그 금속의 강도는 점점 더 강해져 간다는 것이다. 다시 말하자면, 잇따라 일어나는 제국들의 부요함이 점점 약해 질지는 모르지만 무력의 힘은 점점 더 커졌다는 뜻이 되겠다. 그러면, 세 번째 놋의 나라인 그리스가 영원히 지속될까? 아니다. 네 번째 나라가 등장하게 된다.

[로마 - 철 나라]

단 2:40

"넷째 나라는 강하기가 철 같으리니 철은 모든 물건을 부숴뜨리고 이기는 것이라 철이 모든 것을 부수는 것 같이 그 나라가 뭇 나라를 부숴뜨리고 빻을 것이며."

네 번째 나라는 가장 주목할 만한 나라인데, 그 나라는 그리스를 뒤엎은 나라이다. 어느 나라가 예수 그리스도께서 이 땅에 사실 당시에 세계를 지배하고 있었는가? 바로 로마제국이다. 그러므로 네 번째 제국은 로마이다. B.C 168 ~ A.D 351년 동안 세상을 지배했다. 신상의 두 다리는 철로 만들어져 있었는데, 이것은 로마제국이 나중에는 동로마와 서로마로 나뉘어지는 것을 상징한다. 거의 500년 동안의 긴 기간 동안 로마는 두 개의 제국으로 분리되어 존재하였다. 로마는 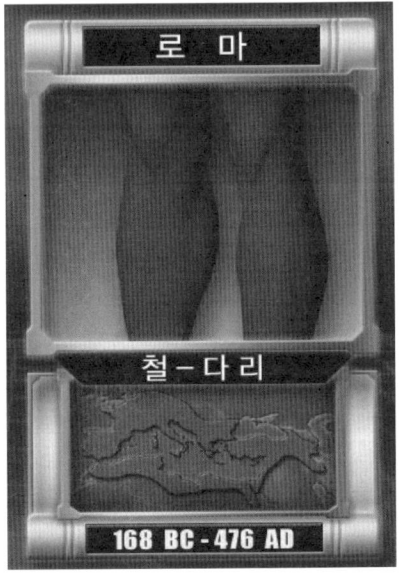 철처럼 짓밟고 물어뜯는 아주 강력한 군대를 가진 나라였다. 로마제국의 명령으로 예수의 부모인 요셉과 미리아가 호적하러 베들레헴으로 가게 되었고, 예수 그리스도께서도 로마 군인들의 철 못에 의하여 십자가에 못 박혀 돌아가셨다.

이렇게 성경은 이 놀라운 사실을 간단하면서도 자세하게 예언으로 기록하고 있는 것이다. 역사가 에드워드 기본(Edward Gibbon)씨는 자신의 책 "로마제국의 쇠퇴와 멸망"에서 다음과 같이 기록했다. "로마제국은 세상을 가득 채웠고 그 제국은 단 한 사람의 손 안에서 움직여졌다. 시이저를 대항하는 것은 불가능한 일이었다. 도망하는 일도 불가능하였다. 로마제국의 군대는 무적이었으며 항상 전쟁에서 승리하였고 유프라테스 강과 다뉴브, 라인 강들을 따라 차례대로 신속히 정복해 나아갔다. 금과 은과 동과 철의 상징들은 철의 제국에 의하여 무참히 부수어진 나라들과 왕들을 상징하기에 아주 적합하다." 이 역사가도 다니엘서 2장의 예언을 인용하여 역사를 흥미있게 기록한 사실을 볼 수 있다. 철로 상징된 로마는 강력한 군대를 가진 제국으로서 많은 나라들을 잔인하게 부수고 짓밟는 일을 자행한 사실을 역사 속에서 확인할 수 있다.

지금까지 세상 역사의 반복되는 패턴을 지켜 보면서, 한 나라가 일어나면 또 다른 나라가 그 뒤를 이어 일어나 세상을 지배하고 또 다시 다른 나라가 일어나서 이전 나라를 패망케 하면 곧 다시 다른 나라가 뒤를 이어 일어나는 네 번에 걸친 흥망성쇠의 연속을 바라 볼 때에, 우리는 그 뒤에 다섯 번째의 나라가 일어나게 될 것으로 추측하게 된다. 그러나 놀랍게도 성경은 그렇게 예언하지 않았다. 그 놀라운 예언의 국면을 살펴 보도록 하자. 별들과 항성들을 만드시고 운행하시는 하나님께서 세상의 역사도 지배하고 계신다는 사실을 확신케 해 주는 대목이다.

[열국 시대 – 철과 진흙 나라]

단 2:41~43

"왕께서 그 발과 발가락이 얼마는 토기장이의 진흙이요 얼마는 철인 것을 보셨은즉 그 나라가 나뉘일 것이며 왕께서 철과 진흙이 섞인 것을 보셨은즉 그 나라가 철의 든든함이 있을 것이나 그 발가락이 얼마는 철이요 얼마는 진흙인즉 그 나라가 얼마는 든든하고 얼마는 부숴질 만할 것이며 왕께서 철과 진흙이 섞인 것을 보셨은즉 그들이 다른 인종과 서로 섞일 것이나 피차에 합하지 아니함이 철과 진흙이 합하지 않음과 같으리이다."

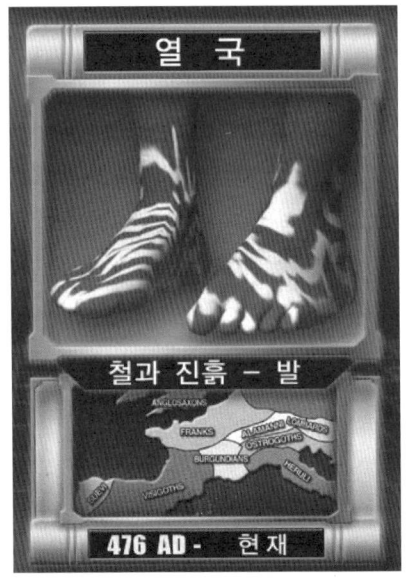

이 예언에 의하면 다섯 번째 제국은 없다. 네 번째 제국이 열 왕국으로 갈라진다. 철과 진흙이 섞인 것처럼 강하고 약한 나라가 섞이는 열국 시대가 도래한다. 오래 전부터 성경은 세상 역사를 정확하게 우리에게 이미 설명해 주었다. A.D 331년 이후부터 지금까지 로마제국은 분열되어 있는 채로 지금까지 존재하고 있다. 하나님께서 더 이상 합치지 못할 것이라고 하셨다. 주님의 예언은 한 번도 어겨진 바가 없다. 로마 나라가 나중에는 좀더 숫자가 많아지거나 적어진 적은 있지만 처음에는 정확하게 열 나라로 분열되었다는 사실을 역사가 증명하고 있다.

신상의 발과 발가락에 철과 진흙이 섞여 있는 것으로서 상징된 것은, 어떤 나라는 강하고 어떤 나라는 약한 나라들일 것이지만 이 세상은 열국으로 나뉘어져서 공존하게 될 것이라는 사실을 상징한다. 4세기 중반부터 5세기 중반까지 북쪽에 살던 앵글로 색슨, 프랑크, 알레마니, 벌건디안, 반달, 훈, 수에비와 같은 민족들이 약해져 있는 로마제국을 침략해 내려 오면서 제국의 토지들을 각기 제 나름대로 점령해 나가기 시작하였다. 프랑크족은 지금의 불란서를 이루게 되었고 앵글로 색슨은 영국에 머물게 되었으며 수에비족은 지금의 스위스를 점령하는 등 지금 우리가 알고 있는 현재 유럽을 이루게 되었다.

성경 예언의 정확성을 다시 한 번 살펴 보자. 바벨론, 메대 페르시아, 그리스, 로마가 순서대로 일어나더니, 인간의 생각대로 다섯 번째 나라가 일어나는 것이 아니라, 다니엘 선지자가 기록한 대로 여러 나라로 갈라진 열국 시대가 되더니 어떤 나라는 철의 금속처럼 강한 나라가 되고 어떤 나라는 진흙처럼 약한 나라로 남아있게 되었다.

그런데 이 유럽이 다시 연합하게 될까? 아니면 다시 세계를 제패하는 다른 한 세력이 등장하게 되는 것일까? 다니엘 2장 43절에서 읽은 바와 같이 그들은 피차에 합하지 못할 것이다. 로마제국의 멸망 이후로 여러 사람들이 유럽을 통합하려고 애를 썼지만 번번히 실패하였다. 살레망 대제의 시도도 실패하였고 나폴레옹의 유럽 정복의 시도도 결국은 수포로 돌아가고 말았다. 그 당시 유럽의 각 나라들은 왕자와 딸들을 서로 주고 받으면서 결혼을 시켰기 때문에 왕족들의 피가 서로 섞이게 되었지만 성경에 예언되어 있는 것처럼 피차에 합쳐지지가 않았다. "**피차에 합하지 아니함이 철과 진흙이 합하지 않음과 같으리라**"(단 2:43). 그래서 나폴레옹은 워털루 전쟁에서 패배한 이후에 "**전능자와 싸우는 일은 내게는 너무나 큰 일이다**"라고 말하였던 것이다.

히틀러는 온 유럽을 정복하는 일에 거의 성공한 듯이 보였을 때인 1941년 3월에 감히 다음과 같은 말을 한 적이 있다. "우리는 하나님의 도움이 필요 없다. 우리는 하나님 없이 우리의 무기로 이 전쟁을 싸울 것이다. 우리는 그의 도움 없이 승리를 거둘 것이다." 히틀러의 군대가 연합군을 영국 던커크 해협으로 몰고 가서 거의 물속으로 밀어 넣으려 하던 가장 긴박한 상황에 있었을 때에, 그렇게 좋던 날씨가 갑자기 흐려지더니 영국 해협에 안개가 짙게 내려앉았다. 그날 밤 윈스턴 처칠은 영국 국민들에게 방송으로 호소하여 모든 배들을 가지고 나오도록 하였다. 그래서 연합군들은 민간인들의 배들을 타고 무사히 영국으로 피신하게 되었고, 다시 재무장 정비하여 나아가 결국은 연합군이 세계 2차 대전을 승리로 이끌게 되었다. 참으로 아슬아슬한 순간이었다. 하나님께서 연합군을 도우셨던 것이다. 성경의 예언은 그들이 서로 섞일 것이나 피차에 합하지 아니할 것이라고 말하고 있다.

[뜨인 돌의 나라 – 세상 끝]

이 세상의 장래는 어떻게 될 것인가? 인류의 역사는 바벨론 시대를 지났다. 페르시아 시대도 지났다. 헬라 시대도 지났다. 로마제국 시대도 지나갔다. 우리는 지금 이 세상 역사의 머리나 가슴이나 다리의 시대에 살고 있지 않다. 우리는 발가락 시대에 살고 있다. 우리는 지금 바로 세상 역사의 마지막 시대의 그 끝에 살고 있다. 과연 이 세상의 역사는 어떻게 끝나게 될까? 다니엘 2장 44,45절은 다음과 같이 예언해 주고 있다.

단 2:44,45

"이 열왕의 때에 하늘의 하나님이 한 나라를 세우시리니 이것은 영원히 망하지도 아니할 것이요 그 국권이 다른 백성에게로 돌아가지도 아니할 것이요 도리어 이 모든 나라를 쳐서 멸하고 영원히 설 것이라 왕이 사람의 손으로 아니하고 산에서 뜨인 돌이 철과 놋과 진흙과 은과 금을 부숴뜨린 것을 보신 것은 크신 하나님이 장래 일을 왕께 알게 하신 것이라 이 꿈이 참되고 이 해석이 확실하니이다."

사람들은 염려한다. 이 세상이 핵 폭탄으로 멸망하든지, 아니면 환경 오염이나 인구의 증가와 식량의 부족으로 자멸할지 모른다고 말이다. 그러나 여기에 기쁜 소식이 있다. 이 세상은 핵 폭탄으로 망하지 않을 것이다. 식량난으로 자멸하는 것도 아니다. 세계 3차 대전으로 끝나든지 다시 빙하 시대가 오는 것도 아니다. 이 지구의 역사는 돌의 나라, 즉 인간의 손으로 만들지 아니한 왕국인 하나님의 나라가 임함으로 끝날 것이다. 그것은 곧 그리스도의 재림을 상징하는 것이다. 하나님께서 계획하신 때가 다 되었다. 이 세상 역사는 하나님의 심판과 함께 그리스도의 왕국을 이 땅에 세우심으로 종결지어질 것이다. 이 세상 나라들은 여름 타작 마당의 겨 같이 될 것이다(다니엘

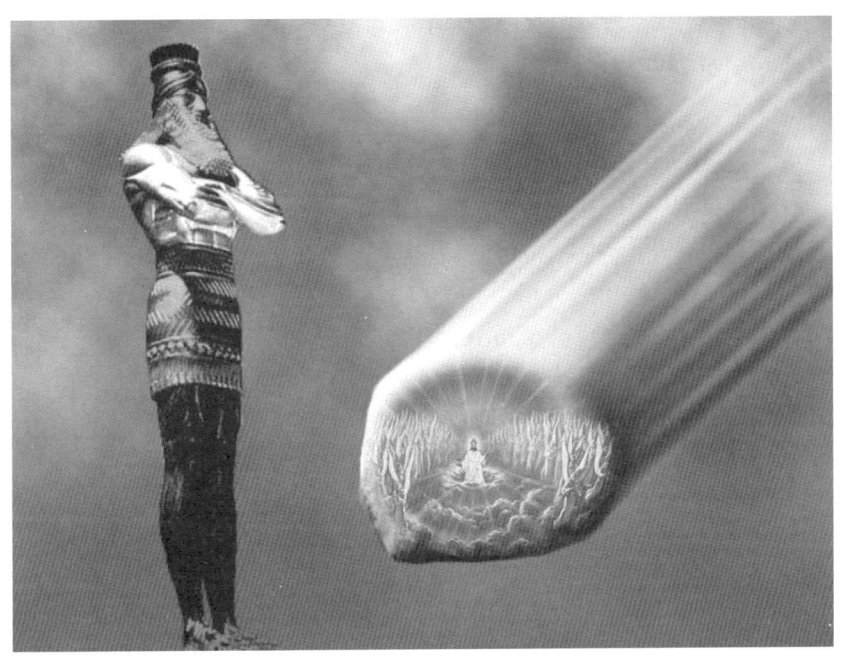

2:35 참조). 우리는 하나님의 심판을 통과하기 위하여 마음과 성품이 준비되어 있는가? 더 이상 겉치레의 위선적인 신앙이 우리를 보호하지 못하는 때가 곧 오고 있다. 신상을 쳐서 가루를 내어버릴 돌의 나라는 하나님의 나라를 상징한다. 언제 돌 나라가 임하는 것일까? 그 돌의 나라는 머리를 치는 것이 아니고 가슴이나 다리를 치는 것도 아니다. 이 "열왕의 시대"에 하나님의 나라를 세우신다고 하였다.

지금 유럽은 다시 모종의 연합을 이루어 유럽 연합이라고 불리는 한 나라로 만들려는 계획을 한창 진행 중이다. 그러나 성경은 유럽이 다시 고대 로마의 영광을 재현하는 연합을 이루지 못할 것이라고 예언하고 있다. 돌의 나라의 시대가 다가오고 있다. 이제 곧 임할 그리스도의 나라는 영원할 것이다. 거기에는 더 이상 슬픔과 이별이 없을 것이다. 고통이나 질병이나 죽음도 더 이상 없다. 거기에는 다시는 위험이나 굶주림도 없을 것이다. 죄의 역사가 영원히 끝날 것이다.

다니엘 2장 45절에 나오는 "뜨인 돌"은 예수님의 재림, 곧 하나님의 왕국을 상징한다(고전 10:4, 벧전 2:4, 눅 20:18). 이 땅을 예수님의 왕국으로 만들기 위해서 다시 오시는 것이다. 주님께서 구원을 베푸시는 일이 끝났다. 의인들이 준비되었다. 예수님이신 어린양의 신부가 준비되었다. 그래서 이 땅의 역사가 끝날 것이다. 이 땅의 왕들의 권력이 끝날 것이다. 각 나라의 국권이 끝날 것이다. 부자들의 욕망이 끝날 것이다. 세상의 욕심들이 끝날 것이다. 하루 아침에 갑자기 끝날 것이다. 그리고 예수께서 이 땅에 재림하실 것이다. 천천 만만의 천사들을 대동하시고 이 땅으로 임하실 것이라고 말씀하고 있다. 기억하라. 그때 여러분은 어디에 설 것인가?

이 땅의 주인이신 예수께서 오셔서 이 땅을 다시 재창조하시는 것이다. 주님의 계명을 지키는 의인들만 살 수 있는 아름다운 하나님의 왕국을 만드시는 것이다. 거기엔 더 이상 죽음이 없다. 슬픔도 이별도 없다. 죄도 없으며 두려움도 없다. 이런 식으로 이 세상 역사는 계속해서 갈 수가 없는 것이다. 예수께서 오셔서 중지시키고 끝내셔야 한다. 그래서 우리는 "주님이시여, 어서 속히 오시옵소서"라고 기도하는 것이다. 우리의 유일한 소망은 그리스도의 재림이다. 여러분의 가장 중요한 소망은 무엇인가?

하나님의 전도 방법

단 2:46,47

"이에 느부갓네살 왕이 엎드려 다니엘에게 절하고 명하여 예물과 향품을 그에게 드리게 하니라 왕이 대답하여 다니엘에게 이르되 너희 하나님은 참으로 모든 신의 신이시요 모든 왕의 주재시로다 네가 능히 이 은밀한 것을 나타내었으니 네 하나님은 또 은밀한 것을 나타내시는 자시로다."

누가 이겼는가? 정복한 느부갓네살 왕이 이겼는가, 아니면 정복당한 다니엘이 이겼는가? 인간적으로는 다니엘이 정복당한 것 같았지만 하나님을 신뢰하는 젊은 다니엘이 그 옛날 제국의 왕인 느부갓네살 왕을 이긴 것이다. 이것이 주님의 방법이다. 이것은 하나님의 승리였다. 왕이 절을 했다고 했다. 그 다니엘의 꿈과 해석을 들은 다음에 너무나 감동을 받고 그 여호와 하나님이 참 하나님인 것을 알고 인정했다. 하나님께서는 한 제국의 황제에게 이 세상을 다스리는 자가 세상 나라들의 왕이 아니라 하나님 당신 자신이라는 사실을 알려주신 것이다.

사람의 손으로 만들지 아니한 "뜨인 돌"은 인간 나라가 아닌 예수님의 재림을 뜻한다. 하나님의 왕국이 임하는 것이다. 드디어 제국의 황제인 느부갓네살 왕이 하나님을 알게 되었다. 이 예언을 통해서, 제국을 통치하는 것은 하나님이라는 사실을 알게 하므로 하나님께서는 그를 믿는 자로 만드셨다. 이때부터 느부갓네살 왕은 하나님을 두려워하는 자가 되었다.

단 2:48,49

"왕이 이에 다니엘을 높여 귀한 선물을 많이 주며 세워 바벨론 온 도를 다스리게 하며 또 바벨론 모든 박사의 어른을 삼았으며 왕이 또 다니엘의 청구대로 사드락과 메삭과 아벳느고를 세워 바벨론 도의 일을 다스리게 하였고 다니엘은 왕궁에 있었더라."

다니엘이 그 큰 제국의 국무총리가 되었다. 그 다음부터 다니엘은 사신들과 전세계 사람들에게 하나님의 진리를 가지고 얼마나 큰 영향력을 미쳤는지 모른다. 바벨론 당시 이 다니엘과 세 친구 때문에 하나님의 진리가 온 세상에 퍼졌다. 이로 인하여 외국의 나라들이 두려워서 자기들만의 종교를 만들기 위해 애를 썼다. 그래서 조로아스터교 등 다른 여러 가지 종교들이 생겨나게 된 것이다.

 기억하라. 하나님은 살아계신다. 이 단순한 예언을 보아도 주께서 살아계신 것을 알 수 있지 않는가! 이러한 이유 때문에 하나님께서는 바벨론의 왕에게 계시를 주신 것이다. 이렇게 감동을 받은 느부갓네살 왕은 이스라엘 백성들을 대신해서 하나님에 대한 진리를 온 세상에 전파해 주었다. 얼마나 효과적인 전도 방법인가! 우리가 주님을 신뢰하고 주님의 지혜로 가득 차서 다른 사람들로 하여금 우리의 성품을 보고 감동받게 하는 것이 하나님의 참된 전도법이다.

금신상과 풀무불이 주는 영적 교훈 | 제3장

Lessons from Trials

3
Chapter Three

다니엘서 제 3 장

금신상과 풀무불이 주는 영적 교훈

하나님 숭배에서 우상 숭배까지

다니엘서 2장에서 하나님께서는 미래를 정확하게 내다보신다는 사실을 확인하였다. 하나님께서는 역사가 이루어지기 전에 먼저 아시는 분이다. 다니엘 2장에서 하나님께서는 인류 역사의 흐름을 간단하게 요약하여 보여 주셨다. 금, 은, 동, 철, 그리고 철과 진흙이 섞인 발을 보여주셨고 우리는 현재 발가락 시대에 살고 있음을 알게 되었다. 지금 우리는 성경 예언에 따라서 지구 역사의 마지막 예언 성취의 시기에 살고 있다. 이러한 다니엘 2장의 배경에서 다니엘 3장이 시작된다.

느부갓네살 왕이 예루살렘을 멸망시킨 해가 B.C 605년이다. 그런데 다니엘이 붙잡혀 간 후 바벨론 대학에서 3년 동안 공부했으므로 다니엘이 왕의 꿈을 해석해 준 해는 B.C 602년이다. 다니엘 2장의 끝부분에서 느부갓네살 왕은 자신이 잊어버린 꿈을 해석하는 다니엘의 설명을 듣고서 너무나 놀라 이스라엘의 하나님의 능력을 시인했었다. 다니엘 2장 47절을 다시 한 번 읽어 보자.

단 2:47, "왕이 대답하여 다니엘에게 이르되 너희 하나님은 참으로 모든 신의 신이시요 모든 왕의 주재시로다 네가 능히 이 은밀한 것을 나타내었으니 네 하나님은 또 은밀한 것을 나타내시는 자시로다."

느부갓네살 왕은 이렇게 하나님을 믿는 믿음을 표현했다. 그리고 고고학에 의하면 다니엘 3장 사건이 일어난 해는 다니엘이 왕의 꿈을 해석 한 해로부터 약 10년 후이다. 그런데 다니엘 3장에서는 느부갓네살 왕이 자기가 시인했던 다니엘의 하나님이 주셨던 그 꿈의 해석을 거절하는 모습이 나온다. 그는 의심하게 되고 하나님의 능력보다 자기를 더 높이기 시작하는데 그 모습이 다음과 같이 기록되어 있다.

단 3:1~3

"느부갓네살 왕이 금으로 신상을 만들었으니 고는 육십 규빗이요 광은 여섯 규빗이라 그것을 바벨론 도의 두라 평지에 세웠더라 느부갓네살 왕이 보내어 방백과 수령과 도백과 재판관과 재무관과 모사와 법률사와 각 도 모든 관원을 자기 느부갓네살 왕의 세운 신상의 낙성 예식에 참집하게 하매 이에 방백과 수령과 도백과 재판관과 재무관과 모사와 법률사와 각 도 모든 관원이 느부갓네살 왕의 세운 신상의 낙성 예식에 참집하여 느부갓네살의 세운 신상 앞에 서니라."

혹시, 하나님께서 크신 일을 이루시거나 은혜를 베푸시거나 생명을 살려 주신 사실을 시간이 지나면서 잊어버리고 하나님의 뜻을 저버리고 잘못 행한 적이 있는가? 느부갓네살 왕은 그런 잘못을 여기서 행하고 있다. 다니엘 3장에도 2장에서처럼 또 하나의 신상이 세워진다. 느부갓네살 왕이 꿈 속에서 보았던 다니엘 2장의 신상은 종류가 각기 다른 금속들로 이루어져 있었다. 금, 은, 동, 철 그리고 철과 진흙이 섞여 있는 모습이었는데 느부갓네살 왕이 직접 세우는 3장의 신상은 한 종류의 금속 즉 금으로만 만들어졌다. 이것은 무슨 뜻일까?

하나님께서는, 이 세상의 역사가 하나의 제국에 의하여 영원토록 계속 지배되는 것이 아니라 시간이 지남에 따라서 새로운 제국이 세워지고 그 대를 이어가며 바뀔 것이라는 사실을 알려주기 위하여 느부갓네살 왕에게 네 종류의 금속으로 된 신상에 관한 꿈을 허락하셨던 것이다. 그러나 느부갓네살 왕은 자신의 왕국인 바벨론 제국이 멸망하고 장차 다른 나라가 세워질 것이라는 하나님의 계시를 부인하고자 하였다. 그래서 자신의 나라가 영원히 유지될 것이라는 것을 주장하기 위하여 머리에서부터 발끝까지 금으로 만든 신상을 세웠던 것이다. '내가 세운 이 나라는 영원히 간다. 다른 나라는 우리 나라를 칠 수가 없다!'라고 말하는 과시로서 금신상을 만들어서 두라 평지에 세워 놓은 것이다. 그리고는 자신이 세운 신상에 사람들이 모두 모여서 경배하도록 명령을 내리는 모습이 다니엘 3장의 내용이다. 얼마나 많은 그리스도인들이, 처음에는 한동안 주님께서 자신들을 인도하고 회개시킨 능력을 기억하는 삶을 살다가 나중에는 그것을 잊어버리고 자기를 위해 사는 생활을 살아가고 있는가!

종교와 정치의 연합과 예언 연구의 중요성

"느부갓네살 왕이 금으로 신상을 만들었으니 고는 육십 규빗이요 광은 여섯 규빗이라."(단 3:1) 신상의 높이는 60규빗이고 넓이가 6규빗인데 그 당시 규빗(cubic feet)은 보좌에 앉아있는 왕의 팔꿈치부터 손가락 끝까지의 길이였다. 그래서 왕의 팔 길이에 따라 각 시대마다 사이즈가 달랐다. 그러므로 약 18~24인치 정도 된다고 보면 되겠다. 지금 사용하고 있는 피트에 의하면 옛날의 1규빗은 약 1.5피트이다. 그러므로 60규빗은 현재 약 90피트의 높이

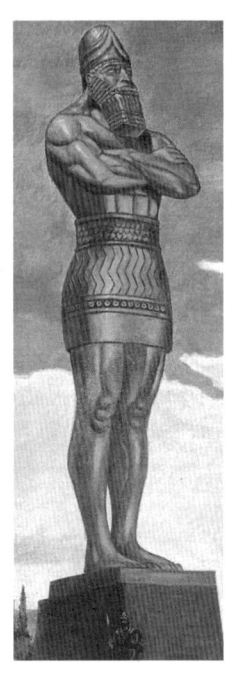
가 된다. 약 8층 건물의 높이가 된다. 얼마나 큰 신상인가? 넓이는 약 9피트이므로 90 x 9의 신상이 된다. 일반적으로 인간의 몸의 세로와 가로의 비율은 2.5:1 내지는 3:1쯤 되는 반면에 여기서의 금 신상의 높이와 넓이의 비율은 약 10:1이다. 그러므로 이 신상의 높이는 아마도 신상 밑받침대의 높이까지 포함한 것이었을 것이라고 볼 수밖에 없다. 예를 들어 뉴욕에 있는 자유의 여신상의 높이가 305피트라고 하나 신상 자체의 높이는 130피트에 불과하고 그 밑받침대의 높이가 약 170피트이기 때문이다. 하지만 높이를 말할 때에는 여신상과 밑받침대 둘 모두의 높이를 합쳐서 305피트라고 부른다. 이와 마찬가지로 두라 평지에 세운 이 90피트의 금신상은 받침대의 높이까지 포함해서 엄청나게 큰 것이었다. 지금의 이라크인 그 당시 바벨론은 주로 평지의 나라로서 산이 없었다. 특히 두라 평지가 그러했는데, 느부갓네살 왕이 그곳에 세운 90피트의 금 신상은 멀리 수마일 밖에서도 볼 수 있는 웅장한 건축물이었을 것이다.

이렇게 느부갓네살 왕은 큰 신상을 높이 세우고 자기의 능력과 영광을 과시하기 위하여 바벨론 제국의 모든 지도자들과 장관들, 그리고 각 나라의 왕과 왕족들 모두 모아 놓고 신상에 절을 하도록 명을 내리는데 이것이 다니엘 3장 이야기이다. 다니엘 2장과 3장의 신상은 얼마나 다른가!

단 3:4~7

"반포하는 자가 크게 외쳐 가로되 백성들과 나라들과 각 방언하는 자들아 왕이 너희 무리에게 명하시나니 너희는 나팔과 피리와 수금과 삼현금과 양금과 생황과 및 모든 악기 소리를 들을 때에 엎드리어 느부갓네살 왕의 세운 금 신상에게 절하라 누구든지 엎드리어 절하지 아니하는 자는 즉시 극렬히 타는 풀무에 던져 넣으리라 하매 모든 백성과 나라들과 각 방언하는 자들이 나팔과 피리와 수금과 삼현금과 양금과 및 모든 악기 소리를 듣자 곧 느부갓네살 왕의 세운 금 신상에게 엎드리어 절하니라."

참 놀라운 이야기이다. 바벨론 왕인 느부갓네살은 자신이 정복한 모든 나라의 만조백관들을 향하여 자신의 모습으로 만들어 놓은 금 신상 앞에 절하라고 명하는 것이다. 바벨론의 영광스런 권위 앞에 모두 와서 전부 굴복하고 경배하라고 명령하는 것이다. 어떻게 그것이 가능했을까? 그 당시의 왕은 신적 존재였다. 고대 국가에 있어서 왕은 국가의 최고 권력자인 동시에 종교를 다스리는 최고 존재였기 때문에 자신을 상징하는 금신상에게 경배하는 명령이 가능했던 것이다. 다시 말해서 국가와 종교의 세력이 합쳐져 있었기에 가능한 것이다. 다니엘 3장에 나타나 있는 핍박의 특징 5가지는 다음과 같다.

❶ 힘 있는 세계적인 지도자가 경배할 것을 명령함
❷ 그 명령의 내용은 순종임
❸ 하나님의 계명을 범하게 만들기 위하여
　　인간의 법령으로써 신상에 절하도록 강요함
❹ 전세계적인 강제 명령임
❺ 교회와 국가가 이 명령을 시행하는 일에 연합함

이러한 일이 말세 곧 우리 시대에 곧 임할 것이다. 그래서 다니엘서를 연구하는 것은 매우 중요하다. 이것은 바벨론 당시의 역사적 사실에 대한 기록일 뿐 아니라 말세에 살고 있는 우리들의 영적인 교훈을 위하여 기록되어 있는 것이다. 다니엘 12장 4절과 9절을 보자.

단 12:4,9, "다니엘아 마지막 때까지 이 말을 간수하고 이 글을 봉함하라 많은 사람이 빨리 왕래하며 지식이 더하리라... 그가 가로되 다니엘아 갈지어다 대저 이 말은 마지막 때까지 간수하고 봉함할 것임이니라."

이 말씀은, 다니엘서에 기록된 말씀들이 특히 말세에 적용되는 말씀이라는 뜻이다. 봉하고 닫아두고서 마지막 때까지 기다리라고 한 이유가, 이 예언은 마지막 시대를 사는 우리에게 적용되는 교훈을 간직하고 있기 때문이다. 그러므로 다니엘서 3장 이야기는 오늘날 살아가는 우리 모두에게 직접적으로 적용되는 말씀인 것을 알아야 한다. 우리는 예수께서 오셔서 세상 역사를 마치실 그 날짜를 모른다. 그러나 예언의 성취를 보면서 그날이 매우 가까운 것을 알 수 있는 것이다.

마지막 시대에는 다니엘서의 예언을 이해하는 지식이 증가할 것이라고 했다. 이 예언을 이해하면 우리가 어느 시대를 살고 있는 것인지 알 수 있게 되며 비록 그 날과 시는 알 수 없을지라도 예수께서 어느 때쯤 오실 것인지 그 시기를 짐작할 수 있게 되는 것이다. 느부갓네살 왕이 한 일이 우리가 살고 있는 이 마지막 시대에 다시 반복 될 것이다. 그러므로 다니엘서를 연구하는 것이 중요한 것이다. 또한 현시대에 그런 일이 다시 반복할 것인지의 여부를 요한계시록 13장 15~17절을 읽으면 더 자세히 이해할 수 있다.

계 13:15~17, "저가 권세를 받아 그 짐승의 우상에게 생기를 주어 그 짐승의 우상으로 말하게 하고 또 짐승의 우상에게 경배하지 아니하는 자는 몇이든지 다 죽이게 하니 저가 모든 자 곧 작은 자나 큰 자나 부자나 빈궁한 자나 자유한 자나 종들로 그 오른손에나 이마에 표를 받게 하고 누구든지 이 표를 가진 자 외에는 매매를 못하게 하니 이 표는 곧 짐승의 이름이나 그 이름의 수라."

요한계시록 13장에는 마지막 시대에도 짐승의 우상을 세운 다음에 그 우상에게 경배하도록 강요하는 장면이 나온다. 다니엘서 3장에 나오는 장면이 정확하게 마지막 시대에 영적으로 다시 재현되는 것을 보면서 놀라지 않을 수 없다. 바로 이것이 바로 마지막 시대에 나타나는 짐승의 표의 강제 명령인데, 이 명령에 의하여 하나님의 참 백성들을 향한 환난의 때가 시작된다.

하나님의 계명을 범하게 하는 인간적 권위의 명령이 다시 한 번 말세에 있을 것이다. 잘못된 경배를 강요하는 일이 있을 것이다. 다시 말하자면 종교적인 명령이 있을 것이라는 뜻이다. 두라 평지에 선 금 신상에 절하지 않고 우뚝 선 다니엘의 세 친구, 사드락과 메삭과 아벳느고가 있었다. 마찬가지로 앞으로도 이 세상의 권위에 굴복하지 않고 하나님의 계명에 순종하기 위해서 우뚝 설 사람들이 있을 것이다. 그래서 여자(교회)의 남은 무리가 "하나님의 계명을 지키는 사람들"이라고 성경은 예언하고 있다(계 12:17, 14:12).

구약의 예언서인 다니엘서와 신약의 예언서인 요한계시록은 서로 짝을 지어서 연구하고 이해해야 하는데 왜냐하면 구약의 다니엘서를 이해해야 신약의 요한계시록을 이해할 수 있기 때문이다.

하나님의 계명과 사람의 계명

그런데 왜 3절에 다니엘이 등장하지 않고 세 친구만이 있었을까? 그 이유가 성경에는 없지만 다음과 같이 추측할 수 있을 것이다. 금 신상에 경배하라는 명령을 내리기 전에 어쩌면 느부갓네살 왕은 다니엘 때문에 깊이 고민하였을 것이다. 왜냐하면 다니엘은 자기의 믿음과 신앙 때문에 절대로 금신상에 절하지 않을 것을 알았을 것이기 때문이었다. 그래서 그의 생명을 보호해 주고자 일부러 다니엘을 먼 곳에 출장 보냈을지도 모른다. 하여튼 다니엘 3장의 장면에서 다니엘의 모습은 기록되어 있지 않다.

단 3:8~12

"그때에 어떤 갈대아 사람들이 나아와 유다 사람들을 참소하니라 그들이 느부갓네살 왕에게 고하여 가로되 왕이여 만세수를 하옵소서 왕이여 왕이 명령을 내리사 무릇 사람마다 나팔과 피리와 수금과 삼현금과 양금과 생황과 및 모든 악기 소리를 듣거든 엎드리어 금신상에게 절할 것이라 누구든지 엎드리어 절하지 아니하는 자는 극렬히 타는 풀무 가운데 던져 넣음을 당하리라 하지 아니하셨나이까 이제 몇 유다 사람 사드락과 메삭과 아벳느고는 왕이 세워 바벨론 도를 다스리게 하신 자이어늘 왕이여 이 사람들이 왕을 높이지 아니하며 왕의 신들을 섬기지 아니하며 왕이 세우신 금신상에 절하지 아니하나이다."

이제부터 큰 투쟁이 시작된다. 왜 히브리 세 청년인 사드락과 메삭과 아벳느고는 금신상에 절하지 않았을까? 그것은 금신상에 절하는 것이 하나님의 계명을 범하는 것이었기 때문이었다. 어떤 사람은 이렇게 말할지도 모른다. "로마서 13장에는 하나님을 믿는 사람들도 이 세상의 정부의 법을 존중하라고 했는데 왜 그들은 세상 법을 존중하지 않았을까요? '**각 사람은 위에 있는 권세들에게 굴복하라 권세는 하나님께로 나지 않음이 없나니 모든 권세는 다 하나님의 정하신 바라 그러므로 권세를 거스르는 자는 하나님의 명을 거스름이니 거스르는 자는 심판을 자취하리라**'(롬 13:1,2) 이 말씀은 그리스도인들도 국가의 법을 존중해야 할 것을 말씀하고 있지 않습니까?"

물론 그리스도인들은 국가의 법을 잘 준수해야 할 것이다. 예를 들어, 고속도로에는 제한 속도가 있다. 그리스도인들 역시 그 법규를 잘 지켜야 한다. 그러나 국가의 법과 하나님의 법이 서로 상충할 때에는 하나님의 법을 더 존중해야 하는 것이다. "**베드로와 사도들이 대답하여 가로되 사람보다 하나님을 순종하는 것이 마땅하니라**"(행 5:29). 그 당시의 유대 교회와 국가의 법이 예수님의 가르침을 금지했다. 그러나 그들은 그 법을 지키지 않았다. 왜냐하면 하나님의 법이 더 중요하기 때문이었다. 또한 로마제국이 그 당시에 복음 전하는 일을 반대할 때에 교회는 복음을 전했고 많은 사람이 순교 당했다. 그러한 선택의 문제가 핍박의 시대에 있는 것이고 그러한 핍박이 우리에게도 곧 오게 될 것이다. 어떤 일이 있어도 주님 앞에 충성하는 일을 지금 배우지 못하면 앞으로 핍박이 올 때에 타협하고 말 것이다.

두라 평지에 신상을 세우고 거기에 절하라고 명한 바벨론 왕의 명령은, 출애굽기 20장에 있는 하나님의 계명을 어기게 하는 법이다. 십계명 가운데서 어느 계명을 범하는 것인가? 첫째와 둘째 계명이다. "**너는 나 외에는 다른 신들을 네게 있게 말지니라. 너를 위하여 새긴 우상을 만들지 말고 또 위로 하늘에 있는 것이나 아래로 땅에 있는 것이나 땅 아래 물 속에 있는 것**

의 아무 형상이든지 만들지 말며 그것들에게 절하지 말며 그것들을 섬기지 말라. 나 여호와 너의 하나님은 질투하는 하나님인즉 나를 미워하는 자의 죄를 갚되 아비로부터 아들에게로 삼사대까지 이르게 하거니와 나를 사랑하고 내 계명을 지키는 자에게는 천대까지 은혜를 베푸느니라"(출 20:3~6). 이것은 우상 숭배에 관한 주님의 계명이다. 그때에 바벨론 국가의 법을 순종하는 것은 분명히 명시된 하나님의 법을 어기는 것이었기에 죽음을 무릅쓰고 사드락과 메삭과 아벳느고

는 그 명령을 거절한 것이다. 그때에 하나님께 충성하는 것은 느부갓네살 왕에게 불충성하는 것을 뜻했다. 우리가 주 앞에 충성하기 위해서 인간의 명령을 어겨야 할 때가 종종 있는 것이다.

그들은 하나님께 충성하였기 때문에 반역자가 되었다. 그들이 주님의 계명에 충성하였기 때문에 역적이 되었다. 그럴 때가 앞으로 곧 올 것이라고 성경 예언은 말하고 있다. 왕은 그들이 절하지 않은 사실을 몰랐다. 다른 자들이 고발했다. 마찬가지로 앞으로 우리를 고발하고 고소하는 자들이 있을 것이다. 우리의 이웃들과 심지어는 가족들과 우리를 아는 사람들이 우리를 고발할 때가 곧 올 것이다. 이것이 요한계시록 13장 예언이다. 여러분의 믿음은 준비되어 있는가? 환난이 어떻게 오는가를 많은 그리스도인들이 모르고 살고 있다. 조심하라! 깜짝 놀라며 대부분의 사람들이 타협하고 말 것이다.

용광로의 시련 속에서 단련되는 믿음

단 3:13,14

"느부갓네살 왕이 노하고 분하여 사드락과 메삭과 아벳느고를 끌어 오라 명하매 드디어 그 사람들을 왕의 앞으로 끌어온지라 느부갓네살이 그들에게 물어 가로되 사드락, 메삭, 아벳느고야 너희가 내 신을 섬기지 아니하며 내가 세운 금신상에게 절하지 아니하니 짐짓 그리하였느냐."

느부갓네살 왕은, 일부러 절하지 않았느냐고 다시 회유하며 묻고 있다. 이때 다니엘의 세 친구들의 충실한 답변을 들을 수 있다.

단 3:15,16

"이제라도 너희가 예비하였다가 언제든지 나팔과 피리와 수금과 삼현금과 양금과 생황과 및 모든 악기 소리를 듣거든 내가 만든 신상 앞에 엎드리어 절하면 좋거니와 너희가 만일 절하지 아니하면 즉시 너희를 극렬히 타는 풀무 가운데 던져 넣을 것이니 능히 너희를 내 손에서 건져낼 신이 어떤 신이겠느냐 사드락과 메삭과 아벳느고가 왕에게 대답하여 가로되 느부갓네살이여 우리가 이 일에 대하여 왕에게 대답할 필요가 없나이다."

　다시 음악을 연주해도 절할 수 없다고 세 친구들은 말했다. 잠시 생각해 보겠다고 시간을 달라고 하지 않았다. 이런 일이 있기 전부터 이미 하나님의 명령에 충성할 것을 결심한 생애를 그들은 살고 있었기 때문이다. 그들은 환난이 오기 전에 이미 마음을 결정한 자들이었다. 그 결과 다른 사람들 모두가 그들 옆에서 무릎 꿇고 경배할 때 그들은 홀로 서 있을 수 있었다. 어떤 때는 하나님의 명령을 따르기 위하여 우리의 모든 것을 심지어는 생명까지도 희생해야 하는 경우가 생긴다. 풀무불이 불 타고 있었다. 그곳은 지금의 이라크 지역인데 석유의 원유가 많이 있던 곳으로서 얼마나 뜨거웠겠는가! 게다가 보통 때보다 칠 배나 더 뜨겁게 가열한 용광로가 불 타고 있는 것이다. 그 뜨거운 불을 보면서도 그들은 이렇게 대답한 것이다.

단 3:17,18

"만일 그럴 것이면 왕이여 우리가 섬기는 우리 하나님이 우리를 극렬히 타는 풀무 가운데서 능히 건져 내시겠고 왕의 손에서도 건져내시리이다 그리 아니하실지라도 왕이여 우리가 왕의 신들을 섬기지도 아니하고 왕의 세우신 금신상에게 절하지도 아니할 줄을 아옵소서."

어떤 사람들은 그리스도인 생애를 편안한 복을 많이 받는 아름다운 꽃밭이나 잔잔한 바다 위의 돛단배처럼 생각한다. 그러나 그들이 대하고 있던 풀무불은 따뜻하고 안락한 찜질방과 같은 곳이 아니었다. 그들의 살을 다 태울 뜨거운 불이었다. 그러나 그들은 하나님의 명령에 순종하기로 결심한 생애를 살고 있었다. 다시 생각해 볼 여지도 없는 일이었다. 그리스도인 생애는 고난이 있는 생애이다. 진리를 믿고 하나님의 명령을 따라 사는 생애는 고난이 있다. 누가 여러분에게 그리스도인의 생애가 아름답다고만 했는가? 이 세상은 마귀가 주관하는 세상이다. 하나님을 따라가는 생애는 많은 경우에 풍랑이 이는 바다와 같다.

어떤 사람들은 생각하기를 믿지 않는 자들은 병이 나도 하나님 믿는 자들은 아프지 않을 것이라고 말한다. 혹시 병이 들지라도 곧 낫게 될 것이라고 말한다. 믿지 않는 자들은 경제적인 문제가 있지만 믿는 자들은 하나님께서 축복을 해주시기 때문에 경제적인 어려움에 빠지지 않는다고 말한다. 믿지 않는 자들은 가정에 문제가 있지만 믿는 자들은 그러한 문제가 없을 줄로 생각을 한다. 그러나 많은 경우에 믿는 자들이나 믿지 않는 자들이나 같은 시련과 문제들에 봉착하고 산다. 차이는 하나님을 믿는 자들은 그러한 시련들을 이길 힘을 얻는 것이다. 예수께서는 우리가 시련을 당하지 않도록 보호하시는 것이 아니라, 시련 속에서 이길 힘을 주시고 함께 동행하시는 것이다. 시련 속에서 우리를 건져 주시는 것이다. 얼마나 감사한가!

그러한 믿음 속에서 세 친구는 담대한 마음을 가지고 있었다. 믿음은 무엇인가? 믿음은, 결과가 어떠하든지를 불문하고 하나님께서 말씀하시고 인도하시는 대로 따라가는 삶이다. 믿음은 마음으로 생각하는 어떤 관념이 아니다. 믿음은 신뢰의 관계이다. 하나님께서 그렇게 말씀하셨기 때문에 당신께서 약속하신 것을 이루실 줄을 믿고 따라가는 것이다. 믿음은 욥의 생애와 같은 것이다. 모든 사람들에게 버림 받고 완전히 저주 받은 것 같은 상황에 처하여서도 욥기 13장 15절과 같이 **"그가 나를 죽이시리니 내가 소망이 없노**

라 그러나 그의 앞에서 내 행위를 변백하리라"고 말하는 것이다. 이 말씀이 영어 성경에는 보다 더 확실하게 표현되어 있다. "Though he slay me, yet I will trust Him"(그가 나를 죽이실지라도 내가 여전히 그를 신뢰하겠나이다). 바로 이것이 믿음이다. 믿음은 또한 다니엘의 생애 속에 나타난 신앙과 같은 것이다. 사자굴 속에 던져짐을 당하였어도 하나님을 신뢰하는 다니엘, 그것이 바로 믿음이다. 믿음은 어떤 경우에도 두려워하지 않고 하나님을 신뢰하는 것이다.

믿음은 바울의 생애 속에서도 분명하게 나타나 있다. 매를 맞고 돌로 침을 당하고 억울한 일을 당하고 옥에 여러 번 갇히었어도 디모데후서 4장 7,8절과 같은 신앙 고백을 하는 것이 믿음이다. "**내가 선한 싸움을 싸우고 나의 달려 갈 길을 마치고 믿음을 지켰으니 이제 후로는 나를 위하여 의의 면류관이 예비 되었으므로 주 곧 의로우신 재판장이 그 날에 내게 주실 것이니 내게만 아니라 주의 나타나심을 사모하는 모든 자에게니라.**" 바울과 같은 믿음을 가질 때 우리도 바울이 받았던 것과 같은 결과와 보상을 받게 된다.

믿음은 사도 요한의 생애 속에서도 분명히 나타나 있다. 핍박을 많이 당하고 밧모 섬에 유배되어 가서도 요한계시록 22장 20절 말씀처럼 "**아멘 주 예수여 오시옵소서**"라고 간증하는 것이다. 믿음은 예수 그리스도의 생애 전체를 채우고 있다. 예수님은 가시관 쓰고 십자가에 못 박혀 피를 흘리시면서도 "아버지여 내 영혼을 당신의 손에 의탁하나이다"라고 말씀하셨고 이것이 성경에서 가르치고 말하는 믿음이다. 하나님을 향한 흔들림 없는 신뢰가 믿음이다. 이런 믿음이 있는 자만이 앞으로 다가올 환난과 핍박을 통과

하게 될 것이다. 오늘날 얼마나 많은 그리스도인들이 믿음을 잘못 오해하고 사는지 모른다.

단 3:19,20

"느부갓네살이 분이 가득하여 사드락과 메삭과 아벳느고를 향하여 낯빛을 변하고 명하여 이르되 그 풀무를 뜨겁게 하기를 평일보다 칠 배나 뜨겁게 하라 하고 군대 중 용사 몇 사람을 명하여 사드락과 메삭과 아벳느고를 결박하여 극렬히 타는 풀무 가운데 던지라 하니."

    엄청난 사건이 발생한다. 가장 뜨거운 풀무불이 타고 있고 그 속에 세 사람을 던져 넣었다. 앞으로 우리에게도 이러한 경험이 곧 오게 될 것을 기억하라(계 13:15~17). 다니엘 시대에 세워졌던 우상이 마지막 시대에 다시 세워진다. 이 우상은 마지막 시대의 초강대국인 둘째 짐승 미국(계 13:11~14)을 중심으로 온 세상이 볼 수 있도록 세워진다. 이 신상은 눈에 보이는 그러한 우상이 아닐 것이다. 이것은 영적인 타협을 의미하는 것이 될 것이다. 하나님의 계명을 어기는 일과 관계되는 일이 될 것이다. 그때 그 우상에 경배하지 않는 자들은 모두 다 죽이라는 명령이 내려질 것이다. 바벨론 시대와 마찬가지로 마지막 시대에도 교회(교권)와 국가(국권)가 연합하여 그 일을 하게 될 것이다. 하나님의 계명을 범하게 하는 가짜 계명 즉 인간이 세운 계명을 지키도록 강요할 것이다. 짐승의 표가 무엇인가? 666이 무엇인가? 앞으로 자세하게 공부하게 될 것이다. 성경은 마귀의 작전을 예언을 통하여 폭로하고 있다. 다니엘 3장은 마지막 시대에 우리에게 필요한 믿음, 하나님의 명령을 지키되 죽기까지 지키는 믿음을 가르쳐 주고 있다.

하나님을 신뢰한 결과와 순종의 열매

단 3:21,22

"이 사람들을 고의와 속옷과 겉옷과 별다른 옷을 입은 채 결박하여 극렬히 타는 풀무 가운데 던질 때에 왕의 명령이 엄하고 풀무가 심히 뜨거우므로 불꽃이 사드락과 메삭과 아벳느고를 붙든 사람을 태워 죽였고."

왕의 엄한 명령에 겁이 난 군사들이 세 친구들을 붙잡고 풀무불로 갔다가 그 불이 너무 뜨거워서 군사들이 뜨거운 불 때문에 풀무불 밖에서 타 죽어 버렸다. 그 정도로 뜨거운 불이었다.

단 3:23~25

"이 세 사람 사드락과 메삭과 아벳느고는 결박된 채 극렬히 타는 풀무 가운데 떨어졌더라 때에 느부갓네살 왕이 놀라 급히 일어나서 모사들에게 물어 가로되 우리가 결박하여 불가운데 던진 자는 세 사람이 아니었느냐 그들이 왕에게 대답하여 가로되 왕이여 옳소이다 왕이 또 말하여 가로되 내가 보니 결박되지 아니한 네 사람이 불 가운데로 다니는데 상하지도 아니하였고 그 넷째의 모양은 신들의 아들과 같도다 하고."

다니엘의 세 친구들은 불 속에 떨어졌다. 그러나 그 불이 그들을 태우지 못했다. 불은 그들을 묶고 있던 밧줄만 태웠다. 그래서 그들은 그 불 속에서 자유롭게 다닐 수 있었다. 우리가 주의 명령을 순종하며 모든 것을 희생하고 주님께 내어 맡기면 오히려 우리 생애가 더 자유로워지는 경험을 하게 된다. 이 세상에서 나를 보호하고 더 많은 재물을 얻고 세상과 타협하기 위해서 애쓰면 애쓸수록 이기심과 욕심과 정욕이 나를 더 세게 묶어서 노예로 만들어 버린다. 그러나 우리가 주님께 순종하고 주의 뜻대로 살기 위해서 차라리 불 속에 떨어지면 우리를 묶고 있던 밧줄이 다 타버리고 마음 가운데에 자유와 평안이 있게 된다. 하나님의 명령을 어기고 부를 누리는 것보다 하나님을 순종하며 고난 가운데 있는 것이 더 낫다.

예수께서 그들과 함께 계셨다. 풀무불 속에서 예수께서는 충성스러운 다니엘의 세 친구와 함께 거니셨다. 이것은 우리에게 얼마나 놀라운 소망과 힘을 주는가! 얼마나 큰 격려인가! 우리가 진리를 위해서 그리고 주님 뜻대로 살기 위해서 고난 가운데 있을 때 주님께서 우리를 잊지 않으시고 우리 곁에 와 계신다는 사실을 이 장면 속에서 확인할 수 있다. 또한 느부갓네살 왕은 풀무불 속에 있는 네 번째 존재를 하나님의 아들과 같다고 말했다. 예수 그리스도께서 다니엘의 세 친구들과 그곳에 함께 계시는 것을 보고 "하나님의 아들"인 것을 그는 인식하였던 것이다.

단 3:26

"느부갓네살이 극렬히 타는 풀무 아구 가까이 가서 불러 가로되 지극히 높으신 하나님의 종 사드락, 메삭, 아벳느고야 나와서 이리로 오라 하매 사드락과 메삭과 아벳느고가 불 가운데서 나온지라."

우리는 평안할 때가 아니라 고난 속에서 하나님께 영광 돌릴 수 있다. 고난 가운데서 하나님을 굳게 신뢰하면서 하나님의 말씀을 순종하며 견디는 모습이 다른 사람들에게 감동을 주는 것이다. 히브리 세 청년이 고난 속에서 하나님께 영광을 돌린 결과를 살펴보도록 하자.

단 3:27,28

"방백과 수령과 도백과 왕의 모사들이 모여 이 사람들을 본즉 불이 능히 그 몸을 해하지 못하였고 머리털도 그슬리지 아니하였고 고의 빛도 변하지 아니하였고 불 탄 냄새도 없었더라 느부갓네살이 말하여 가로되 사드락과 메삭과 아벳느고의 하나님을 찬송할지로다 그가 그 사자를 보내사 자기를 의뢰하고 그 몸을 버려서 왕의 명을 거역하고 그 하나님 밖에는 다른 신을 섬기지 아니하며 그에게 절하지 아니한 종들을 구원하셨도다."

참 하나님을 섬기기 위하여 자신의 몸을 죽음에 던지면서까지 왕의 명령을 거역한 세 청년들을 하나님께서 건져주셨다고 느부갓네살 왕이 고백하였다. 다니엘 3장에서는 다니엘과 세 친구들의 놀라운 충성심과 믿음과 희생 때문에 얼마나 크게 전도가 되었는가! 그 결과 그들의 신앙에 감동이 된 왕이 대신해서 하나님의 도를 세상 사람들에게 전도해 주었다. 다니엘의 생애에 관한 이야기들이, 다니엘서에 기록된 예언들 앞에 먼저 기록되어 있는 이유를 이미 언급한 바 있다. 다니엘과 세 친구들이 가졌던 믿음과 영적인 충성심을 가져야만 마지막 환난을 통과 할 수 있음을 보여주시기 위해서 마지막 시대에 살고 있는 우리를 위해 그들의 믿음과 생애에 관한 이야기들을 먼저 기록해 두셨다.

사단은 하나님의 백성들을 없애려고 두 가지 작전을 세워 두었다. 첫째 전략은 그들을 죽여서 없애는 것이고 둘째 전략은 그들로 하여금 영적으로 타협하게 만들어서 뒤로 물러가게 하는 것이다. 그러나 하나님께서는 끝까지 견디는 자들과 함께 하시는데 그러한 자들이 하늘에서 하나님과 영원히 살 자들이다. 다니엘 2장은 하나님을 미래를 내다 보시는 분으로 소개하고 3장은 우리를 시련으로부터 구원해 주시는 구세주로 소개하고 있다. 오늘 여러분께 어떤 문제가 있는가? 가정에 문제가 있는가? 죄의 습관의 문제가 있는가? 경제적인 문제가 있는가? 하나님을 신뢰하라! 하나님은 우리를 구원하시는 분이시니 그분을 신뢰하라!

단 3:29,30

"그러므로 내가 이제 조서를 내리노니 각 백성과 각 나라와 각 방언하는 자가 무릇 사드락과 메삭과 아벳느고의 하나님께 설만히 말하거든 그 몸을 쪼개고 그 집으로 거름터를 삼을지니 이는 이같이 사람을 구원할 다른 신이 없음이니라 하고 왕이 드디어 사드락과 메삭과 아벳느고를 바벨론 도에서 더욱 높이니라."

다시 한 번 하나님의 능력을 목격한 느부갓네살 왕은 놀라운 명령을 내린다. 그의 명령 자체가 하나님을 온 세계에 선포하는 놀라운 전도가 아닌가! 느부갓네살 왕은 큰 감동을 받아 회개하고 하나님을 받아들인 다음에, 이스라엘의 하나님, 사드락과 메삭과 아벳느고의 하나님을 경배하고 섬기라고 전도하였다. 다니엘의 세 친구들은 진리를 입으로만 전한 것이 아니었다. 하나님과 하나님의 말씀에 충성하는 그들의 증거에 하나님의 놀라운 능력이 함께 하였다. 오늘날 하나님을 믿는다고 말하는 많은 사람들이 너무나 이기적인 신앙 생활을 하고 있다. 하나님을 믿는 것보다는 자기 자신을 위하여 믿는 모습들을 많이 보게 된다. 다니엘 3장은 우리에게 얼마나 놀라운 믿음의 모본을 보여주고 있는가!

중국이 모택동에 의하여 공산주의 정권으로 바뀐 후, 많은 그리스도인들이 강제 수용소로 잡혀갔다. 한번은 그리스도인들 약 300명이 강제 수용소로 끌려 가게 되었다. 그러나 그들은 그곳에서도 계속해서 예배를 드렸다. 공산당원들이 화가 나서 "너희가 다시 예배를 드리면 매일 한 명씩 총살 하겠다"고 말했다. 그래도 그들은 모여서 기도하고 하나님께 예배를 드렸다. 군인들이 총을 들고 들어왔다. 그때 예배를 인도하던 한 장로가 벌떡 일어나면서 "예수님께로 가서 만날 수 있도록 나를 먼저 쏘시오."라고 말했다. 총성과 함께 그는 바닥에 쓰러져 죽었다. 그러나 하나님께 대한 흔들리지 않는 충성을 본 이후로 군인들은 다시는 그들을 괴롭히지 않았다고 한다.

다니엘 3장의 하나님, 사드락과 메삭과 아벳느고를 구원하신 하나님은 오늘도 같은 하나님이시다. 주님은 구세주이다. 우리를 구원하시고 건지시는 분이다. 여러분의 문제도 고치실 수 있는 분이다. 어제와 오늘과 내일이 동일하여 변치 않으시는 분이다. 여러분의 온 마음과 뜻과 정성을 다 바쳐 그분께 충성하는 참된 믿음을 갖게 되기를 바란다.

느부갓네살 왕의 회개와 간증 | 제4장

Repent and Confess

4
Chapter Four

다니엘서 제 4 장

느브갓네살 왕의 회개와 간증

다니엘서는 예언서이지만 그 속에서 우리는 풍성한 영적 교훈과 적용들을 발견할 수 있다. 주변 모든 사람들이 다 타협하고 있는 상황 속에서 목숨을 바쳐가면서까지 다니엘의 세 친구들은 하나님의 말씀에 순종했다. 무엇이 이슈(issue)였는가? 하나님의 계명에 대한 순종이었다. 다니엘서 1장부터 6장까지는 간증들과 이야기들을 기록해 놓은 것이고 7장부터 마지막 장까지는 본격적인 예언이다. 다니엘서 1장부터 6장까지는, 예언되어 있는 모든 환난과 핍박들이 실제로 일어날 때 그것들을 어떻게 대처할 수 있는지, 또한 어떤 성품과 태도로 대처해야 하는지에 대해서 알려주기 위하여 다니엘과 세 친구들의 직접적인 경험과 간증들을 기록해 놓은 것이다.

다니엘이 포로로 잡혀 갔을 때 그의 나이가 약 18세 정도였다고 생각할 수 있다. 그런데 다니엘 4장은 그의 나이가 53세일 때의 이야기이다. 바벨론에서 약 35년간의 긴 기간 동안 포로생활로 보낸 셈이다. 하나님을 원망하거나 불신할 수 있는 형편 가운데 있었음에도 불구하고 그는 그렇게 하지 않았다. '하나님이 나를 사랑하신다면 왜 이렇게 고향을 떠나 35년 동안이나 타향살이를 하도록 하셨을까' 라고 불평하지 않았다. 그러한 불평을 하도록 유도하는 사단의 유혹에 넘어가지 않았다. 그는 하나님을 신뢰하였다. 자신의 불만으로 하나님의 계획을 좌절시키지 않았다. 요셉처럼 그는 하나님의 섭리를 있는 그대로 받아들였다. 하나님의 인도하심이 자기의 계획보다 더 중요하다는 사실을 그는 인정했다.

성경 가운데서 이방 나라 왕이 쓴 유일한 부분이 있는데 그것이 다니엘 4장이다. 이것은 다니엘을 통해서 역사하신 주님께서 드디어 느부갓네살 왕을 회개시키신 이야기가 바로 다니엘 4장 가운데 있다. 4장은 다니엘이 쓴 것이 아니다. 느부갓네살 왕이 기록한 것이다. 35년간 하나님께서는 느부갓네살 왕에게 역사해 오셨다. 하나님께서는 그를 회개시키기 위하여 일련의 사건들을 통하여 그에게 접근해 오셨다. 다니엘 4장은 느부갓네살 왕의 회개의 역사이며 그의 간증이다.

평강의 느부갓네살 왕이 되기까지

단 4:1~3

"느부갓네살 왕은 천하에 거하는 백성들과 나라들과 각 방언하는 자에게 조서하노라 원하노니 너희에게 많은 평강이 있을지어다 지극히 높으신 하나님이 내게 행하신 이적과 기사를 내가 알게 하기를 즐겨하노라 크도다 그 이적이여 능하도다 그 기사여 그 나라는 영원한 나라요 그 권병은 대대에 이르리로다."

여기에서 흥미 있는 것은 하나님께 대한 그의 찬양이 기록되어 있다는 것이다. 그가 시작하기를 "너희에게 많은 평강이 있을 지어다"라고 하는데 꼭 바울의 편지서를 읽는 것 같다. 한번 잠깐 비교해 보자.

갈 1:3, "우리 하나님 아버지와 주 예수 그리스도로 좇아 은혜와 평강이 있기를 원하노라."

엡 1:2, "하나님 우리 아버지와 주 예수 그리스도로 좇아 은혜와 평강이 너희에게 있을지어다."

빌 1:2, " 하나님 우리 아버지와 주 예수 그리스도에게로서 은혜와 평강이 너희에게 있을지어다."

같은 인사 말씀이다. 바울은 개심하기 전에 그리스도인들을 심히 미워하고 핍박하는 자였다. 죄 없는 자들을 잡아 죽이는 일에 가담했었다. 스데반이 돌로 맞아 죽을 때 그 일을 주도한 주모자 중의 하나였다. 그때 바울은 스데반이 죽기 전에 보여준 성품과 태도로 인하여 깊이 감동되었다. 그리고 얼마 있다가 바울은 다메섹으로 가는 길을 말을 타고 가다가 하늘에서 내려온 빛을 접하게 되었다. "사울아 사울아 나는 네가 핍박하는 예수라"고 예수께서 말씀하셨고 바울은 크게 은혜를 받고 회개했다. 하나님의 은혜로 그가 회개했다. 그래서 하나님의 은혜와 평화가 너희에게 있기를 원한다고 말했다. 하나님의 은혜 가운데 회개했을 때 그가 평강을 얻었다.

느부갓네살 왕의 경험은 바울과 비슷했다. 둘 다 교육을 많이 받았고 존경받던 지도자였다. 둘 모두 자기 나름대로 큰 일을 하던 사람들이었다. 또한 하나님의 백성들을 핍박하던 사람들이었다. 둘 다 하나님의 놀라운 기적의 역사를 통해서 회개한 사람들이었다.

하나님의 뜻에 어긋나게 살고 있으면 우리 마음 가운데 평화가 없다. 느부갓네살 왕은 "너희에게 평화가 있기를 바란다"고 말했다. 그의 조서는 온 바벨론 나라와 정복된 모든 나라에 전달되었다. 얼마나 큰 전도가 되었겠는가! 마음의 평강을 기원한다는 말은 하나님의 성령의 역사에 반대하여 싸우지 말라고 권하는 말이다. 하나님의 영의 역사와 싸우는 동안 인간의 마음에는 평강이 깃들 수 없다는 간증을 하는 느부갓네살 왕의 모습을 상상해 보라. 느부갓네살 왕은 하나님의 감화를 35년 동안이나 저지하며 싸워 왔다. 그가 하나님과 싸워 오면서 마음에 텅 빈 공허감을 느꼈을 것이다. 아무리 잘 먹고 잘 입어도 행복하지 않았다. 왕이었지만 평화가 없었을 것이다. 그래서 다니엘 4장 1절에서 느부갓네살은 자신이 평화를 발견했다고 말하고 있는 것이다.

"주께서 심지가 견고한 자를 평강에 평강으로 지키시리니 이는 그가 주를 의뢰함이니이다"(사 26:3). 주께서는 주님을 신뢰하는 믿음을 가진 자의 마음에 평강을 주신다고 성경은 말하고 있다. 하나님은 평화를 주시기 위하여 우리를 향하여 손을 벌리고 계신다. 세상이 줄 수 없는 마음의 진실된 평강이 없는 자들이 있는가? 지금 무릎을 꿇고 주님께 기도하라. 혹시 느부갓네살 왕처럼 오랫동안 주의 뜻과 성령을 거역하고 저지해 온 사람은 혹시 없는가? 우리 생애의 고난들과 투쟁들 속에서도 그윽한 마음의 평화가 있을 수 있는데 그것은 하늘로부터 오는 것이다. 그리스도인들은 하나님께서 자신의 생애를 주관하고 계시다는 믿음 때문에 마음 가운데에 평강과 화평을 가질 수 있다. 분명한 확신 때문에 마음에 행복이 늘 깃들어 있는 것이다.

느부갓네살 왕의 타락과 하나님의 구원의 계획

단 4:4

"나 느부갓네살이 내 집에 편히 있으며 내 궁에서 평강할 때에."

이때는 번영의 시기이다. "사람이 만일 온 천하를 얻고도 제 목숨을 잃으면 무엇이 유익하리요 사람이 무엇을 주고 제 목숨을 바꾸겠느냐"(마 16:26). 느부갓네살은 왕이었지만 그도 심판 받아야 하고, 그가 부했지만 그도 주님을 믿지 않으면 멸망하는 것이었다. 이 세상과 자기 목숨을 바꿀 수 있겠는가? 세상을 다 얻는다고 해도 목숨을 잃으면 무슨 소용이겠는가! "저희에게 이르시되 삼가 모든 탐심을 물리치라 사람의 생명이 그 소유의 넉넉한 데 있지 아니하니라 하시니"(눅 12:15). 하나님은 우리에게 영원을 볼 수 있도록 우리의 눈을 열어주신다. 하나님께서는 느부갓네살 왕에게 강력한 방법을 써서 그를 돌이키시려고 결정하셨다. 그는 아름다운 궁전 위에서 자기가 지은 온 천하를 바라보며 즐거워하고 기뻐하고 있었는데 그때 그는 꿈을 꾸게 된다.

단 4:5~7

"한 꿈을 꾸고 그로 인하여 두려워하였으되 곧 내 침상에서 생각하는 것과 뇌 속으로 받은 이상을 인하여 번민하였었노라 이러므로 내가 명을 내려 바벨론 모든 박사를 내 앞으로 불러다가 그 꿈의 해석을 내게 알게 하라 하매 박수와 술객과 갈대아 술사와 점장이가 들어왔기로 내가 그 꿈을 그들에게 고하였으나 그들이 그 해석을 내게 알게 하지 못하였느니라."

    느부갓네살 왕은 또 하나의 꿈을 꾸었다. 다니엘 2장에서 하나님의 능력을 경험했음에도 불구하고 그는 또 다시 술객들을 불렀다. 여러 해의 시간이 지나면서 그는 하나님의 위대하심을 잊어버렸다. 과거에 술객들과 박사들이 꿈을 해석할 수 없음을 확인하였음에도 불구하고 성령의 음성을 거역하며 마음이 완악해진 느부갓네살 왕은 또 다시 그들을 먼저 불렀다. 하나님의 교훈 배우기를 더디 했다. 그러나 하나님께서는 그를 포기하지 않으셨다. 마찬가지로 하나님께서는 우리들도 포기하지 않으신다. 얼마나 감사한가!
    어떤 뱃지에 다음과 같은 말이 영어로 기록되어 있는 것을 필자가 읽고 용기를 얻은 적이 있다. "Don't give up on me, God isn't finished with me yet." "나를 포기하지 마십시오. 하나님께서 아직 내게서 일을 끝마치지 않으셨습니다." 절망 가운데서 낙심한 자가 있는가? '주께서 혹시 나를 버리지 않았는가' 라고 생각하는 자가 있는가? 용기를 가지라. 하나님은 자비하시고 오래 참으시는 분이다. 35년이라는 세월이 흐른 이후에도 여전히 느부갓네살 왕을 회개시키기 위해서 애쓰시는 하나님의 모습을 다니엘 4장 가운데서 볼 수 있다.

단 4:8

"그 후에 다니엘이 내 앞에 들어왔으니 그는 내 신의 이름을 좇아 벨드사살이라 이름한 자요 그의 안에는 거룩한 신들의 영이 있는 자라 내가 그에게 꿈을 고하여 가로되."

드디어 다니엘을 제일 마지막에 부른다. 많은 사람들이 어려운 일이 생기면 맨 마지막에 하나님께로 돌아간다. 35년 동안 다니엘의 삶을 지켜본 느부갓네살 왕은 다니엘을 가리켜 "거룩한 하나님의 영이 있는 자라고"말하고 있다. 다니엘은 바벨론 속에서도 진실로 믿는 자처럼 살았다는 사실을 다니엘을 소개하는 느부갓네살 왕의 말 속에서도 확인할 수 있다. 어쩌면 다니엘의 신실한 삶 때문에 느부갓네살 왕은 마음에 양심의 가책이 있고 감동이 더욱 컸을 것이다.

단 4:9~18

"박수장 벨드사살아 네 안에는 거룩한 신들의 영이 있은즉 아무 은밀한 것이라도 네게는 어려울 것이 없는 줄을 내가 아노니 내 꿈에 본 이상의 해석을 내게 고하라 내가 침상에서 나의 뇌 속으로 받은 이상이 이러하니라 내가 본즉 땅의 중앙에 한 나무가 있는데 고가 높더니 그 나무가 자라서 견고하여지고 그 고는 하늘에 닿았으니 땅 끝에서도 보이겠고 그 잎사귀는 아름답고 그 열매는 많아서 만민의 식물이 될 만하고 들짐승이 그 그늘에 있으며 공중에 나는 새는 그 가지에 깃들이고 무릇 혈기 있는 자가 거기서 식물을 얻더라 내가 침상에서 뇌 속으로 받은 이상 가운데 또 본즉 한 순찰자, 한 거룩한 자가 하늘에서 내려왔는데 그가 소리 질러 외쳐서 이처럼 이르기를 그 나무를 베고 그 가지를 찍고 그 잎사귀를 떨고 그 열매를 헤치고 짐승들로 그 아래서 떠나게 하고 새들을 그 가지에서 쫓아내라 그러나 그 뿌리의 그루터기를 땅에 남겨두고 철과 놋줄로 동이고 그것으로 들 청초 가운데 있게 하라 그것이 하늘 이슬에 젖고 땅의 풀 가운데서 짐승으로 더불어 그 분량을 같이 하리라 또 그 마음은 변하여 인생의 마음 같지 아니하고 짐승의 마음을 받아 일곱 때를 지나리라 이는 순찰자들의 명령대로요 거룩한 자들의 말대로니 곧 인생으로 지극히 높으신 자가 인간 나라를 다스리시며 자기의 뜻대로 그것을 누구에게든지 주시며 또 지극히 천한 자로 그 위에 세우시는 줄을 알게 하려 함이니라 하였느니라 나 느부갓네살 왕이 이 꿈을 꾸었나니 너 벨드사살아 그 해석을 밝히 말하라 내 나라 모든 박사가 능히 그 해석을 내게 알게 하지 못하였으나 오직 너는 능히 하리니 이는 거룩한 신들의 영이 네 안에 있음이니라."

   하나님께서는 당신이 이 세상의 역사를 주관하신다는 사실을 바벨론의 왕에게 가르치기 위해서 이 꿈을 주셨다. 다니엘 4장에서 배우는 교훈이 있는데 그것은 '하나님은 사랑이시다' 라는 것이다. 하나님께서는 처음에 인간의 마음에 부드럽게 역사하시지만 죄인이 계속해서 목을 곧게 세우고 고집을 부리면, 큰 시련을 주셔서라도 우리를 구원하고자 하신다.

   느부갓네살의 꿈에서 큰 나무가 있고 하늘에 닿게 자랐는데 그 나무에 새들이 와서 깃들었다고 했다. 여기서 나무는 느부갓네살 왕을 상징한다. 다시 말해서 모든 제국의 사람들이 그를 의지해서 살 수 있는 지위까지 그가 높아졌다는 뜻이다. 그러나 그가 교만해지고 자기 부를 자기 영광으로 만들어서 하나님의 뜻을 거절하고 타락하여 우상 숭배에 빠지게 되었다. 그때 하나님께서 그에게 채찍질 하시는데, 느부갓네살 왕을 짐승처럼 만들어서 7년 동안 짐승들과 함께 들에서 지내게 하실 것을 꿈을 통하여 알려주신 것이다. 이것은 너무 잔인하신 처사일까? 아니다. 그의 마음속에 교만이 차고 넘치는 것을 주님께서는 아셨다. 하나님께서는 그를 영원히 살게 하시기 위하여 강력한 조치를 취하기로 결정하셨던 것이다. 느부갓네살 왕의 그러한 고난을 보면서 얼마나 많은 사람들이 놀라며 교훈을 받았겠는가!

우리 생애에 마귀가 큰 시련들을 줄 수가 있다. 모든 일이 다 잘못되는 것처럼 보이고 앞이 캄캄할 때가 있다. 그러나 하나님께서도 우리를 가까이 이끄시려고 때때로 고난과 시련을 허용하신다. 그러므로 어려운 일이 생길 때 주께 가까이 하라.

꿈을 해석해 주는 다니엘의 권면

단 4:19

"벨드사살이라 이름한 다니엘이 얼마 동안 놀라 벙벙하며 마음이 번민하여 하는지라 왕이 그에게 말하여 이르기를 벨드사살아 너는 이 꿈과 그 해석을 인하여 번민할 것이 아니니라 벨드사살이 대답하여 가로되 내 주여 그 꿈은 왕을 미워하는 자에게 응하기를 원하며 그 해석은 왕의 대적에게 응하기를 원하나이다."

얼마나 아름다운 그리스도인의 태도인가! 다니엘은 다음과 같이 말하지 않았다. "당신이 35년 동안 말 안 듣더니 잘 되었습니다." "지난 번에도 꿈을 해석해 주었는데 아직까지 하나님을 받아들이지 않고 계속해서 우상 숭배하더니 잘 되었습니다. 이것은 하나님의 심판입니다." 이런 식으로 냉정하게 말하지도 않았다. "당신이 나의 세 친구들을 불 속에 집어 넣었죠. 하나님께서 그들을 불 속에서 구해주셨음에도 불구하고 아직까지 깨닫지 못하더니 이제 잘 되었습니다."라고 하지 않았다. "당신이 나와 우리 백성들을 35년 동안 포로로 잡혀 있게 하지 않았소. 뿌린 대로 거두는 것이오."라고도 말하지 않았다. 사랑으로만 영혼을 구원할 수 있다. 우리를 해하는 원수들까지도 사랑하는 것이 그리스도인들의 삶의 방식이 아닌가! 다니엘은 이 원수 같은 느부갓네살 왕에게 "이 꿈에 대한 내용이 당신에게 이루어지지 않기를 바랍니다." 라고 간절히 말하였다. 얼마나 놀라운 다니엘의 사랑의 성품인가! 다니엘 4장 20절부터 보면 이 꿈에 대한 해석이 나온다.

단 4:20~23

"왕의 보신 그 나무가 자라서 견고하여지고 그 고는 하늘에 닿았으니 땅 끝에서도 보이겠고 그 잎사귀는 아름답고 그 열매는 많아서 만민의 식물이 될 만하고 들짐승은 그 아래 거하며 공중에 나는 새는 그 가지에 깃들이더라 하시오니 왕이여 이 나무는 곧 왕이시라 이는 왕이 자라서 견고하여지고 창대하사 하늘에 닿으시며 권세는 땅 끝까지 미치심이니이다 왕이 보신즉 한 순찰자, 한 거룩한 자가 하늘에서 내려와서 이르기를 그 나무를 베고 멸하라 그러나 그 뿌리의 그루터기는 땅에 남겨두고 철과 놋줄로 동이고 그것을 들 청초 가운데 있게 하라 그것이 하늘 이슬에 젖고 또 들짐승으로 더불어 그 분량을 같이 하며 일곱 때를 지내리라 하더라 하시오니."

비밀 휴거설을 주장하는 어떤 사람들은 여기에 나오는 일곱 때를 가지고 7년 환난으로 푸는 경우도 있는데 이 예언은 그것과는 아무런 상관이 없는 예언이다. 꿈에 대한 다니엘의 해석을 읽어보자.

단 4:24,25

"왕이여 그 해석은 이러하니이다 곧 지극히 높으신 자의 명정하신 것이 내 주 왕에게 미칠 것이라 왕이 사람에게서 쫓겨나서 들짐승과 함께 거하며 소처럼 풀을 먹으며 하늘 이슬에 젖을 것이요 이와 같이 일곱 때를 지낼 것이라 그때에 지극히 높으신 자가 인간 나라를 다스리시며 자기의 뜻대로 그것을 누구에게든지 주시는 줄을 아시리이다."

정신의학적으로 리캔트로피(Lycanthrophy)라는 병이 있는데, 자기를 짐승으로 착각하는 정신 착란증이다. 갑자기 그러한 병증이 왔다가 갑자기 낫는 경우들이 의학 사전에 기록되어 있다. 이 병에 걸리면 자기의 외모에 전혀 관심이 없어진다. 손톱, 발톱, 머리카락이 길어도 상관하지 않으며 짐승처럼 소리 내고 기어 다니면서 짐승과 같은 음식들을 좋아하게 된다. 느부갓네살 왕이 이 병에 걸린 것이다. 왕이 하루는 왕궁 위에서 거닐며 자기가 10년 동안 지은 아름다운 궁전을 보며 자랑하고 자기에게 영광을 돌렸을 때 갑자기 그에게 심판이 임했다. 그는 군사적인 전략가이고 정치적인 천재였다. 그의 성공과 부를 자랑하고 있을 때 갑자기 지성이 사라지고 정신이 나갔다. 7년 동안 잠정적으로 짐승과 같이 미친 상태로 지내게 되었다.

단 4:26

"또 그들이 그 나무 뿌리의 그루터기를 남겨 두라 하였은즉 하나님이 다스리시는 줄을 왕이 깨달은 후에야 왕의 나라가 견고하리이다."

우리는 평안할 때에 하나님의 뜻을 배워야 한다. 느부갓네살은 교만했을 때 갑자기 정신이 나가고 짐승처럼 생각하고 흉내 내고 기어 다니고 소리 내고 풀을 뜯어 먹으면서 7년 동안 숲 속에서 짐승과 함께 지냈다. 오랫동안 주님의 뜻을 거역했기 때문에 하나님으로부터 채찍을 심하게 받은 것이다. 하나님은 우리가 행복하게 살기를 원하신다. 시련과 고통을 통하여 가르치시는 일은 하나님의 첫 번째 선택이 아니다. 그러나 고난이 우리를 위한 최선의 선택일 때는 고난을 허락하신다. 하나님의 심판이 꿈 꾼 후에 즉시로 왔는가? 아니다. 다니엘 4장 29절을 보라. **"열두 달이 지난 후에 내가 바벨론 궁 지붕에서 거닐새."** 회개를 위한 1년의 기간이 느부갓네살 왕에게 주어졌다.

단 4:27

"그런즉 왕이여 나의 간하는 것을 받으시고 공의를 행함으로 죄를 속하고 가난한 자를 긍휼히 여김으로 죄악을 속하소서 그리하시면 왕의 평안함이 혹시 장구하리이다 하였느니라."

꿈을 꾼 이후에도 여전히 회개할 기회가 있었다. 그러나 회개치 않았기 때문에 결국 심판이 임하게 되었다. 우리는 지금 하나님의 은혜의 기간 가운데 살고 있음을 기억해야 한다.

교만한 자를 낮추심으로 구속하시는 섭리

단 4:28~33

"이 모든 일이 다 나 느부갓네살 왕에게 임하였느니라 열두 달이 지난 후에 내가 바벨론 궁 지붕에서 거닐새 나 왕이 말하여 가로되 이 큰 바벨론은 내가 능력과 권세로 건설하여 나의 도성을 삼고 이것으로 내 위엄의 영광을 나타낸 것이 아니냐 하였더니 이 말이 오히려 나 왕의 입에 있을 때에 하늘에서 소리가 내려 가로되 느부갓네살 왕아 네게 말하노니 나라의 위가 네게서 떠났느니라 네가 사람에게서 쫓겨나서 들짐승과 함께 거하며 소처럼 풀을 먹을 것이요 이와 같이 일곱 때를 지내서 지극히 높으신 자가 인간나라를 다스리시며 자기의 뜻대로 그것을 누구에게든지 주시는 줄을 알기까지 이르리라 하더니 그 동시에 이 일이 나 느부갓네살에게 응하므로 내가 사람에게 쫓겨나서 소처럼 풀을 먹으며 몸이 하늘 이슬에 젖고 머리털이 독수리 털과 같았고 손톱은 새 발톱과 같았었느니라."

얼마나 놀라운 이야기인가! 이것은 왕을 회개시키고 바벨론 제국의 사람들에게 감동을 주기 위한 하나님의 섭리였다. 다니엘 4장 34절부터 느부갓네살 왕의 개심의 경험이 기록되어 있다.

단 4:34

"그 기한이 차매 나 느부갓네살이 하늘을 우러러 보았더니 내 총명이 다시 내게로 돌아온지라 이에 내가 지극히 높으신 자에게 감사하며 영생하시는 자를 찬양하고 존경하였노니 그 권세는 영원한 권세요 그 나라는 대대에 이르리로다."

드디어 왕이 회개하였는데 그의 회개는 35년이나 걸렸다. 이 이야기는 느부갓네살 왕에 대한 이야기일뿐 아니라 모든 인류의 이야기이다. 하나님께서 아담과 하와를 창조하신 후 빛의 옷을 입히시고 이 지구를 다스리도록 권한을 주셨으나 교만과 반역으로 아담과 하와는 모든 것들을 잃어버렸다. 하나님과 분리되었다. 선악과를 따먹은 후에 본성이 변하여 악으로 기울어지는 경향이 생겼고 하나님을 닮은 형상이 짐승의 정욕으로 바꾸어졌다고 로마서 2장은 설명한다. 모든 인간은 죄로 인하여 멸망할 수밖에 없게 되었다. 인류가 아무런 희망도 없이 살아갈 때에 예수께서 이 땅에 오셔서 우리 모두를 위한 구원을 준비하셨다. 느부갓네살 왕이 소망 없이 살다가 하늘을 우러러 보았을 때에 그때 구속이 왔다.

다니엘 2장은 하나님을 미래를 아시는 유일한 분으로 소개하였다. 다니엘 3장은 고난과 환난 가운데서 우리를 구속하시는 능력의 하나님을 소개하였다. 다니엘 4장은 하나님을 지구의 역사를 주관하시는 주인으로 소개한다. 4장에 와서 느부갓네살은 하나님의 거룩한 이름을 찬송하자고 외칠 정도의 믿음을 갖게 되었다. 느부갓네살 왕 같은 완악하고 우상을 숭배하며 교만함이 하늘에 닿은 사람이 회개하였다면 이 세상에 희망이 없는 자는 없다. 그는 다니엘 4장 마지막 부분에서 짐승과 같은 상태로부터 벗어나 다시 지성과 위엄을 회복한 자신에 대해 이야기하면서 "**진실하고 그의 행하심이 의로우시므로 무릇 교만하게 행하는 자를 능히 낮추**"시는 하나님을 찬송하고 있다.

단 4:35~37

"땅의 모든 거민을 없는 것같이 여기시며 하늘의 군사에게든지, 땅의 거민에게든지 그는 자기 뜻대로 행하시나니 누가 그의 손을 금하든지 혹시 이르기를 네가 무엇을 하느냐 할 자가 없도다 그 동시에 내 총명이 내게로 돌아왔고 또 나라 영광에 대하여도 내 위엄과 광명이 내게로 돌아왔고 또 나의 모사들과 관원들이 내게 조회하니 내가 내 나라에서 다시 세움을 입고 또 지극한 위세가 내게 더하였느니라 그러므로 지금 나 느부갓네살이 하늘의 왕을 찬양하며 칭송하며 존경하노니 그의 일이 다 진실하고 그의 행하심이 의로우시므로 무릇 교만하게 행하는 자를 그가 능히 낮추심이니라."

이러한 느부갓네살 왕의 간증은 현시대를 살고 있는 우리들에게도 커다란 교훈과 감동을 주면서 남아있다.

바벨론의 멸망 | 제5장

The End of Babylon

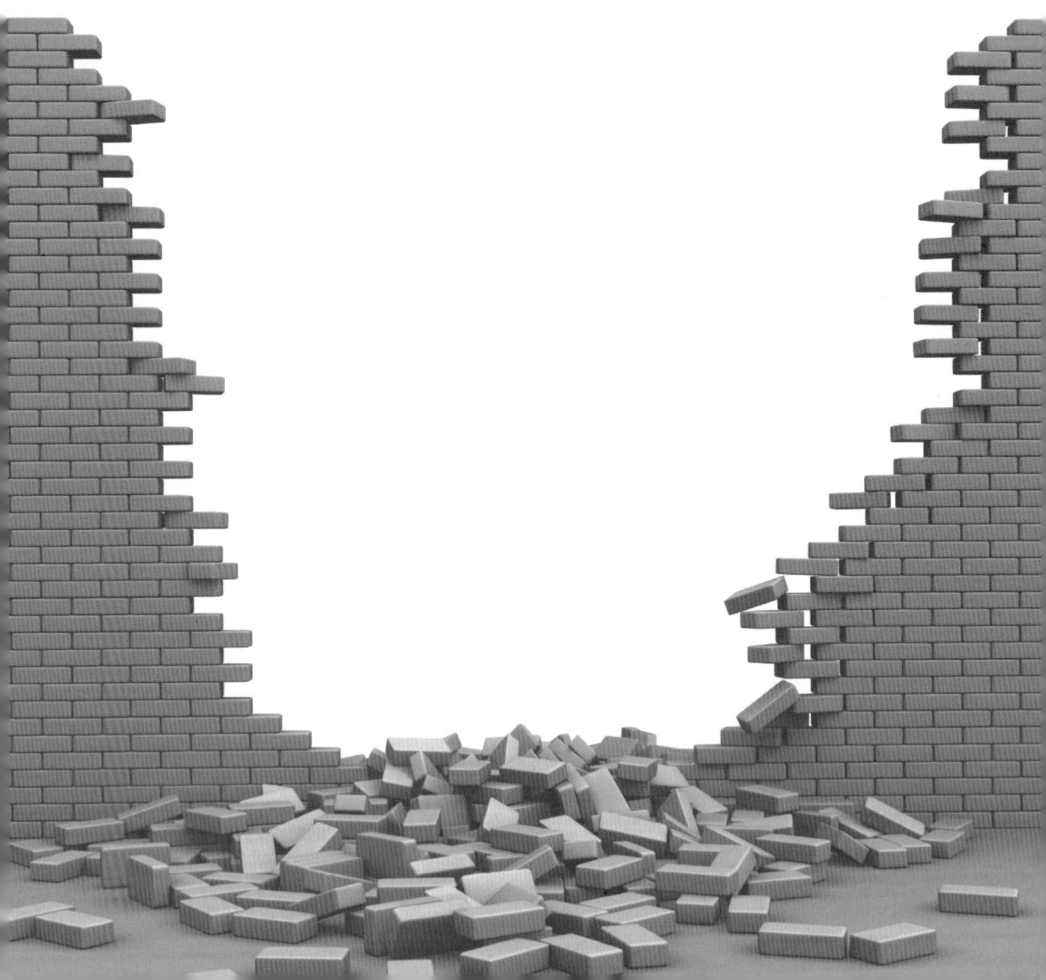

다니엘서 제 5 장

바벨론의 멸망

다니엘 5장에서는 느부갓네살 왕의 손자인 벨사살 왕이 등장하는데 이때에 다니엘은 그의 나이가 86세 정도의 노인이었다. 그 당시 벨사살 왕은 나이가 36세인 젊은 왕이었는데 그는 이스라엘의 하나님을 거절했으며 바벨론을 하나님께 대한 반역의 극치로 몰고 간 왕이었다.

단 5:1,2

"벨사살 왕이 그 귀인 일천 명을 위하여 큰 잔치를 배설하고 그 일천 명 앞에서 술을 마시니라 벨사살이 술을 마실 때에 명하여 그 부친 느부갓네살이 예루살렘 전에서 취하여 온 금, 은 기명을 가져오게 하였으니 이는 왕과 귀인들과 왕후들과 빈궁들이 다 그것으로 마시려 함이었더라."

벨사살이 왕으로 앉은 바벨론 궁전은 쾌락의 궁전이었다. 술과 음식으로 정신이 몽롱하여지는 잔치의 나라가 되었다. 벨사살 왕의 궁전에서는 밤마다 온갖 음악들이 베풀어졌으며 술을 마시고 소리지르며 노래 부르는 동안 정욕이 이성을 대신하였고 그들의 양심은 마비되어 갔다. 그러던 어느 날 밤 멸망이 바벨론 성에 드리운 것도 알지 못한 채 그들은 향락에 빠져 있었다.

이사야 21장 1~9절에는 바벨론의 멸망이 예언되어 있다.

바벨론이 멸망하던 그날 밤이 쾌락의 밤이었던 것처럼, 지금 이 지구도 곧 닥치는 멸망과 심판을 모른 채 사람들이 쾌락의 밤을 지내고 있다. 다니엘 5장 1절은 현재 우리가 살고 있는 세상을 상징한다. 예수께서는 세상 끝에 당신께서 재림하시기 직전의 세대에 대하여 다음과 같은 경고의 말씀을 주셨다.

마 24:37~39, "노아의 때와 같이 인자의 임함도 그러하리라 홍수 전에 노아가 방주에 들어가던 날까지 사람들이 먹고 마시고 장가 들고 시집 가고 있으면서 홍수가 나서 저희를 다 멸하기까지 깨닫지 못하였으니 인자의 임함도 이와 같으리라."

눅 21:34~36, "너희는 스스로 조심하라 그렇지 않으면 방탕함과 술취함과 생활의 염려로 마음이 둔하여지고 뜻밖에 그날이 덫과 같이 너희에게 임하리라 이 날은 온 지구상에 거하는 모든 사람에게 임하리라 이러므로 너희는 장차 올 이 모든 일을 능히 피하고 인자 앞에 서도록 항상 기도하며 깨어 있으라 하시니라."

요한계시록 18장에는 영적인 바벨론으로 상징된 타락한 교회가 나오는데 그 영적 바벨론의 멸망을 다음과 같이 예언하고 있다.

계 18:7~10, "그가 어떻게 자기를 영화롭게 하였으며 사치하였든지 그만큼 고난과 애통으로 갚아 주라 그가 마음에 말하기를 나는 여황으로 앉은 자요 과부가 아니라 결단코 애통을 당하지 아니하리라 하니 그러므로 하루 동안에 그 재앙들이 이르리니 곧 사망과 애통과 흉년이라 그가 또한 불에 살라지리니 그를 심판하신 주 하나님은 강하신 자이심이니라 그와 함께 음행하고 사치하던 땅의 왕들이 그 불붙는 연기를 보고 위하여 울고 가슴을 치며 그 고난을 무서워하여 멀리 서서 가로되 화 있도다 화 있도다 큰 성, 견고한 성 바벨론이여 일시간에 네 심판이 이르렀다 하리로다."

요한계시록은 왜 마지막 시대에 영적으로 음행하는 타락한 교회들을 영적인 바벨론으로 묘사하고 있을까? 왜냐하면 마지막 시대의 교회가 하나님의 진리를 잃어버리고 잘못된 가르침과 오류의 포도주를 마심으로 인하여 크게 취해서 하나님께 영광 돌리지 않은 채 마음껏 먹고 마시고 살기 때문이다. 또한 주님을 믿는다고 말하지만 성경에 기록된 주님의 뜻대로 살지 않고 진실로 회개치 않기 때문에 마지막 시대의 타락한 교회들을 영적 바벨론으로 부르고 있다. 고대 바벨론이 술에 취한 깊은 밤에 멸망한 것처럼, 마지막 시대의 영적 바벨론도 포도주에 취하여 깊은 영적 어둠 속에서 비틀거릴 때 멸망이 홀연히 이르게 될 것이다. 영적 바벨론의 멸망은 다니엘 5장에 있는 고대 바벨론을 토대로 상징되어 있는 것이다.

고대 바벨론이 멸망한 이유는 무엇이었는가? 첫째로 그들은 술과 향연의 쾌락에 빠진 생애를 살았으며 둘째로 벨사살 왕이 하나님의 능력을 분명히 알았지만 그분의 뜻을 저버렸기 때문이다. 고대 바벨론이 멸망했던 이유가 마지막 시대의 영적 바벨론의 멸망에도 그대로 적용된다. 마지막 시대의 영적 음행을 하는 타락한 교회 역시, 첫째로 잘못된 가르침과 오류를 상징하는 바벨론의 포도주에 깊이 취해 있으며, 둘째로 성경에 나타나 있는 하나님의 분명한 뜻에 순종하지 않음으로 멸망하게 될 것이다.

예레미야는 연회를 베풀다가 갑자기 죽게 되는 바벨론에 대하여 다음과 같이 예언하였다. "**열정이 일어날 때에 내가 연회를 베풀고 그들로 취하여 기뻐하다가 영영히 잠들어 깨지 못하게 하리라 여호와의 말이니라**"(렘 51:39). 또한 끝까지 회개하지 않는 바벨론에 대해서 다음과 같이 예언되어 있다. "**우리가 바벨론을 치료하려 하여도 낫지 아니한즉 버리고 각기 고토로 돌아가자 그 화가 하늘에 미쳤고 궁창에 달하였음이로다 … 그러므로 여호와께서 가라사대 보라 날이 이르리니 내가 그 조각한 신상을 벌할 것이라 상함을 입은 자들**

이 그 땅에서 신음하리라"(렘 51:9, 52).

바벨론이 멸망할 것이라고 이미 이사야와 예레미야에 예언해 놓았다. 바벨론은 많은 빛을 받고도 결국은 하나님의 계명을 무시했다. 부도덕한 세대가 되었다. 이 세상도 바벨론의 멸망의 밤과 같다. 우리는 윤리와 정직이 사라진 세상 가운데 살고 있다.

단 5:3~5

"이에 예루살렘 하나님의 전 성소 중에서 취하여 온 금 기명을 가져오매 왕이 그 귀인들과 왕후들과 빈궁들로 더불어 그것으로 마시고 무리가 술을 마시고는 그 금, 은, 동, 철, 목, 석으로 만든 신들을 찬양하니 그때에 사람의 손가락이 나타나서 왕궁 촛대 맞은편 분벽에 글자를 쓰는데 왕이 그 글자 쓰는 손가락을 본지라."

벨사살 왕과 귀인들은 예루살렘 성전에서 약탈해온 거룩한 기명들로 술을 마셨다. 그들은 술에 취하자 하나님을 조롱했는데, 바로 그때 핏기없는 손이 벽에 나타나 글을 쓰기 시작했다. "**메네메네 데겔 우바르신**" 갑자기 음악이 그치고 사람들의 무릎이 떨리고 얼굴이 창백해지고 그들의 심장이 뛰기 시작했다. 귀인들의 얼굴들이 다 굳어지고 취기가 깨었다. 모두 벽을 쳐다보았다. 성전에서 가져온, 넓이가 약 5피트이고 높이가 약 8피트 되는 큰 금촛대에서 불빛을 비추는데 거기에 손이 나타나서 궁전의 벽에 글을 쓴 것이다.

단 5:6,7

"이에 왕의 즐기던 빛이 변하고 그 생각이 번민하여 넓적다리 마디가 녹는 듯하고 그 무릎이 서로 부딪힌지라 왕이 크게 소리하여 술객과 갈대아 술사와 점장이를 불러 오게 하고 바벨론 박사들에게 일러 가로되 무론 누구든지 이 글자를 읽고 그 해석을 내게 보이면 자주옷을 입히고 금사슬로 그 목에 드리우고 그로 나라의 셋째 치리자를 삼으리라 하니라."

벨사살 왕은 느부갓네살의 아들이 아니라 손자이다. 느부갓네살 다음 왕은 그의 아들 혹은 사위였던 나보니더스이다. 다니엘 5장에서 벨사살 왕을 느부갓네살의 아들로 부르는 것은 느부갓네살의 자손이라는 의미이다. 성경에서 예수님을 다윗의 아들이라고 칭하지만 실제 아들이 아니라 자손이라는 뜻으로 아들이라 칭하는 것과 마찬가지이다. 성경 비평학자들이 벨사살의 존재가 실제 역사에는 없다고 비평을 한 적이 있다. 그러나 1861년도에 고고학자 W.H 탈봇(W.H. Talbot) 씨가 나보니더스란 아들(혹은 사위)이 느부갓네살 왕에게 있었다는 사실을 발견했다. 1924년에는 시드니 스미스(Sydney Smith) 씨가 나보니더스 왕이 아들 벨사살과 함께 통치한 사실을 발견했다. 나보니더스는 자연계에 취미가 있어서 그의 아들에게 주로 정치일을 위임했던 사실을 역사는 증거하고 있다.

단 5:8~12

"때에 왕의 박사가 다 들어왔으나 능히 그 글자를 읽지 못하여 그 해석을 왕께 알게 하지 못하는지라 그러므로 벨사살 왕이 크게 번민하여 그 낯빛이 변하였고 귀인들도 다 놀라니라 태후가 왕과 그 귀인들의 말로 인하여 잔치하는 궁에 들어왔더니 이에 말하여 가로되 왕이여 만세수를 하옵소서 왕의 생각을 번민케 말며 낯빛을 변할 것이 아니니이다 왕의 나라에 거룩한 신들의 영이 있는 사람이 있으니 곧 왕의 부친 때에 있던 자로서 명철과 총명과 지혜가 있어 신들의 지혜와 같은 자라 왕의 부친 느부갓네살 왕이 그를 세워 박수와 술객과 갈대아 술사와 점장이의 어른을 삼으셨으니 왕이 벨드사살이라 이름한 이 다니엘의 마음이 민첩하고 지식과 총명이 있어 능히 꿈을 해석하며 은밀한 말을 밝히며 의문을 파할 수 있었음이라 이제 다니엘을 부르소서 그리하시면 그가 그 해석을 알려드리리이다."

이때 이 여왕은 나보니더스의 부인이며 벨사살 왕의 어머니이다. 그녀는 느부갓네살 왕의 딸이었다. 아버지가 회개한 것을 보고 그도 하나님을 믿게 되었다. 그래서 그 타락한 잔치 자리에 없었던 것이다. 수천 귀빈 앞에서 벨사살 왕에게 하나님의 영이 충만한 다니엘을 부르라고 충고하고 곧 다니엘이 왕의 부름을 받아 연회장에 들어온다.

단 5:13

"이에 다니엘이 부름을 입어 왕의 앞에 나오매 왕이 다니엘에게 말하여 가로되 네가 우리 부왕이 유다에서 사로잡아 온 유다 자손 중의 그 다니엘이냐."

벨사살 왕은 다니엘을 알았지만 왕의 체면 때문에 이렇게 말한 것이다. 다니엘은 벨사살 왕이 태어나기도 전에 바벨론의 총리 대신으로 바벨론을 다스렸기 때문에 벨사살이 다니엘을 모를 리가 없다.

단 5:14~16

"내가 네게 대하여 들은즉 네 안에는 신들의 영이 있으므로 네가 명철과 총명과 비상한 지혜가 있다 하도다 지금 여러 박사와 술객을 내 앞에 불러다가 그들로 이 글을 읽고 그 해석을 내게 알게 하라 하였으나 그들이 다 능히 그 해석을 내게 보이지 못하였느니라 내가 네게 대하여 들은즉 너는 해석을 잘하고 의문을 파한다 하도다 그런즉 이제 네가 이 글을 읽고 그 해석을 내게 알게 하면 네게 자주 옷을 입히고 금사슬을 네 목에 드리우고 너로 나라의 셋째 치리자를 삼으리라."

이 때 선지자 다니엘이 다음과 같이 말한다.

단 5:17~31

"다니엘이 왕에게 대답하여 가로되 왕의 예물은 왕이 스스로 취하시며 왕의 상급은 다른 사람에게 주옵소서 그럴지라도 내가 왕을 위하여 이 글을 읽으며 그 해석을 아시게 하리이다 왕이여 지극히 높으신 하나님이 왕의 부친 느부갓네살에게 나라와 큰 권세와 영광과 위엄을 주셨고 그에게 큰 권세를 주셨으므로 백성들과 나라들과 각 방언하는 자들이 그의 앞에서 떨며 두려워하였으며 그는 임의로 죽이며 임의로 살리며 임의로 높이며 임의로 낮추었더니 그가 마음이 높아지며 뜻이 강퍅하여 교만을 행하므로 그 왕위가 폐한 바 되며 그 영광을 빼앗기고 인생 중에서 쫓겨나서 그 마음이 들짐승의 마음과 같았고 또 들나귀와 함께 거하며 또 소처럼 풀을 먹으며 그 몸이 하늘 이슬에 젖었으며 지극히 높으신 하나님이 인간 나라를 다스리시며 자기의 뜻대로 누구든지 그 위에 세우시는 줄을 알기까지 이르게 되었었나이다 벨사살이여 왕은 그의 아들이 되어서 이것을 다 알고도 오히려 마음을 낮추지 아니하고 도리어 스스로 높여서 하늘의 주재를 거역하고 그 전 기명을 왕의 앞으로 가져다가 왕과 귀인들과 왕후들과 빈궁들이 다 그것으로 술을 마시고 왕이 또 보지도 듣지도 알지도 못하는 금, 은, 동, 철과 목, 석으로 만든 신상들을 찬양하고 도리어 왕의 호흡을 주장하시고 왕의 모든 길을 작정하시는 하나님께 영광을 돌리지 아니한지라 이러므로 그의 앞에서 이 손가락이 나와서 이 글을 기록하였나이다 기록한 글자는 이것이니 곧 메네 메네 데겔 우바르신이라 그 뜻을 해석하건대 메네는 하나님이 이미 왕의 나라의 시대를 세어서 그것을 끝나게 하셨다 함이요 데겔은 왕이 저울에 달려서 부족함이 뵈었다 함이요 베레스는 왕의 나라가 나뉘어서 메대와 바사 사람에게 준바 되었다 함이니이다 이에 벨사살이 명하여 무리로 다니엘에게 자주옷을 입히게 하며 금사슬로 그의 목에 드리우게 하고 그를 위하여 조서를 내려 나라의 셋째 치리자를 삼으니라 그날 밤에 갈대아 왕 벨사살이 죽임을 당하였고 메대 사람 다리오가 나라를 얻었는데 때에 다리오는 육십이 세였더라."

드디어 하나님께서 심판하시고 바벨론 나라를 멸망시키셨다. 더 이상 기회가 없고 은혜의 시간이 끝났다. 그날 밤에 페르시아 왕 고레스 왕이 바벨론 도성 밑으로 흐르고 있는 유프라테스 강을 상류 쪽에서 다른 곳으로 빼돌린 다음에 강물이 마른 틈을 타서 성벽 밑의 수문으로 쳐들어 와서 바벨론 나라를 정복했다. 고대 바벨론이 멸망하는 이 장면을 인용하여 사도 요한은 요한계시록 16장에 나오는 아마겟돈 전쟁을 묘사하였다. 지구의 은혜의 시간이 마쳐지게 되면 일곱 재앙이 이 땅에 떨어지게 되는데, 그 여섯 번째 재앙이 요한계시록 16장에 나오는 아마겟돈 전쟁으로 묘사되어 있다.

"또 여섯째가 그 대접을 큰 강 유브라데에 쏟으매 강물이 말라서 동방에서 오는 왕들의 길이 예비 되더라."(계 16:12) 물은 성경 예언에서 사람들을 상징하므로, 바벨론을 풍요롭게 만든 젖줄기인 유프라테스 강을 다른 곳으로 빼돌려서 물이 말랐다는 말씀의 의미는, 바벨론 세력을 풍요롭게 하였던 사람들의 영적인 지지가 모두 사라지게 된다는 뜻이다. 지지하던 인간의 세력이 없어진다는 뜻이다. 강물이 마른 후에 동쪽으로부터 온 고레스 왕과 군사들이 바벨론을 멸망시킨 것처럼, 동방에서 오는 왕 예수 그리스도와 천사들이 동쪽에서부터 재림하시어 이 세상의 바벨론 세력을 전부 멸망시킬 것을 상징하고 있다.

지금은 노아의 때이다. 지금은 소돔과 고모라의 때이다. 지금은 다니엘 5장처럼 바벨론이 멸망하는 때이다. 지금 우리는 예수 그리스도께서 영적 바벨론을 멸망시키기 위하여 재림하시기 직전의 시기에 살고 있다. 지금은 깨어서 일어나야 할 때이다. 다니엘 4장과 5장은 오늘날 우리에게 영적으로 동일하게 적용할 수 있는 예언의 말씀이다.

계명을 지키는 다니엘의 믿음과 신앙 | 제6장
Commandment-keeping Faith

다니엘서 제 6 장

계명을 지키는 다니엘의 믿음과 신앙

우리는 다니엘 5장에서 바벨론의 멸망에 대한 예언과 그 역사를 살펴 보았다. 바벨론에 대한 은혜의 시간이 마쳐지면서 드디어 다니엘 2장의 신상 예언처럼 하나님의 심판이 정확하게 바벨론(금머리)에게 임하고 다음 제국인 메대 바사 제국(은으로 된 팔과 가슴)이 일어나는 것을 살펴 보았다. 벨사살 왕이 귀인들과 함께 잔치하며 이스라엘의 하나님을 조롱할 때에 그의 은혜의 시간이 마쳐지는 역사적 사건을 보았다. 한 손이 벽에 바벨론의 멸망을 글로 남겼는데, 그날 밤에 페르시아의 왕 고레스의 군대가 수문을 통하여 성 안으로 들어왔다. 유프라테스 강물을 상류 쪽에서부터 빼돌려 마르게 한 다음에 그 밑의 수문을 통해서 난공불락의 성인 바벨론 성을 점령했다. 그 성 안에서 잔치하고 있던 사람들이 술에 취해 머리가 몽롱해져 전혀 방어할 힘이 없을 때 그 성을 점령하게 된 것이다. 이것은 마지막 시대에 있을 여섯째 재앙에 대한 표상으로 요한계시록 16장에 기록되었다.

오늘날 이 세상과 기독교회 안에 존재하는 오류와 잘못된 가르침을 믿고 따라가는 사람들이 모두 바벨론의 포도주에 취하여 몽롱해진 상태가 된 것은 마귀가 크게 역사한 결과이다. 또한 물이 마르는 것은 바벨론 세력이 자신들을 지지하던 사람들을 잃어버리게 되는 바로 그때 동방에서 오는 왕인 예수 그리스도의 재림의 광경이 여섯째 재앙인 아마겟돈 전쟁으로 표상되었다.

그런데 바로 이 시점에서 다니엘 6장에 다리오 왕이 등장한다. 왜 갑자기 다리오 왕이 등장할까? 메대와 페르시아의 연합군이 바벨론을 점령한 후 페르시아의 왕인 고레스가 외삼촌(어머니의 남동생)인 다리오에게 왕위를 주었기 때문이다. 그리고 앞에서 이미 몇 번 언급했던 것처럼 다니엘서에는 이야기가 있고 예언이 있다. 이야기를 공부함으로써 앞으로 예언이 성취될 때 어떻게 대처해야 하는가에 대한 영적 교훈을 주기 위함이다. 다니엘 6장에는 다니엘이 핍박을 어떻게 견디어 냈는가에 대한 놀라운 경험이 있다.

단 6:1~28

"다리오가 자기의 심원대로 방백 일백이십 명을 세워 전국을 통치하게 하고 또 그들 위에 총리 셋을 두었으니 다니엘이 그 중에 하나이라 이는 방백들로 총리에게 자기의 직무를 보고하게 하여 왕에게 손해가 없게 하려함이었더라 다니엘은 마음이 민첩하여 총리들과 방백들 위에 뛰어나므로 왕이 그를 세워 전국을 다스리게 하고자 한지라 이에 총리들과 방백들이 국사에 대하여 다니엘을 고소할 틈을 얻고자 하였으나 능히 아무 틈, 아무 허물을 얻지 못하였으니 이는 그가 충성되어 아무 그릇함도 없고 아무 허물도 없음이었더라 그 사람들이 가로되 이 다니엘은 그 하나님의 율법에 대하여 그 틈을 얻지 못하면 그를 고소할 수 없으리라 하고 이에 총리들과 방백들이 모여 왕에게 나아가서 그에게 말하되 다리오 왕이여 만세수를 하옵소서 나라의 모든 총리와 수령과 방백과 모사와 관원이 의논하고 왕에게 한 율법을 세우며 한 금령을 정하실 것을 구하려 하였는데 왕이여 그것은 곧 이제부터 삼십 일 동안에 누구든지 왕 외에 어느 신에게나 사람에게 무엇을 구하면 사자굴에 던져 넣기로 한 것이니이다 그런즉 원컨대 금령을 세우시고 그 조서에 어인을 찍어서 메대와 바사의 변개치 아니하는 규례를 따라 그것을 다시 고치지 못하게 하옵소서 하매 이에 다리오 왕이 조서에 어인을 찍어 금령을 내니라 다니엘이 이 조서에 어인이 찍힌 것을 알고도 자기 집에 돌아가서는 그 방의 예루살렘으로 향하여 열린 창에서 전에 행하던 대로 하루 세 번씩 무릎을 꿇고 기도하며 그 하나님께 감사하였더라 그 무리들이 모여서 다니엘이 자기 하나님 앞에 기도하며 간구하는 것을 발견하고 이에 그들이 나아가서 왕의 금령에 대하여 왕께 아뢰되 왕이여 왕이 이미 금령에 어인을 찍어서 이제부터 삼십 일 동안에 누구든지 왕 외에 어느 신에게나 사람에게 구하면 사자굴에 던져 넣기로 하지 아니하였나이까 왕이 대답하여 가로되 이 일이 적실하니 메대와 바사의 변개치 아니하는 규례대로 된 것이니라 그들이 왕 앞에서 대답하여 가로되 왕이여 사로잡혀 온 유다 자손 중에 그 다니엘이 왕과 왕의 어인이 찍힌 금령을 돌아보지 아니하고 하루 세 번씩 기도하나이다 왕이 이 말을 듣고 그로 인하여 심히 근심하여 다니엘을 구원하려고 마음을 쓰며 그를 건져 내려고 힘을 다하여 해가 질 때까지 이르매 그 무리들이 또 모여 왕에게로 나아와서 왕께 말씀하되 왕이여 메대와 바사의 규례를 아시거니와 왕의 세우신 금령과 법도는 변개하지 못할 것이니이다 이에 왕이 명하매 다니엘을 끌어다가 사자굴에 던져 넣는지라 왕이 다니엘에게 일러 가로되 너의 항상 섬기는 네 하나님이 너를 구원하시리라 하니라 이에 돌을 굴려다가 굴 아구를 막으매 왕이 어인과 귀인들의 인을 쳐서 봉하였으니 이는 다니엘 처치한 것을 변개함이 없게 하려 함이었더라 왕이 궁에 돌아가서는 밤이 맞도록 금식하고 그 앞에 기악을 그치고 침수를 폐하니라 이튿날에 왕이 새벽에 일어나 급히 사자굴로 가서 다니엘의 든 굴에 가까이 이르러는 슬피 소리질러 다니엘에게 물어 가로되 사시는 하나님의 종 다니엘아 너의 항상 섬기는 네 하나님이 사자에게서 너를 구원하시기에 능하셨느냐 다니엘이 왕에게 고하되 왕이여 원컨대 왕은 만세수를 하옵소서 나의 하나님이 이미 그 천사를 보내어 사자들의 입을 봉하셨으므로 사자들이 나를 상해치 아니하였사오니 이는 나의 무죄함이 그 앞에 명백함이오며 또 왕이여 나는 왕의 앞에도 해를 끼치지 아니하였나이다 왕이 심히 기뻐서 명하여 다니엘을 굴에서 올리라 하매 그들이 다니엘을 굴에서 올린즉 그 몸이 조금도 상하지 아니하였으니 이는 그가 자기 하나님을 의뢰함이었더라 왕이 명을 내려 다니엘을 참소한 사람들을 끌어오게 하고 그들을 그 처자들과 함께 사자굴에 던져 넣게 하였더니 그들이 굴 밑에 닿기 전에 사자가 곧 그들을 움켜서 그 뼈까지도 부숴뜨렸더라 이에 다리오 왕이 온 땅에 있는 모든 백성과 나라들과 각 방언하는 자들에게 조서를 내려 가로되 원컨대 많은 평강이 너희에게 있을지어다 내가 이제 조서를 내리노라 내 나라 관할 아래 있는 사람들은 다 다니엘의 하나님 앞에서 떨며 두려워할지니 그는 사시는 하나님이시요 영원히 변치 않으실 자시며 그 나라는 망하지 아니할 것이요 그 권세는 무궁할 것이며 그는 구원도 하시며 건져내기도 하시며 하늘에서든지 땅에서든지 이적과 기사를 행하시는 자로서 다니엘을 구원하여 사자의 입에서 벗어나게 하셨음이니라 하였더라 이 다니엘이 다리오 왕의 시대와 바사 사람 고레스 왕의 시대에 형통하였더라."

신실한 신앙인으로서의 다니엘의 영향력

다니엘 6장 1절과 2절에 세 명의 총리가 등장하고 그 밑에 120명의 방백들이 있다. 각 도와 각 지방들의 책임자들을 말한다. 그 모든 책임자들 중에 다니엘이 수석 총리였다. 성경은 왕에게 손해가 없도록 하기 위해서 다니엘을 수석으로 세우고 세 장관을 두었다고 했는데, 이것은 각 지방을 다스리며 특히 세금 거두어 들이는데 부정이 없도록 하기 위함이었다. 다니엘 밑에 두 총리가 있고, 각 총리 밑에 60명씩 지방 장관들이 있었다. 그들이 세금을 걷어서 올리면 그것을 최종적으로 검사하고 장부를 조사하는 것이 다니엘의 직무였다. 왕이 다니엘을 수석으로 세운 것은 그의 신실함과 정직성을 알기 때문이며 비리를 막기 위해서였다. 정권이 바뀌고 나라가 바뀌었음에도 불구하고 다니엘은 여전히 국무총리가 되어있는 사실을 성경에서 보게 된다. 이것이야말로 진실로 믿는 자의 감화가 아니겠는가!

예를 들어 생각해 보자. 러시아가 미국을 정복한 후에 미국인을 여전히 국무총리에 앉혀 두겠는가? 있을 수 없는 일이 아닌가? 그러나 다니엘의 신실함과 정직성은 그 당시 온 세계에 알려져 있었기 때문에 다리오 왕은 정권이 바뀌고 메대 페르시아가 점령했음에도 불구하고 다니엘을 그대로 그 자리에 둔 것이다. 하나님께 대한 신앙이 다니엘의 명성 때문에 온 세계에 퍼져 있었다. 다니엘의 해몽과 예언을 모르는 사람이 없을 정도로 그의 지명도와 영향력은 컸다. 그래서 이웃 나라들에서는 다니엘이 믿는 종교가 자신들의 백성들에게 영향을 미칠 것이 두려워 자기들의 종교를 새롭게 만들 정도였다. 유대교가 자기들의 나라에 들어와 판을 치게 될까 두려워서 여러 종교들을 만들었는데, 페르시아에서는 유대 종교와 비슷한 모습을 가진 조로아스타교를 만들었고 인도 지방에서는 불교를 만들었고 힌두교 등과 같은 이방 종교들을 만들었다. 이 모두가 유대 종교의 강력한 영향력을 배제하기 위함이었다.

신앙은 입으로만 공언하는 것이 아니다. 신앙은 마음속에 있는 경험이다. **"또 새 영을 너희 속에 두고 새 마음을 너희에게 주되 너희 육신에서 굳은 마음을 제하고 부드러운 마음을 줄 것이며 또 내 신을 너희 속에 두어 너희로 내 율례를 행하게 하리니 너희가 내 규례를 지켜 행할지니라"**(겔 36:26,27). 구약 시대에 이미 하나님께서는 마음의 변화에 대해서 강조하는 말씀을 구약 성경 속에 기록해 두셨다. 겉으로만 척하는 행동이 중요한 것이 아니다. 마음속으로 믿는 신앙이 진정한 신앙이다. 그리스도교는 마음의 종교이다.

다니엘 때문에 주위의 총리와 장관들에게 시기와 질투가 생기고 증오가 발해지기 시작했다. 다니엘은 하나님의 법을 지키는 사람이며 아름다운 성품을 가진 정직한 사람이었다. 그래서 하나님의 뜻대로 사는 삶 때문에 핍박을 받게 되었다. 그의 고귀한 성품으로 인하여 다른 총리들이 부정 행위를 할 수가 없었기 때문에 그들은 다니엘을 미워하기 시작했다. 그 당시에 다니엘의 영향력은 막강한 것이었고 세계적인 것이었다. 우리가 참된 그리스도인으로 살 때에 우리의 영향력은 놀랍게 확산될 수 있다.

하나님의 계명을 목표로 반복되는 사단의 술수

　다른 총리들은 다니엘을 고소할 틈을 찾으려고 애를 썼다. 그의 장부를 조사하고 그가 돈을 사용하는 문제들을 일일이 살펴보기 시작하였다. 그러나 부정을 찾을 수가 없었다. 그의 생활과 경제를 조사하면 할수록 그의 정직성은 더욱더 분명하게 드러났다. 그를 고소할 수 있는 유일한 길은 다니엘의 신앙을 문제 삼는 것이었다. 바로 이것이 마지막 시대에 주의 백성들이 맞이하게 될 짐승의 표의 환난의 이야기이다. 주의 백성들을 걸고 넘어뜨릴 수 없는 마귀는 그들을 없애기 위해 그들의 믿음과 하나님의 계명을 지키고자 하는 신앙에 대한 관건을 가지고 죽이려고 할 것이다. 이것이 마귀의 마지막 술수가 될 것이다. 다니엘 6장 5절에서 그들은 다니엘의 잘못을 찾을 수가 없다고 말하였다. 그러므로 유일한 길은 다니엘이 지키는 하나님의 법에 관한 고소를 만드는 길밖에 없었다. 다니엘의 경험은 다니엘과 같은 신앙을 따라가는 그리스도인들의 경험이 된다. 마지막 시대의 진실된 그리스도인들에게도 앞으로 이런 일들이 일어나게 될 것을 알아야 한다. 이러한 이유 때문에 다니엘서의 예언을 공부하기 전에 먼저 다니엘의 경험을 이해해야 한다.

　다니엘 6장 9절에 보면 총리들이 다니엘 없이 그들끼리 모여 의논했다. 그러나 왕에게 보고할 때에는 마치 모두 모여 의논한 것처럼 보고했다. 이 장면에서 우리는 죄의 본질을 볼 수 있다. 그들의 질투심이 거짓 모의를 하게 만들고 살인으로까지 인도했다. 아무리 작은 죄라고 할지라도 우리가 그것을 붙잡고 있을 때 결코 안전하지 않다. 결코 죄에 대하여 합리화하지 말아야 한다. 죄는 모두 예수께 드리고 진정으로 회개해야 한다. 예수께서 직접 시술하시는 수술을 받아서 옛 마음은 잘라내고 새 마음으로 받아야 한다. 죄가 마음속에 남아있으면 죄를 합리화하게 되고 그 죄는 우리를 더 큰 죄로 인도하게 된다. 하늘의 천사장이었던 루스벨의 마음 가운데 조그맣게 싹튼 시기와 질투심이 결국에는 반역의 정신으로 자라났고 나중에는 엄청난 마귀가 되도록 유도한 것처럼 우리 마음속에 어떠한 작은 죄일지라도 안전하지 않다는 것을 명심해야 한다.

다니엘 3장에서는 큰 신상을 세우고 거기에 절하라고 했다. 다니엘 6장에서는 다니엘을 사자굴에 처넣으라는 명령이 나온다. 다니엘 3장의 왕의 명령과 6장의 명령은 다음과 같은 유사한 성격을 가지고 있다. 첫째, 세계적인 사형 명령이며 둘째, 세계적인 영향력이 있는 지도자가 내린 명령이라는 것이다. 그런데 마지막 시대에 하나님의 백성들이 받을 핍박과 관련된 명령 또한 그러할 것이다. 요한계시록 13장을 보면 짐승의 우상을 세우고 거기에 절하라는 사건이 나온다. 거기에 절하지 않는 자는 사고파는 일을 금지하며 모두 죽인다는 명령이 내려진다. 다니엘 3장과 6장에 있는 왕의 명령과 핍박들은 요한계시록 13장에 나오는 마지막 시대의 짐승의 표의 환난의 핍박과 아주 흡사하다. 그러므로 마지막 시대에 짐승의 환난이 어떻게 임할지에 대한 힌트를 우리에게 주시기 위하여 성경에 이 말씀을 기록해 두신 것이다.

<u>다니엘 3장과 6장의 명령의 차이들은 무엇일까?</u>

· **첫째**, 3장에서 내려지는 명령은 우상 숭배하지 말라는 둘째 계명을 어기게 만들고, 6장에서 내려지는 명령은 하나님 외에 다른 신들을 두지 말라는 첫째 계명을 어기게 함.
· **둘째**, 3장 명령은 왕이 만들었고, 6장의 명령은 왕의 신하들이 모의하여 만듦.
· **셋째**, 3장의 명령은 계명을 어기게 하는 것이고, 6장의 명령은 계명을 어기게 하면서 동시에 기도하지 못하게 하여 하나님과의 관계를 끊으려 하는 명령.

마지막 시대에도 핍박이 하나님의 계명을 어기게 하는 명령으로 시작되는 것이다. 요한계시록 13장을 살펴보면 그것은 짐승의 우상을 세우고 그것에 경배하라는 모습으로 나타난다. 그러므로 그것은 하나님을 경배하고 예배하는 일과 관련된 문제를 만드는 명령일 것이다. 법적으로 하나님의 백성들을 압박하기 위해서 그런 일이 앞으로도 이루어질 것이다. 그러므로 다니엘서에 나타나 있는 다니엘의 신앙과 품성을 배워야 한다. 또한 장래에 어떤 식으로 하나님의 백성들에게 핍박이 올지에 대하여 다니엘의 경험을 통해서 숙지해 두어야 한다.

마지막 시대에 짐승의 표를 받지 않고 승리하는 사람들의 특성에 대하여 요한계시록은 다음과 같이 설명해 준다. "**그 입에 거짓말이 없고 흠이 없는 자들이더라**"(계 14:5). 영어로는 "And in their mouth was found no guile; for they are without fault before the throne of God." 하나님의 보좌 앞에서 그들이 흠이 없다고 말한다. 이것이 마지막 십사만 사천인의 품성이라고 설명하고 있다. 우리 시대에도 다니엘과 같은 사람들이 있다. 또한 있어야 할 것이다! 하나님 앞에서 흠이 없는 사람들! 하나님 앞에서 온전히 용서함 받고 예수님의 보혈의 피로 씻은 바 된 사람들! 예수 그리스도의 의의 옷을 입은 사람들! 주님의 은혜를 통해서 성품이 변화된 사람들! 어떤 일이 와도 주의 말씀과 명령을 어기는 일은 생명을 바치면서까지 하지 않을 사람들! 그런 자들이 앞으로 있을 것이다.

"**짐승과 그의 우상에게 경배하고 그 이름의 표를 받는 자는 누구든지 밤낮 쉼을 얻지 못하리라 하더라 성도들의 인내가 여기 있나니 저희는 하나님의 계명과 예수 믿음을 지키는 자니라.**"(계 14:11,12). 예수의 믿음을 지키는 것뿐만 아니라 하나님의 계명을 지키는 백성들이다. 이 말씀은 짐승의 표의 환난과 핍박과 아주 밀접한 관계로 기록되어 있다. 그러므로 다니엘의 모본은 우리의 모본이 아니고 무엇이겠는가!

다니엘서의 핍박과 계시록에 나오는 핍박 사이에는 놀라울 정도로 같은 점들이 있다. "**저가 권세를 받아 그 짐승의 우상에게 생기를 주어 그 짐승의 우상으로 말하게 하고 또 짐승의 우상에게 경배하지 아니하는 자는 몇이든지 다 죽이게 하더라 저가 모든 자 곧 작은 자나 큰 자나 부자나 빈궁한 자나**

자유한 자나 종들로 그 오른손에나 이마에 표를 받게 하고 누구든지 이 표를 가진 자 외에는 매매를 못하게 하니 이 표는 곧 짐승의 이름이나 그 이름의 수라."(계 13:15~17) 참 하나님의 계명을 어기게 하기 위한 사단의 작전이 앞으로도 오는 것이다. 짐승의 명령을 따르느냐, 아니면 하나님의 명령을 따르느냐? 하는 선택이 우리에게 주어지게 될 것이다. "짐승의 우상에게 경배하지 아니하는 자는 누구든지 다 죽이"려고 한다고 했다. 경배, 곧 예배에 대한 문제이다. 놀라운 충돌이 앞으로 있게 될 것이다. 다니엘 6장의 시험이 가까운 장래에 올 것이다. 인간의 권위에, 아니면 하나님의 권위에 굴복할 것인가에 대한 시험이 우리에게 올 것이다. 다니엘서는 고대에 기록되었지만 오늘을 사는 우리 모두를 위한 책임을 기억해야 한다.

기도의 중요성

다니엘 6장의 명령은 30일 동안 왕에게만 경배하도록 하는 명령이었다. 왕에게만 기도하라고 했다. 다니엘은 이 명령의 의도, 즉 자신을 잡기 위한 명령임을 잘 알고 있었음에도 불구하고 그는 예루살렘을 향하여 창문을 열고 그가 지금까지 해 오던 대로 하루에 세 번씩 기도했다. 모든 사람이 보는 앞에서 하늘에 계신 하나님께 기도했다. 어떤 사람은 다음과 같이 생각할 수 있다. "명령이 났으니 자기를 보호하기 위해서 창문을 닫고 조용한 곳에 가서 몰래 기도하면 되지 않았는가? 너무 고지식하지 않은가?"

다니엘은 스파이들이 밖에서 노리고 있는 것을 알면서도 공개적으로 기도했다. 그가 항상 하던 일을 명령이 내려졌다고 해서 무서워서 하지 않거나 몰래 하면 다른 사람들이 볼 때에 하나님을 부인하는 것과 마찬가지가 아니겠는가! 언제나 창문을 열고 하던 기도를 갑자기 하지 않을 경우, 메대 바사 제국의 모든 국민들은 하나님을 믿는 총리 대신 다니엘이 하나님보다 오히

려 인간의 권위가 두려워서 기도를 하지 않는다고 생각할 것이다. 다니엘은 자기의 위치가 아주 높고 중요하기 때문에 살아남아서 전도를 앞으로도 효과적으로 해야 할 것이기 때문에, 고지식하게 창문을 열고 모든 사람들이 보는 앞에서 하나님께 기도하는 것은 지혜롭지 못한 처사라고 합리화할 수도 있었다. 그러나 그에게는 하나님께 대한 순종이 제일 중요한 것이었다. 자신의 평판보다 자신의 정치적 위치보다 그에게는 하나님께 충성을 보이는 것이 더 중요했다. 창문을 열고 기도하는 다니엘을 본 스파이들의 입가에는 은근한 미소가 번졌으며, "이제 잡았다!" 라고 말했을 것이다.

"**베드로와 사도들이 대답하여 가로되 사람보다 하나님을 순종하는 것이 마땅하니라**"(행 5:29). 다니엘은 하나님과 밀접한 관계를 가지고 있었다. 아무 것도 이 관계를 끊지 못하게 했다. 위대한 하나님의 종 다니엘이 하늘의 하나님께 기도하고 있는 동안 악랄한 스파이들은 그를 죽일 계획을 짜고 있었다. 다니엘이 집에 돌아올 때마다 나무 뒤에 숨어서 그를 지켜보며 고소할 틈을 찾던 사람들이었다. 다니엘과 그들의 성품에 얼마나 큰 차이가 있는가? 다니엘은 기도의 사람이었다. 가끔 기도하는 것이 아니었다. 교회 가서 기도회 때에만 기도하는 사람이 아니었다. 여러분들은 조용한 곳에서 항상 규칙적으로 기도하는가? 여러분은 기도할 줄을 알고 있는가? 진정한 기도의 경험과 습관들이 여러분의 생활 가운데에 있는가? 기도해야 한다. 기도하지 않는 사람들은 마지막 시대의 환난에 주 앞에 서는 능력을 받을 수 없다. 기도는 우리에게 믿음을 주며 기도하는 사람만이 하늘의 전능자의 날개 밑에 거할 수 있다.

우리 몸은 지구의 공기로부터 굉장한 압력을 받으며 살고 있다. 그것을 대기압(Atmospheric Pressure)이라고 하는데 이 외부의 압력이 우리 몸 속의 내부의 압력, 즉 심장 박동과 혈액 순환 등에 의하여 균형을 유지해야만 살 수 있다. 인체의 내부 압력이 외부의 대기압과 맞서 균형을 유지시키기 때문에 생명을 유지할 수 있는 것이다. 얼마나 놀라운 창조의 섭리인가! 이와 마찬가지로 이 세상에 살면서 많은 외부의 압력들과 정신적인 문제들이 그리스도인들에게도 참 많이 있다. 스트레스, 슬픔, 근심, 걱정, 염려, 직장 문제, 경제적인 문제, 인간적인 문제, 질병 등 이러한 압력들이 우리를 쓰러뜨리려고 하고 있다. 무겁다. 힘겹다. 죽고 싶다. 그래서 기도해야 한다. 내적인 힘을 기르기 위해 기도해야 한다. 다니엘이 그렇게 큰 외부적인 압력들을 이길 수 있었던 힘은 기도에서 왔다. **"주께서 심지가 견고한 자를 평강에 평강으로 지키시리니 이는 그가 주를 의뢰함이니이다 너희는 여호와를 영원히 의뢰하라 주 여호와는 영원한 반석이심이로다"**(사 26:3,4). 얼마나 감사한 일인가!

순종하는 주의 백성에게 피난처 되시는 하나님

다리오 왕은 자기의 명령을 결코 돌이킬 수 없는 것을 알았다. 신하들이 와

서 다니엘을 고소했을 때 그는 함정에 빠진 사실을 뒤늦게 알았다. 다니엘을 너무나 총애했지만 페르시아의 법은 절대로 바꿀 수가 없는 것이었기에 어쩔 수 없이 다니엘을 사자굴에 던지라는 명령을 내리게 되었다. 다리오 왕은 금 침대의 비단 이불 속에서 편히 잠들 수 있도록 도와 주는 음악을 들었지만 그 날 밤에 한잠도 잘 수가 없었다. 그렇게 편한 왕궁도 가시 방석처럼 느껴졌으니 그의 마음 가운데 평화가 없었기 때문이다. 온 밤을 꼬박 지새웠다. 그러나 그 날 밤 다니엘은 사자굴에서 사자 베개를 베고 편하게 잤다. 하나님의 평화가 그의 마음 가운데 있었기 때문이다. 주의 뜻대로 살고 있을 때 담력이 생기고 용기가 생기고 평화가 임하는 것이다. 주의 명령을 어기고 요령을 피우면서 세상에서 안전을 얻으려고 하면 평화가 없는 것이다. 그런 사람에게는 행복이 없다. 진리를 따라 살 때에만 행복이 있는 것이다.

사자굴에는 사자들의 숫자가 많았을 것이다. 나중에 간신들과 그 식구들을 굴 속에 던져 넣었을 때 사자들이 그들의 몸이 땅에 닿기도 전에 뼈까지 부수어 뜯고 잡아먹었다고 했다. 간신들의 식구들까지 던졌으니 사자들의 숫자가 얼마나 많았겠는가! 그러나 다니엘은 천사가 보호했다. 주님의 능력이 그를 보호했는데, 왜 그를 보호하셨을까? 그가 주님의 말씀에 순종하는 입장에서 핍박받고 있기 때문이었다. 우리는 환경이 더 좋으면 행복할 것이라고 생각한다. 그러나 우리의 행복과 평강은 하나님과의 관계에서 오는 것이다. 행복은 많은 돈과 좋은 집에서 오는 것이 아니다.

아침에 왕이 사자굴 앞에 가서 다니엘을 만났을 때, 자기를 사자굴 속에 집어넣은 왕을 다니엘은 욕하지 않았다. 이것이 다니엘의 성품이다. "왕이시여, 만세수를 하옵소서"라고 말했다. 이것이 그리스도인의 품성이다. 자기를 미워하고 핍박하는 자에게 욕하지 않고 오히려 그들을 위해서 기도해 주는 그런 품성, 이것이 순교자 스데반의 품성이고 십자가에 돌아가신 예수

그리스도의 품성이다.

"근신하라 깨어라 너희 대적 마귀가 우는 사자같이 두루 다니며 삼킬 자를 찾나니"(벧전 5:8). 다니엘은 우리 그리스도인들의 투쟁에 대한 모본이다. 앞으로 위기가 올 것이지만 진실한 그리스도인들은 천사의 보호를 받게 될 것이다. 예수께서 마음 가운데 계신 그리스도인들은 보호함을 받게 된다. 기도해야 한다. 그리고 다니엘처럼 진리를 위해서 목숨을 바쳐 순종하며 살기로 결심해야 할 것이다. 그것이 마지막 환난을 통과하는 믿음과 힘을 주는 것이다. 주의 뜻대로 살지 않고 말로만 믿는다는 자들을 주님께서는 보호하실 수 없다.

마 24:9,10,17~23, "그때에 사람들이 너희를 환난에 넘겨 주겠으며 너희를 죽이리니 너희가 내 이름을 위하여 모든 민족에게 미움을 받으리라 그때에 많은 사람이 시험에 빠져 서로 잡아 주고 서로 미워하겠으며.. 지붕 위에 있는 자는 집 안에 있는 물건을 가지러 내려가지 말며 밭에 있는 자는 겉옷을 가지러 뒤로 돌이키지 말지어다 그날에는 아이 밴 자들과 젖 먹이는 자들에게 화가 있으리로다 너희의 도망하는 일이 겨울에나 안식일에 되지 않도록 기도하라 이는 그때에 큰 환난이 있겠음이라 창세로부터 지금까지 이런 환난이 없었고 후에도 없으리라 그 날들을 감하지 아니할 것이면 모든 육체가 구원을 얻지 못할 것이나 그러나 택하신 자들을 위하여 그 날들을 감하시리라 그때에 사람이 너희에게 말하되 보라 그리스도가 여기 있다 혹 저기 있다 하여도 믿지 말라."

사람들이 우리를 죽는 곳에 내어준다고 했다. 또한 가까이에 있는 우리 형제자매들이 우리를 잡아서 핍박하여 죽는 곳에 내어준다고 했다. 서로 미워하고 배반하고 서로 팔아 넘길 것이라고 했다. 예수님께서는 진리대로 사신 분이었다. 그러므로 배반하는 형제에 의해서 팔려가셨다. 동일한 일들이 앞으로 반복될 것이다. 우리의 구세주께서 돈에 팔리셨는데 우리의 입장은 더

낫겠는가? 주님을 따라가는 사람들에게 있어서 제자의 길은 그 주인의 길과 같아야 되지 않겠는가? **"아무든지 나를 따라 오려거든 자기를 부인하고 자기 십자가를 지고 나를 좇을 것이니라."**(마 16:24). 다니엘이 사자굴에 빠졌던 것처럼 어떠한 고난과 환난이 올지라도, 어떤 불이익이 있을지라도, 어떤 미움을 당할지라도 주님의 말씀대로만 살고 증거하기 위한 믿음이 있는가?

시편 91장은 마지막 시대에 환난 당할 주의 백성들을 위해서 특별히 기록한 말씀이다. 환난을 통과하는 자들이 어떠한 보호를 받아야 되는지에 대해서 말씀하신 장이다. 주님의 말씀대로 살고 계명대로 사는 자들을 보호하실 것이라는 약속에 대해서 시편 91장 전체가 말씀하고 있다. **"지존자의 은밀한 곳에 거하는 자는 전능하신 자의 그늘 아래 거하리로다."**(시 91:1) 원수가 올 때 예수님을 통과하지 않고서는 결코 우리에게 올 수가 없다는 말씀이다. 얼마나 감사한가! 주님께서 우리의 방패시고 지붕이 되신다.

시편 91:2, "내가 여호와를 가리켜 말하기를 저는 나의 피난처요 나의 요새요 나의 의뢰하는 하나님이라 하리니."

피난처가 무엇인가? 우리가 어려움 당했을 때 그곳으로 도망치지 않는가? 구약의 도피성은 혹시 실수한 자들이 다른 사람이 복수하려고 달려들 때에 도피하는 특별한 장소이다. 마귀가 우리를 정죄하려고 쫓아올 때 예수님께서는 우리의 도피성(피난처)이 되신다.

시편 91:3~15, "이는 저가 너를 새 사냥꾼의 올무에서와 극한 염병에서 건지실 것임이로다 저가 너를 그 깃으로 덮으시리니 네가 그 날개 아래 피하리로다 그의 진실함은 방패와 손 방패가 되나니 너는 밤에 놀램과 낮에 흐르는 살(화살)과 흑암 중에 행하는 염병과 백주에 황폐케 하는 파멸을 두려워 아니하리로다 천인이 네 곁에서, 만인이 네 우편에서 엎드러지나 이 재앙이 네게 가까이 못하리로

다 오직 너는 목도하리니 악인의 보응이 네게 보이리로다 네가 말하기를 여호와는 나의 피난처시라 하고 지존자로 거처를 삼았으므로 화가 네게 미치지 못하며 재앙이 네 장막에 가까이 오지 못하리니 저가 너를 위하여 그 사자(천사)들을 명하사 네 모든 길에 너를 지키게 하심이라 저희가 그 손으로 너를 붙들어 발이 돌에 부딪히지 않게 하리로다 네가 사자와 독사를 밟으며 젊은 사자와 뱀을 발로 누르리로다 하나님이 가라사대 저가 나를 사랑한즉 내가 저를 건지리라 저가 내 이름을 안즉 내가 저를 높이리라 저가 내게 간구하리니 내가 응답하리라 저희 환난 때에 내가 저와 함께 하여 저를 건지고 영화롭게 하리라."

여러분은 주님을 신뢰하는가? 지금 주님께로부터 보호받는 경험이 있는가? 작은 환난 때마다 계속적으로 주님께서 보호하시는 경험들을 지금 해야 한다. 다니엘의 경험이 지금 우리의 경험이 되어야 한다. 그래야만 앞에 있을 큰 환난을 견딜 믿음이 생긴다. 다니엘서의 예언들은 요한계시록에 상징으로 반복되어 있다. 그러므로 요한계시록의 예언은 다니엘서를 이해하지 않고는 해석할 수 없는 것이다. 주님께서는 다니엘서를 통해서, 여러분에게 임할 환난을 대비하기 위해 우리의 믿음이 어떠해야 할지에 대해서 놀라운 말씀으로 알려주고 계신다.

적그리스도에 대한 예언 | 제7장

The Prophecy of Antichrist

다니엘서 제 7 장

적그리스도에 대한 예언

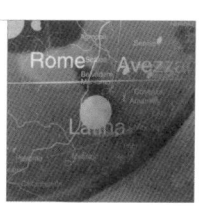

다니엘 6장에서 하나님께서 다니엘을 페르시아의 사자굴에서 어떻게 구원하셨는지를 함께 연구했다. 또한 동료들의 모함과 시기, 질투 속에서 하나님의 진리를 지키고 정직한 성품을 고수한 그의 아름다운 생애에 대해서 연구했다. 이제 다니엘서 예언의 본론으로 들어갈 차례가 되었다. 다니엘서는 이야기와 예언이 함께 어우러져 있는 책이다. 먼저 1장부터 6장까지는 다니엘의 경험들에 대한 이야기이며 7장부터 12장까지는 예언들이다. 처음 6장까지의 이야기들을 통하여 장래에 다가오는 사건들을 대비해 어떤 준비를 해야 하는지를 가르쳐 주고 있다. 그러므로 6장까지의 다니엘의 경험과 이야기들을 깊이 이해해야 7장부터 나오는 예언에 대한 지식과 이해가 그 의미를 갖게 된다.

다니엘 2장과 7장은 병행 구조를 가지고 연결되어 있는 예언이며 요한계시록의 예언을 이해하는데 있어서, 결코 없어서는 안 될 기초석과 같다. 그러므로 인간 역사의 종말과 예언에 관심을 가지고 있는 진실한 그리스도인이라면, 다니엘 2장과 7장에 대한 정확한 이해를 가져야만 한다.

다시 한 번 간단하게 복습하는 다니엘 2장

다니엘 7장에 대한 예언 해석을 시작하기에 앞서, 잠시 다니엘 2장에 대한 요점을 살펴보자. 다니엘 2장은 다니엘의 나이가 20세를 갓 넘었을 때의 이야기이다. 하나님께서는 당시 바벨론의 왕이었던 느부갓네살 왕에게 한 꿈을 주셨다. 그런데 그 꿈이 매우 불길한 악몽이었던 사실은 생각나는데, 꿈의 내용을 도무지 기억할 수 없는 것이었다. 하나님의 섭리를 통하여 다니엘이 왕의 앞으로 부름을 받게 되었다. 하나님께서는 다니엘에게 느부갓네살 왕이 꿈에 보았던 내용과 그 의미를 가르쳐 주셨다. 놀랍게도 그 꿈은 세계적인 대제국을 세우기 위해서 골몰해 있던 느부갓네살 왕이 그토록 알고 싶어했던 세상의 장래에 대한 하나님의 계시였다.

하나님의 계시를 통하여 드러난 미래의 세계사는 느부갓네살 왕의 야망을 산산조각 내는 것이었다. 그가 꿈에 본 것은 바벨론의 멸망과 그것에 뒤이어 계속해서 나타날 세계적인 대제국들의 흥망성쇠에 대한 예언이었다. 하나님께서는 세계적인 대제국들 중에서도 특별히 하나님을 믿는 백성들이 거주하는 지역을 중심으로 일어났다가 사라지는 제국들의 흥망성쇠를 보여 주심으로써, 하나님의 백성들의 운명과 고난과 그들의 진로를 가르쳐 주고자 하셨던 것이다. 바로 이것이, 인도나 중국과 같이 하나님을 믿는 백성들이 많이 거주하지 않았던 대제국들에 대한 예언이 성경에 기록되어 있지 않은 이유이다.

느부갓네살 왕이 꿈에 보았던 것은 각기 다른 금속(금, 은, 동, 철)으로 된 네 부분과 철과 흙이 섞여있는 다섯 번째 부분으로 만들어진 신상이었는데, 갑자기 하늘로부터 돌이 날라와서 거대한 신상을 산산조각 냄으로써, 신상은 사라져버리고 돌이 태산을 이루어 온 세상을 가득 채우고 영원한 번영을 누린다는 내용의 꿈이었다. 다니엘은 느부갓네살 왕에게 꿈의 의미를 설명하면서 **"왕은 금머리니이다"**(단 2:38) 라는 말과 함께, "왕의 후에...다른 나라"가 일어날 것이라고 말함으로써, 왕이 꿈에 보았던 신상은 느부갓네살 왕의 바벨론 제국으로부터 시작해서 역사적으로 계속해서 이어지는 제국들의 순서를 나타낸다는 사실을 설명해 주었다. 또한 돌 나라가 발 부위를 쳐서 가루로 만들어 버리는 사건은 예수 그리스도의 재림 사건과 함께 끝나는 세상의 종말을 의미하였다.

다니엘 2장의 속편인 다니엘 7장

다니엘 2장은 다니엘의 젊은 시절에 바벨론 제국의 왕의 꿈을 통하여 주어진 계시이지만, 다니엘 7장은 다니엘이 70세에 가까운 노인이 되었을 때에 자신의 꿈을 통하여 본인이 직접 받은 계시이다. 7장의 계시를 받을 당시 다니엘은 금머리인 바벨론에 관한 예언이 거의 성취되어 가고 있는 모습을 지켜보고 있었다. 금머리의 시대가 거의 지나가고, 은으로 표상된 가슴과 팔의 제국 시대가 눈앞으로 다가오고 있었던 때에 받은 계시이다.

다니엘 7장은 다니엘 2장에 나타난 대제국들의 흥망성쇠와 하나님의 백성들의 운명을 좀 더 상세히 설명해주고 있다. 2장은 세상 역사에 대한 전체적인 예언이 나타나고 그리스도의 재림을 강조하면서 마쳐진다. 7장에서는 동일한 역사적 기간이 다른 표상과 상징을 통하여 반복 설명되면서, 하나님과 사단 사이에 벌어지는 선과 악의 대쟁투로 초점을 모아가고 있다. 7장과 그 뒤에 계속되는 예언에서는 하나님의 백성들과 짐승으로 표상(상징)된 세상의 대제국들이 어떻게 선과 악의 대쟁투에 참여하게 되는지를 보여주며, 대제국들을 통하여 자신의 의도를 이루려고 시도하는 사단의 계획이 적나라하게 표현되어 있다. 그러므로 다니엘 2장을 세계의 역사와 지구의 종말에 대한 전체적이고 개략적인 윤곽이라고 부른다면, 다니엘 7장은 2장의 장면을 더욱 구체화시키면서, 하나님과 사단의 계획을 함께 드러내는 다니엘서 2장의 속편이라고 말할 수 있겠다. 그러므로 다니엘 7장에 대한 연구야말로 마지막 시대를 살아가는 모든 그리스도인들에게 매우 중요한 지침과 방향을 제시해 준다.

단 7:1~8

"바벨론 왕 벨사살 원년에 다니엘이 그 침상에서 꿈을 꾸며 뇌 속으로 이상을 받고 그 꿈을 기록하며 그 일의 대략을 진술하니라 다니엘이 진술하여 가로되 내가 밤에 이상을 보았는데 하늘의 네 바람이 큰 바다로 몰려 불더니 큰 짐승 넷이 바다에서 나왔는데 그 모양이 각각 다르니 첫째는 사자와 같은데 독수리의 날개가 있더니 내가 볼 사이에 그 날개가 뽑혔고 또 땅에서 들려서 사람처럼 두 발로 서게 함을 입었으며 또 사람의 마음을 받았으며 다른 짐승 곧 둘째는 곰과 같은데 그것이 몸 한편을 들었고 그 입의 잇사이에는 세 갈빗대가 물렸는데 그에게 말하는 자가 있어 이르기를 일어나서 많은 고기를 먹으라 하였으며 그 후에 내가 또 본즉 다른 짐승 곧 표범과 같은 것이 있는데 그 등에는 새의 날개 넷이 있고 그 짐승에게 또 머리 넷이 있으며 또 권세를 받았으며 내가 밤 이상 가운데 그 다음에 본 넷째 짐승은 무섭고 놀라우며 또 극히 강하며 또 큰 철 이가 있어서 먹고 부숴뜨리고 그 나머지를 발로 밟았으며 이 짐승은 전의 모든 짐승과 다르고 또 열 뿔이 있으므로 내가 그 뿔을 유심히 보는 중 다른 작은 뿔이 그 사이에서 나더니 먼저 뿔 중에 셋이 그 앞에 뿌리까지 뽑혔으며 이 작은 뿔에는 사람의 눈 같은 눈이 있고 또 입이 있어 큰 말을 하였느니라."

이 이야기는 바벨론의 벨사살 왕 원년의 어느 깊은 밤에 시작된다(단 7:1). 그날 밤 다니엘은 꿈을 통하여 계시를 받았다. 먼저, 바다가 그의 시야에 들어왔다. 바닷가 사방에서 불어오는 바람으로 인하여 파도가 사납게 요동치고 있었다. 그의 눈길이 거친 파도 위를 배회하고 있을 때, 갑자기 전에 본 일이 없는 큰 짐승 넷이 하나씩 바다 위로 떠올랐다. "내가 밤에 이상을 보았는데, 하늘의 네 바람이 바다로 몰려 불더니 큰 짐승 넷이 바다에서 나왔는데, 그 모양이 각각 다르니"(단 7:2,3).

- **첫 번째로 올라온 짐승(4절)** : 독수리의 날개를 단 사자
- **두 번째로 올라온 짐승(5절)** : 곰과 같은데 세 갈비뼈를 물었고, 몸 한편을 들었음
- **세 번째로 나타난 짐승(6절)** : 네 날개와 네 머리를 가진 표범
- **네 번째로 나타난 짐승(7절)** : 열 뿔과 철 이빨을 가진 놀라운 짐승인데, 그 후에 그 짐승의 머리의 열 뿔들 중에서 다른 한 작은 뿔이 올라옴

계시에 대한 천사의 해석

계시를 통하여 이상한 장면을 보고 있는 다니엘은 자신이 보고 있는 이상의 의미가 무엇인지 알 수 없었기 때문에 마음이 매우 번민케 되었다. 그리하여 계시의 장면을 보여주고 계신 그리스도의 곁에서 수종을 들고 있는 한 천사에게 계시의 의미를 물어보았다. **"내가 그 곁에 모신 자 중.하나에게 나아가서 이 모든 일의 진상을 물으니 그가 내게 고하여 그 일의 해석을 알게 하여 가로되, 그 네 큰 짐승은 네 왕이라 세상에 일어날 것이로되"**(단 7:16,17). 다니엘은 네 짐승은 장차 세상에서 일어날 국가들을 지배하는 왕들을 상징한다는 사실을 알게 되었다. 다니엘 2장에서 금 신상을 통하여 계시되었던 대제국들의 역사적 순서가 7장에서 다시 반복되고 있다는 사실을 알 수 있다. 23절에서 다시 천사가 "넷째 짐승은 땅의 넷째 나라인데"라고 말한 것을 보아서도 네 짐승은 세상을 다스릴 네 제국들의 역사적 순서를 상징한다는 것을 확

인할 수 있다. 그렇다면 네 짐승이 올라오는 배경의 장면인 하늘의 네 바람과 바다는 무엇을 상징하는가?

❶ 짐승 : "그 네 큰 짐승은 네 왕이라 세상에 일어날 것이로되"(17절). "모신 자가 이처럼 이르되 넷째 짐승은 곧 땅의 넷째 나라인데 이는 모든 나라보다 달라서 천하를 삼키고 밟아 부숴뜨릴 것이며"(23절). 이것을 볼 때 짐승은 왕이나 나라들을 상징함을 알 수 있다.

❷ 하늘의 네 바람 : 성경에서 바람은 전쟁을 상징한다. 특히, 인간의 야망과 이해관계가 뒤엉켜서 일어나게 되는 정치적 소용돌이와 전쟁을 상징한다(렘 4:11~13, 25:31~33, 슥 7:14). "요란한 소리가 땅 끝까지 이름은 여호와께서 열국과 다투시며 모든 육체를 심판하시며 악인을 칼에 붙이심을 인함이라 하라 여호와의 말이니라 나 만군의 여호와가 말하노라 보라 재앙이 나서 나라에서 나라에 미칠 것이며 대풍이 땅 끝에서 일어날 것이라"(렘 25:31,32).

❸ 큰 바다 : 성경에서 바다는 백성 또는 나라를 상징한다(사 17:12,13, 8:7~, 계 17:1,15). 바다는 인간들이 군집하여 바다 물결처럼 아우성치듯 살아가는 인간들의 기존 세계를 대표한다. 바다에는 언제나 바람이 불고 그 결과로 파도가 높게 이는 것처럼, 세상 역사는 바다와 바람이 서로 각축을 벌이는 끊임없는 풍파의 연속이다. 바닷물에 바람이 불면서 짐승이 하나씩 올라왔는데 다음 구절을 보면 바다, 혹은 물은 사람들을 상징함을 알 수 있다. "슬프다 많은 민족이 소동하였으되 바다 파도의 뛰노는 소리같이 그들이 소동하였고 열방이 충돌하였으되 큰 물의 몰려옴 같이 그들도 충돌하였도다 열방이 충돌하기를 많은 물의 몰려옴과 같이 하나 주께서 그들을 꾸짖으시리니 그들이 멀리 도망함이 산에 겨가 바람 앞에 흩어짐 같겠고 폭풍 앞에 떠도는 티끌 같을 것이라."(사 17:12,13) "또 천사가 내게 말하되 네가 본 바 음녀의

앉은 물은 백성과 무리와 열국과 방언들이니라."(계 17:15) 그렇다면, 바다에 바람이 거세게 부니 짐승들이 올라온다는 표현은 사람들이 많이 살고 있는 각 나라들에서 전쟁이 일어나 제국들이 출현하게 되는 모습을 표현한 예언임을 알 수가 있다.

위에서 설명한 세 가지 상징들에 대한 이해를 종합하여 보면, 바다로 표상된 인간 세상에서 서로의 이해관계가 뒤엉켜 한바탕의 정치적 소동과 전쟁이 휩쓸고 지나가면, 그 결과로 역사의 새로운 주인공들이 나타나서 새로운 나라가 세워지게 되는 흥망성쇠의 과정을 바람이 불고 있는 바다에서 네 짐승이 떠오르는 장면으로 묘사하였던 것이다. 그렇다면, 바다에서 떠오르는 네 짐승은 역사적으로 어떤 국가들을 말하는 것인가? 다니엘 2장에서는 신상의 금속들로 나라들이 상징되었는데 7장에서는 동물(짐승)들로 이 세상의 제국들을 보여주었다.

첫 번째 짐승 (사자) : 바벨론

"첫째는 사자와 같은데 독수리의 날개가 있더니 내가 볼 사이에 그 날개가 **뽑혔고, 또 땅에서 들려서 사람처럼 두발로 서게 함을 입었으며, 또 사람의 마음을 받았으며**" (단 7:4).

고고학을 근거로 해서 볼 때, 바벨론은 사자를 국가의 상징물로 사용하였다. 2400년이 지난 지금도 바벨론의 성벽에는 사자가 조각되어 있으며, 거대한 돌사자가 앉아 있는 모양을 볼 수 있다. 다니엘 2장에서, 바벨론이 모든 금속 중의 왕인 금으로 표상되었던 것처럼, 7장에서는 바벨론이 모든 동물들의 왕인 사자와 모든 새들의 왕인 독수리로 상징되었다.

그런데 "**독수리의 날개가…뽑혔고 또 사람의 마음을 받았으며**" 라고 말하

날개 달린 사자 = 바벨론

는데 이것은 무슨 뜻일까? 바벨론의 경험 중에서 느부갓네살 왕의 경험이 있다. 이것은 7년 동안 미쳤다가 회개한 후 새로운 마음을 받고 다시 왕권으로 돌아온 다니엘 4장의 느부갓네살 왕의 경험을 기록한 것이다. "사람의 마음을 받았으며" 라는 의미에는 또한 바벨론 세력이 야수의 모습에서 사람의 모습으로 변함으로 쇠약해질 것을 상징한 것이다. 세월이 흐르면서 바벨론은 국가적으로도 공격적이고 사납던 사자와 독수리의 기질을 잃어버리고, 연약한 "사람의 마음"을 지니게 된 이후, 역사에서 사라지게 되었다. 실제로 느부갓네살 왕 이후의 바벨론 왕들은 모두 연약한 기질을 가진 왕들이었던 사실을 역사에서 확인할 수 있다. 그들은 정치와 군사에 관심을 갖는 대신에 문화와 종교에 관심을 집중시킴으로써, 국가는 점점 쇠약해져만 갔다. 역사의 주인이 바뀌는 시간이 되자, 한때 그토록 강력한 패권을 휘둘렀던 바벨론도 메대와 페르시아의 연합군에 의해서 힘없이 정복되고 말았다

두 번째 짐승 (곰) : 메대와 페르시아(바사)

"다른 짐승 곧 둘째는 곰과 같은데 그것이 몸 한편을 들었고, 그 입의 잇 사이에는 세 갈빗대가 물렸는데 그에게 말하는 자가 있어 이르기를 일어나서 많은 고기를 먹으라 하였으며" (단 7:5).

두 번째 나라는 메대 페르시아다. 다니엘 2장의 금 신상에서 두 번째 나라가 은의 나라인 메대와 페르시아였다. 다니엘 7장에서도 두 번째 나라가 메대와 페르시아다. 사자의 위엄을 갖추지는 못했지만, 끈질기고 물러설 줄 모르는 용맹과 잔인한 특징을 가지고 있는 곰은 메대와 페르시아를 대표하기에 적절하다. 한번 제정하면 영원히 변경할 수 없는 메대와 페르시아의 미련한 법의 성질은 곰의 특성에 잘 부합된다.

몸 한편 들고 있는 곰 = 메대 페르시아

"몸 한편을 들"고 있는 곰의 모습은 이 나라가 세력의 균형이 잡히지 않은 두 나라로 이루어졌음을 나타낸다. 2장에서 은빛 가슴과 팔로 표상되었던 메대-페르시아 왕국이 여기서는 몸의 한편을 들고 서 있는 곰으로 표상되었다. 메대와 페르시아는 둘 다 인도-유럽계의 형제지간의 나라였다. 역사의 초기에는 메대가 주도권을 잡았으나, 페르시아의 고레스가 일어나면서 메대는 페르시아에게 흡수되고 말았다. 그러므로 페르시아가 더 큰 힘을 가지고 있었던 것을 한 편 어깨를 들었다는 표현으로 나타낸 것이다.

곰의 "입의 잇사이에는 세 갈빗대가 물렸다"는 표현은 메대와 페르시아에 의해서 정복될 세 나라 즉 리디아, 바벨론, 이집트의 종말을 나타낸다. "많은 고기를 먹으라"는 명령은 페르시아가 서방 나라의 대원정에서 바벨론보다 훨씬 더 많은 살륙을 저지르는 잔인한 전쟁을 치렀던 사실을 말해준다.

그러나 하늘에서 정해진 시간이 되자, 헬라 문화 지역에서 놀라운 맹장이 세계의 제패를 꿈꾸며 나타났는데, 그가 바로 알렉산더 대왕이다. 페르시아의 마지막 왕인 다리우스 3세는 알렉산더의 침공을 대비하여 막강한 군사를 육성했으나 알렉산더와의 치열한 전투에서 참패함으로써, 그토록 강력한 힘을 가졌던 페르시아 제국도 역사의 현장에서 사라지게 되었다.

세 번째 짐승 (표범) : 그리스(헬라)

"그 후에 내가 또 본즉, 다른 짐승 곧 표범과 같은 것이 있는데, 그 등에는 새의 날개가 넷이 있고, 그 짐승에게 또 머리 넷이 있으며, 또 권세를 받았으며" (단 7:6).

네 개의 새의 날개를 가진 표범이 등장한다. 표범의 머리가 네 개라고 했다. 독수리의 두 날개보다 더 신속한 정복의 힘을 과시하며 가장 빠른 동물인 표범을 이용하여 바벨론보다 훨씬 더 빨리 이 세상을 정복한 사실을 나타

네 날개와 네 머리의 표범 = 그리스

내고 있다. 헬라 나라의 알렉산더 대왕이 소아시아 지방과 나중에는 인도의 갠지스 강가까지 정복한 다음에 "내가 더 이상 정복할 땅이 없다"고 울었다는 이야기가 있다. 알렉산더 대왕이 이끄는 마게도니아-그리스의 군대가 가장 짧은 시간에 가장 넓은 땅을 점령했던 역사적 사실과 일치한다. 20대에 왕위에 오른 알렉산더는 삼만오천 명의 기마부대와 70달란트밖에 안되는 군자금과 일 개월분의 군량만을 가지고 페르시아 제국과 소아시아를 정복하였다. 그는 동쪽으로는 인도까지 점령하는 대제국을 이룩하였지만, 부절제한 생활과 열병으로 인하여 33세의 나이로 요절하게 되었다. 그는 동서남북을 새처럼 빠르게 움직이면서 가장 짧은 시간에 거대한 땅을 손안에 넣었다.

"머리 넷이 있"다는 표현은 무엇인가? 머리는 성경에서 수령 또는 지도자를 나타낸다(사 7:8,9, 엡 6:23). 이러한 표상은 실제로 알렉산더 대왕의 사후에 그대로 실현되었다. 정복을 마치고 돌아오다가 부절제한 생활과 열병으로 인하여 그가 죽게 되었을 때 장군들이 왕에게 "왕이 돌아가시면 이 나라를 누가 차지하겠습니까?"라고 물었고 알렉산더 대왕은 "강한 자가 가지라"는 유언을 남겼다. 그 후에 약 20년간 알렉산더 왕의 수하에 있던 네 장군들이 전쟁을 했다. 제일 마지막에 한 전쟁이 유명한 입수스(Ipsus, B.C 301) 전쟁인데 네 장군을 통해서 헬라는 정확히 네 나라로 갈라진다. 네 머리를 가진 표범은 헬라가 네 나라로 갈라질 것을 상징했다.

네 장군의 이름을 따서 네 왕국이 생겼다. 리시마커스(Lysimachus)는 소아시아 즉 터키 지방를 포함한 북방 지역을, 캇산더(Cassander)는 로마와 헬라를 포함한 서방 지역을, 셀류커스(Seleucus)는 시리아와 페르시아 지방을 포함한 동방 지역을, 탈러미(Ptolemy)는 애굽을 포함한 남부 지역을 차지하게 되었다. 다니엘서의 예언의 정확성은 참으로 놀랍다. 또한 역사적으로 너무나 정확하고 구체적으로 성취되었기 때문에 도무지 부인할 길이 없다. 하나님께서만이 미래를 내다 보실 수 있고 성경만이 믿을 수 있는 책인 사실을 분명히 알 수 있다. 그러나 하나님께서 정하신 운명의 시간은 이번에도 어김없이 찾아왔다. 네 장군에 의해서 분할 통치되던 4개의 왕국은 네 번째 짐승인 로마제국에 의해서 차례로 흡수되고 말았다.

네 번째 짐승 (무섭고 놀라운 짐승) : 로마제국

"내가 밤 이상 가운데 그 다음에 본 넷째 짐승은 무섭고 놀라우며, 또 극히 강하며 또 큰 철 이가 있어서 먹고 부숴뜨리고 그 나머지를 발로 밟았으며, 이 짐승은 전의 모든 짐승과 다르고, 또 열 뿔이 있으므로" (단 7:7).

네 번째 왕국은 용처럼 생겼고 정말 이상하고 무서운 나라라고 했다. 가장 큰 관심을 불러 일으키는 세력이라고 성경 예언은 말하고 있다. 이 나라에 대한 예언은 너무나도 중요하고 흥미 있는 것이기에 하나님께서 같은 장에 두 번 반복해서 계시를 주셨다. 이 나라의 출현에 대해서 하늘의 해석자(천사)는 이렇게 설명하였다. "**넷째 짐승은 곧 땅의 넷째 나라인데, 이는 모든 나라보다 달라서 천하를 삼키고 밟아 부숴뜨릴 것이며**"(단 7:23).

다니엘 2장의 신상에서 철로 된 다리였던 로마제국은 "**철이 모든 것을 부수는 것같이, 그 나라가 뭇나라를 부숴뜨리고 빻을 것이**"라고 묘사되었는데(단 2:20), 7장에서는 "**철 이가 있어서 먹고 부숴뜨리고 나머지를 발로 밟았**"다고 묘사되어 있다. 이태리 반도에서 일어난 라틴민족의 강철같은 의지를 갖고 있던 로마제국은 여러 차례의 전쟁을 통하여 당대의 모든 문명 세계 즉 남부 유럽, 프랑스, 잉글랜드, 네덜란드, 스위스, 남부 독일, 헝가리, 터어키, 소아시아 전역, 아프리카를 정복하였다. 그 당시, 로마의 강력한 통제와 군사력을 벗어나서 도망칠 수 있는 나라는 없었다. 로마에 대항하여 저항한다는 것은 곧 파멸을 의미하였다.

무섭고 놀라운 짐승 = 로마

그런데, 앞에 나온 세 짐승의 경우에는 다니엘이 그 모습에 상당하는 짐승의 이름을 찾아서 묘사하였는데, 네 번째 등장하는 짐승의 특징은 곰, 사자, 표범과 같이 특정한 동물의 이름으로 표현하는 대신에 "무섭고 놀라"운 짐승으로 묘사하는 이유는 무엇일까? 네 번째 짐승이 가지고 있는 어떤 특징이 다니엘을 그토록 무섭게 만들었을까? 왜냐하면 로마의 못과 망치에 의해서 예수 그리스도께서 십자가에 못 박혀 돌아가신 것을 비롯하여, 야고보, 베드로, 바울 등과 같은 사도들이 로마의 탄압에 의해서 순교 당했으며, 200년 이상 계속된 핍박을 통하여 수많은 하나님의 백성들이 재산과 생명을 잃어버리는 참혹한 광경을 보았기 때문이다. 하나님의 백성들에게 가해지는 사단의 핍박과 박해의 모습은 다니엘의 마음을 번민케 만들었다. "**나 다니엘이 중심에 근심하여 내 뇌 속에 이상이 나로 번민케 한지라**"(단 7:15).

다니엘은 네 번째 짐승이 이전에 나온 모든 짐승과 다르다고 말하면서, 네 번째 짐승에는 열 뿔이 달려 있다고 말하였다. "**이 짐승은 전의 모든 짐승과 다르고, 또 열 뿔이 있으므로**"(단 7:23). 계속해서 나오는 24절에서, 천사는 열 뿔의 뜻을 다음과 같이 설명하고 있다. "**열 뿔은 이 나라(주: 로마제국)에서 일어날 열 왕이요**"(단 7:24). 앞에 나온 세 짐승, 사자, 곰, 표범은 계속해서 뒤에 나오는 짐승에 의해서 정복되었다. 예를 들면, 바벨론은 페르시아에게, 페르시아는 그리스에게, 그리고 그리스는 로마제국에게 멸망 당했다. 그러나 네 번째 짐승인 로마제국은 이전에 나온 짐승과는 달리 열 개의 부족 국가로 분열되었다. 다니엘 2장에서 로마를 표상하던 신상의 철 다리가 열 발가락으로 나뉜 것과 마찬가지로(단 2:41), 철 이빨을 가진 무서운 짐승 로마에게 열 뿔이 붙여짐으로써 장차 로마로부터 분리되어 나올 열 개의 독립 국가들이 예언되었다. 다니엘 2장에 나온 열 발가락과 마찬가지로 열 뿔에도 다음과 같은 공통적인 특징을 가지고 있다;

❶ 로마제국으로부터 분리되어 나올 독립 국가들

❷ 로마제국의 영역 안에 세워질 나라들
❸ 로마제국이 멸망하면서 세워질 나라들
❹ 세상 끝 즉, 그리스도의 재림 때까지 존속하게 될 나라들

다니엘 2장에서는 정치가인 느부갓네살 왕에게 정치적인 면에 있어서의 세계사가 공개되었지만, 7장에서는 정치적인 면(1~7절)과 종교적인 면(8절 이후)이 함께 공개되고 있다. 다니엘은 열 뿔 사이에서 올라오는 한 작은 뿔을 보면서 주의를 집중하고 있는데, 그 이유는 그 작은 뿔은 정치적일 뿐만 아니라, 종교적인 특성을 나타내고 있기 때문이다. **"내가 그 뿔을 유심히 보는 중 다른 작은 뿔이 그 사이에서 나더니 먼저 뿔 중에 셋이 그 앞에 뿌리까지 뽑혔으며, 이 작은 뿔에는 사람의 눈 같은 눈이 있고, 또 입이 있어 큰 말을 하였느니라"**(단 7:8). 다니엘이 보았던 이 계시의 장면은 무엇을 의미하는가? 열 뿔에 대해서 **"열 뿔은 이 나라에서 일어날 열 왕이요"**라고 설명해 주었던 천사가 다시 그 의미를 설명해 준다. **"그 후에 또 하나(주: 작은 뿔)가 일어나리니, 그는 먼저 있던 자들과 다르고, 또 세 왕을 복종시킬 것이며, 그가 장차 말로 지극히 높으신 자의 성도를 괴롭게 할 것이며, 그가 또 때와 법을 변개코자 할 것이며, 성도는 그의 손에 붙인 바 되어, 한 때와 두 때와 반 때를 지내리라"**(단 7:24,25).

단 7:15~28

"나 다니엘이 중심에 근심하며 내 뇌 속에 이상이 나로 번민케 한지라 내가 그 곁에 모신 자 중 하나에게 나아가서 이 모든 일의 진상을 물으매 그가 내게 고하여 그 일의 해석을 알게 하여 가로되 그 네 큰 짐승은 네 왕이라 세상에 일어날 것이로되 지극히 높으신 자의 성도들이 나라를 얻으리니 그 누림이 영원하고 영원하고 영원하리라 이에 내가 넷째 짐승의 진상을 알고자 하였으니 곧 그것은 모든

짐승과 달라서 심히 무섭고 그 이는 철이요 그 발톱은 놋이며 먹고 부숴뜨리고 나머지는 발로 밟았으며 또 그것의 머리에는 열 뿔이 있고 그 외에 또 다른 뿔이 나오매 세 뿔이 그 앞에 빠졌으며 그 뿔에는 눈도 있고 큰 말하는 입도 있고 그 모양이 동류보다 강하여 보인 것이라 내가 본즉 이 뿔이 성도들로 더불어 싸워 이기었더니 옛적부터 항상 계신 자가 와서 지극히 높으신 자의 성도를 위하여 신원하셨고 때가 이르매 성도가 나라를 얻었더라 모신 자가 이처럼 이르되 넷째 짐승은 곧 땅의 넷째 나라인데 이는 모든 나라보다 달라서 천하를 삼키고 밟아 부숴뜨릴 것이며 그 열 뿔은 이 나라에서 일어날 열 왕이요 그 후에 또 하나가 일어나리니 그는 먼저 있던 자들과 다르고 또 세 왕을 복종시킬 것이며 그가 장차 말로 지극히 높으신 자를 대적하며 또 지극히 높으신 자의 성도를 괴롭게 할 것이며 그가 또 때와 법을 변개코자 할 것이며 성도는 그의 손에 붙인 바 되어 한 때와 두 때와 반 때를 지내리라 그러나 심판이 시작된즉 그는 권세를 빼앗기고 끝까지 멸망할 것이요 나라와 권세와 온 천하 열국의 위세가 지극히 높으신 자의 성민에게 붙인 바 되리니 그의 나라는 영원한 나라이라 모든 권세 있는 자가 다 그를 섬겨 복종하리라 하여 그 말이 이에 그친지라 나 다니엘은 중심이 번민하였으며 내 낯빛이 변하였으나 내가 이 일을 마음에 감추었느니라."

로마제국의 분열

진실로 네 번째 짐승은 로마제국임이 틀림없다. 로마제국은 하나님의 교회에게 엄청난 핍박을 자행한 세력이었다. 다니엘은 기절할 정도로 놀랐다. 그러므로 다니엘은 결국에 가서는 성도들이 이 세상의 나라를 기업으로 받을 것이라는 사실을 먼저 이야기해 주며 여러 번 계속적으로 강조하고 있다. 로마의 잔인성이 강조되었다. 그리고 로마제국이 내부적으로 몰락하면서 올라올 세력들에 대해 말하는데 이 로마제국이 제일 먼저 크게 하나님의 성도들과 교회를 핍박할 세력이며 이 후에 열국이 올라 올 것으로 설명하고 있다. 이 열국은 로마제국의 세력을 공유하며 하나님의 성도들과 교회에 가장 위험한 세력으로 부상한다.

그런데 이 열국 가운데서 작은 뿔 세력이 올라온다. 성경 예언에서 "뿔"은 세력, 나라, 왕권을 상징한다(단 7:24). "열 뿔"이라는 뜻은 네 번째 나라인 로마제국이 내분을 통해서 약화될 때에 게르만 민족이 쳐들어와 멸망하게 되는데 이때 열 나라로 갈라질 것을 상징한다. 역사에 의하면 열 제국으로 갈라진 다음 나중에 그 수가 변동되지만 멸망 당시 정확하게 열 부족 국가로 갈라졌던 사실을 알 수가 있다. 그래서 성경은 이 무서운 네 번째 제국인 로마가 열 뿔을 가지고 있다고 설명하고 있다.

이 네 번째 세력인 로마제국은 B.C 168 ~ A.D 351년까지 계속되었다. 그런데 4세기 중엽부터 열 뿔로 곧 열 나라로 나뉘어지기 시작했다. 그처럼 강력했던 로마제국도 정해진 운명의 시간이 되자 열 조각으로 나뉘어지게 되었다. 역사를 공부한 사람이라면, 로마제국의 국력이 쇠약해지게 되자 유럽의 북쪽으로부터 게르만 계통의 부족들이 남하하여 서부 유럽을 휩쓸었으며, 그 결과 로마는 열 조각으로 분리되게 되었던 사실을 기억할 것이다. 로마의 멸망과 함께, 다니엘 2장에 나오는 거대한 신상의 열 발가락 시대가 열리게 된 것이다. 롬발드(Lombards), 벌건디아(Burgundian), 오스트로고스(Ostrogoths), 비지고스(Visigoths), 프랑크(Franks), 반달(Vandals), 스웨비(Suevi), 알렘마니(Alamanni), 앵글로 섹슨(Anglo-Saxons), 헤룰라이(Heruli)들로. 북방에 있던 게르만 족속들이 내려와 지역들을 점령하면서 이렇게 열 나라로 나누어 차지하게 되었던 것이다.

롬발드 지역은 이태리가 되었고 벌건디아는 스위스가 되었다. 오스트로고스는 나중에 교황권이 세 뿔을 뽑을 때 그 중의 하나가 되어서 완전히 없어져 버렸다(A.D 538년). 비지고스는 스페인이 되었고 프랑크는 불란서가 되었다. 반달은 북부 아프리카로 귀속되어 나중에 뽑히는 세 뿔 중의 하나였고(A.D 534년) 스웨비는 포르투갈이 되었다. 알렘마니는 독일이 되었고 앵글로 섹슨은 영국이 되었다. 헤룰라이도 뽑힌 세 뿔 중의 하나로서 멸망했다(A.D 495년). 이렇게 열 나라로 나뉘어졌고 이 나라들이 지금의 서부 유럽 국가들을 이루고 있는 것이다.

열 뿔 가운데서 출현하는 작은 뿔

다니엘은 넷째 짐승에 있는 뿔들의 동태를 유심히 살피던 중에 열 뿔 사이에서 올라오는 작은 뿔의 모습을 보게 되었다. "**내가 그 뿔을 유심히 보는 중 다른 작은 뿔이 그 사이에서 나더니**"(8절). 다니엘 7장은 네 짐승 중에서 넷째 짐승의 정체에 대해서 많이 말하고 있는데, 특히 넷째 짐승의 열 뿔 가운데서 올라오는 작은 뿔의 정체와 그것이 하는 일에 대해서 상세하게 묘사하고 있다. 이제, 열 뿔 중에 올라오는 작은 뿔의 모습을 살펴보도록 하자.

북쪽에서부터 내려온 게르만 민족들이 유럽의 지역들을 차지하기 시작했다. 그때 작은 뿔이 등장한다. 성경은 네 번째 나라인 로마가 다른 나라로 인하여 정복될 것이라고 말하지 않고 열 나라로 분열될 것이라고 말한다. 로마가 열 나라로 분리되는 시기에 올라오는 작은 뿔은 교황권이다. 그 엄청난 작은 뿔이 등장해서 엄청나게 세상을 정복한다. 이 작은 뿔은 로마제국이 열 나라로 분열된 이후에 올라온다고 분명히 정확한 시기를 성경은 지목해 주고 있다. 플릭스(A. C. Flick)는 '중세기 교회의 일어남'(The Rise of the Medieval Church [1900], p. 150)이란 책에서 다음과 같이 말했다. "**정치적인 로마의 멸망으로부터 로마 교회의 거대한 모양의 도덕적인 제국이 일어났다.** – Out of the ruins of political Rome, arose the great moral Empire in the 'giant form' of the Roman Church." 다시 말해서 정치적인 로마에서부터 종교적인 로마 천주교회가 등장했다는 뜻이다. 다니엘 7장은 바로 이 작은 뿔 세력에 그 예언의 초점을 맞추고 있다. 성도들을 핍박하고 진리를 타협시키고 짓밟는 세력인 작은 뿔을 알게 해주기 위한 예언장이다. 루터, 칼빈, 죤 낙스, 크래머, 요한 웨슬레 등등 많은 종교 개혁자들이, 다니엘 7장의 작은 뿔 세력은 교황권이라고 이미 지목해 주었다.

우리는 여기에 나오는 작은 뿔 문제를 매우 조심스럽게 살펴보아야 하는데, 그 이유는 작은 뿔은 역사 속에서 활동해 온 적그리스도의 세력을 뜻하기 때문이다. 우리는 적그리스도의 세력에 대해서 나름대로의 막연한 상상이나 추측을 할 필요가 없다. 왜냐하면 다니엘서 7장이 묘사하고 있는 작은 뿔의 역사와 정체는 아무도 적그리스도의 세력이 무엇인지에 대해서 반박하지 못할 정도로 분명하게 말해주고 있기 때문이다. 이제부터 다니엘 7장의 작은 뿔이 누구인가를 알려주고 있는 일곱 가지 힌트들을 살펴보자.

작은 뿔의 7가지 특징

❶ 첫 번째 특징,
서부 유럽에서 로마제국이 열 나라로 분열된 이후에 일어나는 작은 뿔

작은 뿔은 로마제국의 분열 이후에 로마제국이 자리 잡고 있던 서부 유럽에서 일어나야 한다. "**네 번째 짐승은 놀랍고 무서우며…또 열 뿔이 있으므로 내가 그 뿔을 유심히 보는 중 다른 작은 뿔이 그 사이에서 나더니 먼저 뿔 중에 셋이 그 앞에서 뿌리까지 뽑혔으며.**"(단 7:7,8) 로마 교황권은 서부 유럽에서 발생되었는데, 좀더 구체적으로 말하자면, 로마제국의 심장부인 이태리 반도의 로마에서 일어났다. 역사는 서기 476년에 로마제국이 열 나라로 분열된 사실을 증거하므로 로마제국의 멸망과 함께 로마제국이 열 조각으로 분열된 서기 476년 이후에 서부 유럽 지역에서 올라온 세력인 로마 교황권은 작은 뿔의 첫 번째 특징을 만족시킨다.

2 두 번째 특징, 종교적 세력인 작은 뿔

작은 뿔은 종교적 세력이다. "이 작은 뿔에는...또 입이 있어 큰 말을 하니라...그는 먼저 있던 자들과 다르고..그가 장차 말로 지극히 높으신 자를 대적하며."(단 7:8,24,25) 로마 교황권은 종교적 세력이다. 경배를 받으며, 하나님을 대적하는 말을 한다고 했는데 이것은 모두 종교적인 속성을 가리키는 말이다. 이전의 열 나라는 모두 정치적 군주 국가였지만, 교황권은 정치적 절대 군주 국가이면서 동시에 종교적 군주 국가라는 점에서 크게 다르다. 이전의 왕국들은 사람의 몸을 다스렸지만, 교황권은 사람의 영혼까지 다스린다. 다른 나라들은 자국의 영토 내에 있는 백성들만 다스리지만, 교황 로마는 영토와 민족을 초월하여 다스리는 범세계적인 세력이다. 작은 뿔에는 **"사람의 눈 같은 눈"**이 있다(단 7:8). 교황권은 통찰력 있는 눈을 통하여 세계 정치와 종교계를 감독하고 판단하는 역할을 하고 있다.

❸ 세 번째 특징, 크고 참람된 말을 하는 작은 뿔

작은 뿔이 크고 참람된 말을 한다고 했다. "이 작은 뿔에는... 또 입이 있어 큰 말을 하였느니라."(단 7:8) 신약 성경에는 "참람"이라는 단어가 다음과 같은 두 가지 의미로 사용되는데, 첫째는 인간이 자기 스스로 죄를 용서할 수 있는 권세를 가지고 있다고 주장하는 것이고(눅 5:21), 둘째는 인간이 자신을 하나님과 동등한 위치에 올려 놓는 것을 말한다(요 10:33). 요한복음 10장에는, 예수께서 자신과 하나님이 하나라고 말씀하시자, 유대인들이 예수님께 참람되다고 말하면서 그분을 향하여 돌을 던지려고 하는 장면이 나온다(요 10:30~33). 또한 마가복음 2장에는 "참람"에 대한 또 다른 정의가 나온다. 예수께서 문둥병자에게 "소자야 네 죄사함을 받았느니라"고 말씀하시면서, 당신께서 가지고 계신 죄를 사하는 권세를 말씀하시자, 유대인들이 주님을 향하여 참람되다는 말을 하였다(막 2:5,6).

물론, 예수께서는 하나님과 하나이시기 때문에 당신 자신을 하나님과 동등하다고 말씀하실 수 있으며, 죄를 사하실 수 있는 권세를 가지고 있다고 말씀하실 수 있다. 그러나 예수 그리스도가 아닌 어떤 사람이나 세력이 스스로 하나님과 동등하다는 말을 하거나, 죄를 사할 수 있는 권세를 가지고 있다고 주장한다면, 그는 하나님을 대적하는 "참람된 말" 즉, "큰 말"을 하고 있는 것이다. 작은 뿔은 하나님을 대적하는 큰 말을 하는데, 즉 스스로 하나님과 동등함을 주장하며 죄를 사할 수 있는 권세를 가지고 있다고 주장하는 특징을 가진 세력이다.

그런데 과연 교황권은 스스로 하나님과 동등하다고 말하며, 인간의 죄를 용서해 줄 수 있는 권세를 가지고 있다고 주장하고 있는가? 로마의 바티칸에서 공식적으로 발행된 책들의 내용을 중심으로 이 질문에 대한 답을 찾아보기로 하자;

"교황만이 가장 거룩하다고 불릴 수 있으며… 거룩한 군주, 지고한 황제, 그리고 왕 중 왕이라고 불릴 수 있다. 교황은 그토록 큰 위엄과 능력을 가지고 있기 때문에 그리스도와 하나가 되어 동일한 심판을 구성할 수 있다. 그래서 교황이 행한 바는 무엇이든지 하나님의 입으로부터 발해진 것처럼 여김을 받는다" Pope, Perraris, Ecclesiastical Dictionary.

"우리(주: 교황들)는 이 땅에서 전능하신 하나님의 자리를 차지하고 있다" Pope Leo XIII, Encyclical Letter, 7/20,1894.

"교황은 너무나 위엄이 있고 지고하기 때문에 그는 단순한 사람이 아니라, 하나님인 동시에 하나님의 대리자이시다. 교황은 지상의 하나님이시며, 왕중의 왕이시고, 최고의 권세를 가지고 계시다" Prompta Bibliotheca, vol. VI, p. 25-29.

"성경에서 교회의 머리 되시는 그리스도를 지칭하는 모든 명칭들과 그분의 최상권에 관한 모든 것들은 교황에게도 적용된다" Bellarmin, On the Authority of Councils Vol. 2.

교황 요한 바오로 6세의(1960년대와 70년도 초기의 교황) 대관식 때에, 교황의 머리에 삼층관을 얹으면서 드린 오타비아니 추기경의 기도에서도 위와 같은 사상이 전혀 변치 않고 전승되고 있음이 확인되었다. "세 관으로 꾸며진 이 삼층관을 받으소서. 당신은 군주들과 제왕들의 아버지이며, 세계의 주교요, 구세주 예수 그리스도의 지상 대리자임을 생각하소서. 주의 명예와 영광이 영원하실지어다." 이 외에도 성경이 "큰 말" 또는 "참람된 말"이라고 선언하는 수많은 주장들이 교황권의 공식 출판물 속에서 쉽게 찾아볼 수 있다.

선지자 다니엘이 묘사한 작은 뿔의 모습에 대해서, 사도 바울과 요한은 좀 더 구체적으로 그 정체를 밝히고 있다. "**저는 대적하는 자라 범사에 일컫는**

하나님이나 숭배함을 받는 자 위에 뛰어나 자존하여 하나님 성전에 앉아 자기를 보여 하나님이라 하느니라"(살후 2:4). "짐승이 큰 말과 참람된 말하는 입을 받고, 또 마흔 두 달 일할 권세를 받으니라 짐승이 입을 벌려 하나님을 훼방하되 그의 이름과 그의 장막, 곧 하늘에 거하는 자들을 훼방하더라"(계 13:5,6). (여기서 마흔 두 달은 42달 x 30일 = 1260일, 즉 1260년이라는 기간을 상징한다. 이 기간은 중세기의 종교 암흑시대로서 교황권은 이 기간 동안 최고의 권력을 가지고 하나님의 백성을 핍박하였다.)

❹ 네 번째 특징, 정치적 세력인 작은 뿔

작은 뿔도 열 뿔과 마찬가지로 뿔이므로 국가적인 속성을 가지고 있다. "**열 뿔은... 열 왕이요**"(24절). 즉, 작은 뿔은 왕권과 같은 조직을 가지고 있는 세력이어야 한다. "**작은 뿔에는 사람(a man)의 눈 같은 눈이 있고 또 입이 있어 큰 말을 하였느니라**"(8절). 왕권과 같은 조직을 가지고 있을 뿐만 아니라, 한 사람(a man)이 작은 뿔로 상징된 세력의 지도자로서 군림한다는 뜻이다. 그러므로 작은 뿔은 왕권과 같은 중앙집권적인 조직을 가지고 있고, 한 사람이 조직의 지도자로 군림하는 군주 국가의 모습을 가지고 있어야 한다.

교황청은 강력한 중앙집권적 제도를 가진 도시 국가이며, 정치적 세력이다. 피라미드 형태의 강력한 조직을 가지고 있는 교황권의 형태는 강력한 왕권을 연상케 한다. 실제에 있어서도, 로마의 바티칸은 지금도 교황이 군주로서 군림하는 하나의 독립된 국가인 동시에 절대적 군주 국가의 형태를 가지고 있다. 바티칸 외에는 이 세상의 어떤 나라도 교회 자체가 국가로서 군림하는 형태는 없다. 교황권을 대부분의 사람들은 하나의 종교라고 생각하지만 실제로는 국제적으로 인정받는 독립된 나라로서, 현재 전 세계 150여 국가와 대사를 교환하고 있는 입장에 있다. 신성 로마제국의 헨리 4세 황제를 교황이 파문시키자 당황한 헨리 4세는 이탈리아의 카놋사에서 눈 속에 맨발로 교황에게 3일 동안 교황에게 빌어서 겨우 용서를 받았다는 역사의 기록도 있다.

5 다섯 번째 특징, 성도들을 핍박하는 작은 뿔

작은 뿔은 성도들을 핍박하는 세력이라고 했다. "내가 보니 이 (작은)뿔이 성도들로 더불어 싸워 이기었더니…지극히 높으신 자의 성도를 괴롭게 할 것이며."(단 7:22,25) 교황권이 1260년 동안 중세기에 얼마나 많은 주의 참된 백성들을 핍박해서 순교시켜 죽였는지 역사를 통해서 알 수 있다. H.G. 게이네쓰는 다음과 같이 기록했다. "로마 교황은 자신이 양심적으로 믿는 신앙 때문에, 로마교회가 강요하는 가르침과 우상 숭배를 받아들이지 아니하고, 하나님의 말씀에 근거하여 성서를 높이 쳐들며, 죽음도 불사하면서 죄를 대항하여 피로서 항거한 5천만 이상의 남녀들을 종교 암흑시대 동안에 살상한 것으로 추산된다"(시대의 임박한 종말, p 204). 1998년 5월 28일, 교황 요한 바오로 2세는 자신의 사도 서신에서 다음과 같은 천주교회 법령을 발표했다. "진리 곧 거룩한 카톨릭 신앙을 부인하거나, 의심하거나, 그리스도인 신앙을 완전히 거부하거나, 법에 의하여 경고받은 다음에도 본인의 입장을 바꾸지 않는 자는 출교시킴으로써 이단자 또는 배도자로 처벌해야 한다. 성직자의 경우에도 예외 없이 기타 다른 벌금형에 처한다." 지금도 옛날 천주교의 핍박 사상은 여전히 변치 않고 있다. 계시록 13장의 바다에서 올라오는 첫 번째 짐승과 다니엘 7장의 네 번째 짐승에서 나오는 작은 뿔은 교황권으로서 같은 짐승이다

6 여섯 번째 특징, 1260년 간의 전성기를 누리는 작은 뿔

작은 뿔은 중세기의 1260년 동안의 권세를 누린다. "성도는 그의 손에 붙인 바 되어 한 때와 두 때와 반 때를 지내리라."(단 7:25) 교황권은 중세기 동안 1260년 동안의 권세를 누렸다. 이 기간에 대한 예언은 작은 뿔의 정체를 정확하게 지적해 주는 너무나 중요한 예언이기 때문에 성경에 일곱 번이나 반복해서 기록되어 있다. 성경절에 따라서 어떤 곳에는 "한 때 두 때 반 때"라고 기록되어 있고 어떤 곳은 "42달"이나 "1260일"로 기록되어 있는데, 이것은 모두 1260년을 상징하는 표현들이다.

하나님께서는 1260년 동안 성도들을 핍박하는 작은 뿔의 모습을 여러 가지 모습으로 7번이나 성경에 기록하여 두심으로써, 그분을 진정으로 따르고자 하는 진실된 그리스도인들을 작은 뿔의 기만으로부터 보호하고자 계획하셨다.

❶ **다니엘 7:25**
: "성도는 그의 손에 붙인 바 되어, 한 때와 두 때와 반 때를 지내리라."

❷ **다니엘 12:7**
: "한 때, 두 때, 반 때를 지나서, 성도의 권세가 다 깨어지기까지."

❸ **요한계시록 11:2**
: "저희가 거룩한 성을 42달 동안 짓밟으리라."

❹ **요한계시록 11:3**
: "저희가 굵은 베옷을 입고, 1260일을 예언하리라."

❺ **요한계시록 12:6**
: "그 여자가 광야로 도망하매, 거기서 1260일 동안 … 있더라."

❻ **요한계시록 12:14**
: "그 여자가 광야 자기 곳으로 날아가 거기서 그 뱀의 낯을 피하여 한 때와 두 때와 반 때를 양육 받으매."

❼ **요한계시록 13:6**
: "또 짐승이 큰 말과 참람된 말하는 입을 받고, 또 42달 일할 권세를 받으니."

위에 언급한 7개 성경절은 모두 동일한 사건이 동일한 기간 동안 일어날 것을 예언하고 있음을 쉽게 알 수 있다. 7개의 성경절 모두, 여자로 표상된 하나님의 참 백성들이 작은 뿔(짐승)의 권세를 피하여 깊은 산이나 계곡으로 숨어 들어가 하나님의 진리를 보존하고 자신들의 신앙을 유지하게 될 것이라는 사실을 상징적인 표현을 사용하여 예언하고 있는데, 실제로 중세기의 역사가 그 사실을 너무나 명백하게 입증해 주고 있다.

"한 때와 두 때와 반 때"의 해석 방법

"한 때와 두 때와 반 때"가 얼마나 긴 기간이라는 것을 알 수 있는 결정적인 단서가 요한계시록 12장에 나와 있다. 요한계시록 12장 6절과 14절에는 여자로 표상된 하나님의 참 교회가 지상에 있는 사단의 세력이 가하는 핍박을 피하여 깊은 산과 계곡으로 피신하는 동일한 장면이 다음과 같이 두 가지로 표현되어 있다;

❶ "여자가 큰 독수리의 두 날개를 받아 광야 자기 곳으로 날아가 거기서 그 뱀(주: 사단)의 낯을 피하여 한 때와 두 때와 반 때를 양육 받으매"(계 12:14).

❷ "여자가 광야로 도망하매 거기서 일천이백육십일 동안 저를 양육하기 위하여 하나님의 예비하신 곳이 있더라"(계 12:6).

이 예언의 정확한 의미를 잘 모르는 사람일지라도, 이 두 성경절이 동일한 사건을 말하고 있다는 사실을 상식적으로 판단할 수 있을 것이다. 요한계시록 12장 14절에서는 여자가 광야로 피신하여 있는 기간을 "한 때와 두 때와 반 때"라고 말하였는데, 동일한 사건에 대해서 6절은 여자가 광야에 피신하여 있는 기간을 "일천이백육십일"이라고 설명하고 있다. 그러므로 우리는 여기서 "한 때와 두 때와 반 때"가 "일천이백육십일"과 동일한 기간을 의미한다는 사실을 확신할 수 있다(한 때와 두 때와 반 때 = 1260일). 그런데 성경에서 예언적 기간을 나타내는데 사용되는 상징어인 "때(time)"와 "일(day)"은 실제적으로 얼마나 긴 기간을 의미하는가?

때 (time): "때"에 대한 의미를 파악할 수 있는 열쇠가 다니엘 11장 13에 담겨져 있다. "북방왕은 돌아가서 다시 대군을 전보다 더 많이 준비하였다가 몇 때(time) 곧 몇 해(year) 후에 대군과 많은 물건을 거느리고 오리라." 이 성경절에서 "때(time)"는 "해(year)"를 의미하는 상징적 표현이라는 사실을 알 수 있다. 그러므로 "한 때와 두 때와 반 때"는 "1년+2년+반년"으로 환산되어야 한다. 그러므로 한 때와 두 때와 반 때 = 1년+2년+반년 = 360일+720일+180일 = 1260일이 된다. 성경에서 예언적인 기간을 상징하는 1년은 유대인의 달력에 의하여 360일로 계수된다. 1달은 30일이므로 42달 또한 42달 x30일=1260일로서 동일한 기간이다.

· 일 (day): 성경에서 기간을 상징하는 예언에서 1일은 실제에 있어서 1년으로 환산되어야 한다는 중요한 원칙을 이해해야 한다(1일=1년). 우리는 에스겔 4:6에서 기간적 예언을 푸는 또 하나의 열쇠를 발견할 수 있다. "**내가 네게 사십일을 정하였나니 일일이 일년이니라.**" 민수기 14장 34절에도 동일한 원칙이 반복되고 있다. "사십일의 하루를 일년으로 환산하여." 그러므로 1260일이라는 예언적 기간은 실제에 있어서 1260년으로 환산되어야 한다.

결론적으로, 우리는 성경에 나오는 기간적 예언을 해석해 내는 다음과 같은 등식을 만들어 낼 수 있다; 한 때와 두 때와 반 때 = 1년+2년+반년, 즉 삼년 반 = 1260일

"한 때와 두 때와 반 때"의 시작과 끝

"한 때와 두 때와 반 때"(1260년)의 기간은 언제 시작해서 언제 마쳐지는

기간인가? 먼저 작은 뿔이 언제, 어디서 일어나는가를 살펴보아야 한다. 한 가지 분명한 사실은, 로마제국이 열 나라로 분열된 이후, 즉 서기 476년 이후에 작은 뿔 세력이 강성해졌다는 것이다. 그렇다면, 476년 이후 어느 때에 로마 교황권이 권세를 장악하는 계기가 만들어졌는가?

· <u>1260년 기간의 시작</u> : 로마 교황권은 로마에 있는 교회 감독이 온 세상 교회의 머리가 되고 이단을 박멸하는 세력의 우두머리가 되면서 538년도에 자기를 반대하는 세 뿔인 헤룰라이, 반달, 오스트로고스 중에 마지막으로 오스트로고스를 최종적으로 멸망시킨 해였다. 이 세 뿔을 뽑아 없앤 다음에 드디어 교황권을 확립한다. 교황권을 반대할 세력이 전부 뽑힌 538년부터 시작해서 교황권의 세력이 한 때 두 때 반 때인 1260년이 지난 1798년까지 핍박을 계속하게 될 것을 설명하고 있다. "서기 538년도에, 로마 교회의 감독은 세상 모든 교회들의 머리가 되었고, 이단자들을 처벌하는 자가 되었으며, 또한 그 해에 1260년 간의 교황의 통치가 시작되었다"(종교개혁의 역사, History of the Reformation by J.A. Wylie).

538년도에 로마의 황제 저스티니안이 동 로마인 컨스탄티노플로 수도를 천도하여 가면서 서부의 공백을 메꾸기 위하여 로마의 교회 감독에게 정치적이고 군사적인 권한을 부여해주고 떠남으로 교황권이 시작되는 큰 발판을 만들게 된 사실은 괄목할 만한 일이다.

· <u>1260년 기간의 끝</u> : 참으로 놀랍게도, 요한계시록 13장에는 1260년이 끝나는 시점의 교황권의 마지막 모습에 대해서도 이렇게 예언되어 있다. "**누구든지 귀가 있거든 들을지어다 사로잡는 자는 사로잡힐 것이요 칼로 죽이는 자는 자기도 마땅히 칼에 죽으리니**"(계 13:9,10). 하나님의 백성들을 칼로 수없이 죽인 그가 칼에 의하여 죽는 예언이 그대로 성취되었다. 1260년의 시간의 후반기에 접어들면서, 교황권은 르네상스와 종교 개혁운동을 만

나게 되었고, 프랑스 혁명의 여파를 통하여 결정적인 타격을 입게 되었다.

1260년이라는 운명의 기간이 끝마쳐지는 시간인 1798년에 이르자, 놀라운 사건이 일어나게 되었는데, 당시 프랑스 혁명정부의 나폴레옹 장군의 명령을 받은 버티어 장군이 군대를 이끌고 로마 교황청으로 쳐들어가서 교황 피우스 6세를 그의 권좌로부터 끌어내림으로써 "칼"에 의하여 교황권이 붕괴되는 놀라운 사건이 일어났던 것이다. 교황 피우스 6세는 말할 수 없는 수모 속에서 로마로부터 프랑스의 감옥으로 압송되어 투옥된 후, 감옥 속에서 병으로 옥사하였으며, 교황권의 모든 재산은 압류되었는데, 바로 그 해가 1260년의 종점인 1798년인 것이다. 이와 같이, 서기 538년에 교황권의 권세가 확립됨으로써 시작된 1260년의 예언은 1798년에 교황권과 로마교회가 붕괴됨으로써 정확하게 성취되었다.

7 일곱 번째 특징, 때와 법을 변경시킨 작은 뿔

작은 뿔은 "때"와 관련된 하나님의 "법"을 변경시키고자 했다. **"그가 또 때와 법을 변개코자 할 것이며"**(25절). 작은 뿔에 대한 이 예언을 교황권에게 적용시킬 수 있을까? 이 예언 역시 교황권에게 그대로 이루어졌다. 적그리스도는 미래에 있을 어떤 독재자가 아니다. 이것은 역사 가운데 이미 존재해 왔는데 중세기 말엽에 종교개혁자들이 모두 이구동성으로 말했고 해석한 내용대로 작은 뿔의 세력은 교회를 핍박하고 진리를 파괴시켰던 교황권의 세력이다. 이 예언의 말씀은 어떤 특정 교회에 소속되어 있는 그리스도인들을 정죄하는 것이 아니다. 단지 마귀가 역사하는 특정 시스템을 지적하고 있는 것이다. 각 교회와 교파들 안에는 하나님의 백성들이 있고 진실된 그리스도인들이 있다.

"그가 또 때와 법을 변개코자 할 것이며 성도는 그의 손에 붙인 바 되어 한 때와 두 때와 반 때를 지내리라"(단 7:25). 교황권은 하나님의 "법"인 십계명을 변경시켰는데, 특히 "때" 즉, 시간과 관련된 계명을 변경시킴으로써 하님을 훼방하였다. 교황권은 자신들에게 하나님의 법(계명)을 변경하거나 삭제할 수 있는 권한이 있다고 믿는 믿음을 카톨릭 백과사전에 다음과 같이 기록해 두었다.

"카톨릭 교회는 안식일을 주일 중 일곱째 날인 토요일에서 첫째 날인 일요일로 변경시킨 후, 십계명의 넷째 계명을 고쳐서 일요일을 주일로 지키라고 명하였다"(카톨릭 사전 4권, p 153).

"베드로와 그의 후계자(주: 교황을 뜻함)들은 교훈이나 금지에 관한 율법을 부가할 수 있는 권세를 가졌음과 아울러, 이러한 율법들로부터 면제해 주는 권세도 있고, 필요하다면 폐지시키는 권세도 있다 … 이러한 사법상의 권한은 심지어 죄까지라도 용서할 수 있는 권세를 포함하고 있다"(Pope, The Catholic Encyclopedia, vol. XII, 265, col. 2).

이러한 신학적 배경하에서 카톨릭 교회는 자신들의 교리문답과 교리책에서 두 번째 계명을 삭제하였는데, 그 이유는 십계명에 기록되어 있는 "우상을 만들거나 섬기지 말라"는 두 번째 계명은 그들이 숭배하는 마리아 상이나 각종 성자들의 상을 정죄하기 때문이다. 두 번째 계명을 빼버리는 대신에 탐내지 말라는 열 번째 계명을 둘로 나눔으로써, 10개의 계명을 가진 십계명의 형태를 유지시켜 놓았다. 넷째 계명의 내용을 제7일(토요일)에서 제1일(일요일)로 바꾸어 놓았다. 이렇게 십계명을 변경시킴으로써, 카톨릭 교회가 가르치는 계명에는 우상 숭배에 대한 것이 없다. 그리고 넷째 계명이 변경되어 있다. 사단의 이러한 공격에도 불구하고 예수께서는 마태복음 5장 18절에서 **"진실로 너희에게 이르노니 천지가 없어지기 전에는 율법의 일점 일획이라도 반드시 없어지지 아니하고 다 이루리라"**라고 선언하여 놓으셨다. 결단코 우상 숭배와 안식일 날짜를 포함한 어떤 계명도 변경되거나 폐지할 수 없다는 것이 예수 그리스도의 말씀이다.

종교개혁의 선봉이었던 마틴 루터는 교황권이 하나님의 십계명을 변경시킨 문제에 대하여 다음과 같이 말했다.

"바울이 데살로니가후서 2장 4절에 '하나님이나 숭배함을 받는 자 위에 뛰어나 자존하여 하나님 성전에 앉아 자기를 보여 하나님이라 하느니라'고 기록하였던 그 존재가 여기에 있다. 적그리스도인 '불법의 사람 곧 멸망의 아들'이 있는데 그는 하나님의 법을 변경하였으며, 하나님의 계명 위에 자신이 만든 계명을 높였다. 우리는 여기서 교황권이 진짜 적그리스도의 권좌에 앉아 있다는 사실을 확신하는 바이다"(The Prophetic Faith of Our Fathers, vol.2, P.291,256)

하나님의 법을 변경하게 된 배경

여기서 잠깐, 교황권이 하나님의 법을 변경시키게 된 역사적 배경을 살펴보자. 태양신을 섬기는 이교도였던 로마제국의 콘스탄틴 황제가 그리스도인들의 지지를 얻음으로써 자신의 정권을 안정시키기 위하여 그리스도 교회로 개종하면서 기독교회를 로마의 국교로 삼았다. 이것을 기점으로 해서 수많은 정치인들과 이교도들이 황제의 뒤를 따라 그리스도 교회 안으로 밀려 들어오기 시작했다.

그 이후부터 교회는 새로 개종한 이교도들의 요구를 수용하고 국가의 환심을 사기 위하여 많은 진리들을 타협하거나 변경시키기 시작하였다. 다음에 나오는 교회 역사가 본 모쉐임의 증언은 그 당시의 교회 모습을 잘 보여주고 있다. "교회의 감독들은 이전에 희랍과 로마의 이방 종교를 믿던 사람들이 자신의 신들에게 존경과 신앙심을 표현하기 위해서 마련하였던 종교 의식들과 제도들을 조금씩 고쳐서 그리스도 교회 안으로 끌어들였다. 이렇게 함으로써, 새로 개종한 이교도들은 자신들의 조상 때부터 전래되어 온 의식들이 그대로 존재하는 것처럼 느끼게 되고, 그리스도와 순교자들도 자신들이 섬기던 이교 신들과 같은 방법으로 숭배되는 것으로 생각하게 될 것이며, 그 결과 수많은 이교도들이 좀 더 쉽게 그리스도교를 받아들일 수 있을 것이라고 교회 지도자들은 생각하였다...이교도였던 콘스탄틴 황제가 그리스도 교회로 개종하자마자, 곳곳에 굉장한 성전들이 즐비하게 서게 되었는데, 성전마다 여러가지 그림들과 조각된 우상들로 단장함으로써, 외관상으로나 내면적으로 이교도들의 신전과 흡사한 것이 되었다" J. L. Von Mosheim, Ecclesiastical History, I, 369.

기독교회로 새로 개종한 황제는 이교도들의 반발을 막기 위하여 그들의 풍습과 전통인 우상을 만들어서 신전에 세우는 관습과 그들이 태양신에게 예배 드리는 날인 일요일을 기독교회가 수용해 줄 것을 요구했다. 그때 교황권의 지도자들은 황제의 환심을 사기 위하여 하나님께서 친히 기록하신 십계명을 변경시킴으로써 황제의 요구를 수락하게 된 것이다. 실제로, 8세기에 이르러서는 거의 모든 카톨릭 교회들이 각종 성상들로 가득 차게 되었고, 이것들에 입맞추고 기도하며, 분향하고, 절하는 일이 극에 달해서, 오히려 우상을 섬기지 않는 회교도들로부터 우상 숭배자라는 조롱을 받는 지경에 이르게 되었다. 이러한 배도의 길을 걷던 로마교회는 결국 "아무 형상이든지 만들지 말며, 그것들에 절하지 말며, 그것들을 섬기지 말라"는 둘째 계명을 하나님의 법에서 삭제한 다음에 천주 십계를 만들 수밖에 없었다.

침례교회의 교회요람을 쓴 바 있는 침례교회의 신학자인 에드워드 히스칵스(Edward Hiscox) 박사는 뉴욕에 있는 목회자들의 회의에서 설교하면서 다음과 같이 말한 적이 있다. "태양의 축제일인 이교인들의 표상인 일요일이 교황권의 배도로 인하여 승인을 받아 개신교회의 거룩한 중심에 자리를 잡게 된 것은 참으로 큰 슬픈 일이 아닐 수 없습니다."

작은 뿔에 대한 종교 개혁자들의 믿음

우리는 성경이 작은 뿔에 대해서 묘사하고 있는 7가지 특징에 대해서 살펴 보았다. 작은 뿔의 세력이 누구 또는 무엇인가를 찾아내기 위해서는, 앞에서 살펴 본 7가지 특징을 모두 완전하게 만족시킬 수 있는 한 세력을 찾아야만 하는데, 역사를 통하여 오직 교황권만이 다니엘 7장에 기록된 작은 뿔의 7가지 특징을 만족시키는 유일한 세력이다. 그러나 우리는 매우 신중하고도 지혜로운 방법으로 이 중요한 문제에 접근해야 한다. 그래서 오늘날의 현대 개신교회를 태동시켰으며, 거의 모든 그리스도인들로부터 신뢰와 존경을 받고 있는 종교 개혁자들의 견해를 살펴 보기로 하겠다.

가장 권위 있는 백과사전 중의 하나인 브리태니카 백과사전에는 다음과 같은 증언이 기록되어 있다. "이러한 사상이 루터와 다른 종교 개혁자들로 하여금 교황권에 대항하는 운동을 주도하게 만든 강력한 힘의 원천이 되었다"(브리태니카 백과사전, 1962년도판 2권 61페이지). '어떠한 사상이 종교 개혁자들로 하여금 그토록 강력한 힘으로 종교 개혁운동을 추진하도록 만들었는가?' 라는 기사에서 그것은 다니엘 7장에 나오는 작은 뿔의 예언에 대한 깨달음이었다고 설명한다. 천 년 이상이나 계속되었던 종교 암흑시대의 종말을 가져온 종교 개혁운동, 소수의 개혁자들에 의해서 시작된 개혁 운동이 어떻게 수많은 서민들과 귀족들에게 번져나가고, 나아가서는 로마 교황권의 천년의 권세를 깨뜨리는 기적을 만들어 낼 수 있었을까? 물론, 그 당시 로마 교황권의 심각한 부패상이 종교 개혁자들의 주장에 설득력을 더하게 만들었지만, 그것만 가지고는 유럽 전체에 막강한 영향력을 미치고 있던 로마 교회에 대항하여 반기를 들고 일어설 수 있는 충분한 명분이 되지 못했다.

중세기의 종교 개혁이 성공하게 된 두 가지 중요한 이유는 첫 번째, 종교 개혁자들이 인간의 구원에 대한 새로운 진리를 발견하였기 때문이다. 그들은 행함과 공로와 의식을 통해서 구원을 받는다고 믿는 수많은 민중들의 믿음을 로마서에서 비춰 나오는 "의인은 믿음으로 살리라"라는 빛으로 옮기기 위해서 자신의 생명과 생애를 바쳤다. 개혁자들이 소개하는 구원에 대한 가르침은 신자들의 양심에 강력한 충격을 주었다. 두 번째, 개혁자들은 다니엘 7장이 말하는 작은 뿔의 세력이 무엇인지를 민중들에게 분명하게 말해 주었다. 이 두 가지가 천년의 암흑시대를 끝내고 종교 개혁시대의 아침을 열었던 것이다. 그러면 이제, 작은 뿔에 대해서 종교 개혁자들이 어떻게 말하고 있는지 들어보자;

· **마틴 루터** : "바울이 데살로니가 후서 2장 3,4절에 '하나님이나 숭배함을 받는 자 위에 뛰어나 자존하여 하나님 성전에 앉아 자기를 보여 하나님이라 하느니라'고 기록하였던 그 존재가 여기에 있다. 적그리스도인 '불법의 사람 곧 멸망의 아들'이 있는데, … 그는 하나님의 법을 삭제하였으며, 하나님의 계명 위에 자신이 만든 계명을 높였다… 우리는 여기서 교황권이 진짜 적그리스도의 권좌에 앉아 있다는 사실을 확신하는 바이다" The Prophetic Faith of Our Fathers, vol.2, P.291,256.

· **요한 칼빈** : "나는 교황이 그리스도의 대리자라는 사실을 부인한다…그는 적그리스도이다. 나는 그가 교회의 머리라는 사실을 부인한다. '그리스도께서 교회의 머리 됨과 같음이니' (엡 5:23)" John Calvin Tracts, vol. 1, p. 219,220.

· **요한 낙스** : "수세대에 걸쳐서 교회 위에 군림해 온 교황권이 바로 바울이 말한 적그리스도요 멸망의 아들이다" The Zurich Letter, p. 199.

필립 멜랑톤 : "로마 교황권이 거대한 조직과 왕국을 가지고 있는 적그리스도라는 사실은 전혀 의심할 여지가 없는 명백한 진리이다…데살로니가 후서 2장 2절에서, 바울은 죄의 사람이 자신을 하나님보다 높임으로써 교회를 지배하게 될 것이라고 분명하게 말하였다" Prophetic Faith of Our Fathers, vol. 2, pp. 296-299.

· **아이삭 뉴턴** : "교황권은 나머지 열 뿔과는 다른 종류의 왕국이었다 … 로마

교회는 선지자 노릇을 하였으며, 동시에 왕이었다" 아이삭 뉴턴, Obserbation on the Prophecies, p. 75.

· **요한 웨슬리** : "로마 교황권이 바로 죄의 사람이라는 사실을 강조하는 바이다" 요한 웨슬리, Antichrist and His Tem Kingdoms, 110.

· **사무엘 리** (17세기의 유명한 성직자) : "로마 교황권이 적그리스도라는 사실은 영국에 있는 모든 주요 교단들 사이에서 공통적으로 받아들여지고 있는 가르침이다" 사무엘 리, The Cutting Off of Antichrist, p. 1.

재림 전에 있을 심판의 광경

> 단 7:9~14

"내가 보았는데 왕좌가 놓이고 옛적부터 항상 계신 이가 좌정하셨는데 그 옷은 희기가 눈 같고 그 머리털은 깨끗한 양의 털 같고 그 보좌는 불꽃이요 그 바퀴는 붙는 불이며 불이 강처럼 흘러 그 앞에서 나오며 그에게 수종하는 자는 천천이요 그 앞에 시위한 자는 만만이며 심판을 베푸는데 책들이 펴 놓였더라 그때에 내가 그 큰 말하는 작은 뿔의 목소리로 인하여 주목하여 보는 사이에 짐승이 죽임을 당하고 그 시체가 상한바 되어 붙는 불에 던진바 되었으며 그 남은 모든 짐승은 그 권세를 빼앗겼으나 그 생명은 보존되어 정한 시기가 이르기를 기다리게 되었더라 내가 또 밤 이상 중에 보았는데 인자 같은 이가 하늘 구름을 타고 와서 옛적부터 항상 계신 자에게 나아와 그 앞에 인도되매 그에게 권세와 영광과 나라를 주고 모든 백성과 나라들과 각 방언하는 자로 그를 섬기게 하였으니 그 권세는 영원한 권세라 옮기지 아니할 것이요 그 나라는 폐하지 아니할 것이니라."

이것은 심판의 장면인데, 다니엘 8장에 나오는 2300일 예언과 함께 다시 한 번 다루도록 하겠다. 성경은 예수님 재림 전에 심판이 있을 것을 말하고 있다. 하나님께서 이 모든 일을 지켜보고 계신다. 교황권이 교회 역사 가운데 큰 잘못을 행했다. 예수께서 재림하시기 전에 하나님 앞에 책들이 펴 놓이고 교회를 심판하신다. 교황권을 심판할 것이다. 또한 순교한 자들과 억울한 자들을 심판하여 보호하실 것이다. 네 나라들과 특히 작은 뿔의 역사를 설명하면서 하나님께서 책들에 의해 심판하실 것이라고 설명하고 있다. 다니엘서에 기록된 성경 예언은 심판이 있을 것을 말하고 있다.

적그리스도와 성소 정결 | 제8장

Antichrist and The Sanctuary

다니엘서 제 8 장

적그리스도와 성소 정결

하나님은 시작과 마지막을 아시는 분이다. 하나님은 영원 전부터 영원 후까지 존재하시며 모든 일을 미리 아시는 분이시다. 오직 하나님만 예언하실 수 있는 분이시다. 가끔 점을 치는 사람들이 과거에 있었던 사실을 말해서 우리를 깜짝 놀라게 하지만 그것은 악한 영도 과거 일은 알기 때문에 그러한 것이다. 오직 하나님과 성경만이 미래를 말할 수 있는 것이다.

이번 장에서는 매우 흥미진진한 내용들을 다루게 될 것이다. 성경에는 심판에 대한 말씀이 많이 기록되어 있는데 그 심판은 하나님의 교회에서 먼저 시작될 것이라고 말하고 있다. 다시 말해서 빛을 먼저 받은 자들에게 심판이 먼저 임한다는 뜻이다. 예수님께서 재림하시기 전에 미리 심판이 있을 것이다. 예수께서 오셔서 하는 심판은 집행 심판이다. 그 전에 심리하고 조사하는 심판(재판)이 미리 진행될 것을 성경은 우리에게 반복하여 알려주고 있다. 다니엘 7장에서 심판이 이루어지는 하늘의 보좌 앞의 광경이 계시로 보여진 사실을 언급했다. 8장에는 7장에 등장했던 교회를 파괴하는 작은 뿔 세력이 하나님께 심판을 받게 될 것에 대한 예언이 기록되어 있다. 다니엘 8장에는 중세기의 1260년 동안 하나님의 백성들을 핍박했던 사실을 반드시 심판하고 또한 모든 기록이 펼쳐질 것을 말하고 있다. 또한 이 8장에는 두 동물이 등장하는데 수양과 수염소가 싸우는 모습으로 시작한다. 그리고는 작은 뿔이 출현하는 방향을 알려주고 그 세력이 어떠한 일을 저지를 것이며 어떻게 심판받게 될 것인가 하는 것을 자세하게 예언해 주는 책이 다니엘서 중에 특별히 8장이다. 이제 다니엘 8장의 전반부를 읽어보자.

단 8:1~8

"나 다니엘에게 처음에 나타난 이상 후 벨사살 왕 삼 년에 다시 이상이 나타나니라 내가 이상을 보았는데 내가 그것을 볼 때에 내 몸은 엘람도 수산 성에 있었고 내가 이상을 보기는 을래 강변에서니라 내가 눈을 들어본즉 강가에 두 뿔 가진 수양이 섰는데 그 두 뿔이 다 길어도 한 뿔은 다른 뿔보다도 길었고 그 긴 것은 나중에 난 것이더라 내가 본즉 그 수양이 서와 북과 남을 향하여 받으나 그것을 당할 짐승이 하나도 없고 그 손에서 능히 구할 이가 절대로 없으므로 그것이 임의로 행하고 스스로 강대하더라 내가 생각할 때에 한 수염소가 서편에서부터 와서 온 지면에 두루 다니되 땅에 닿지 아니하며 그 염소 두 눈 사이에는 현저한 뿔이 있더라 그것이 두 뿔 가진 수양 곧 내가 본바 강가에 섰던 양에게로 나아가되 분노한 힘으로 그것에게로 달려가더니 내가 본즉 그것이 수양에게로 가까이 나아가서는 더욱 성내어 그 수양을 쳐서 그 두 뿔을 꺾으나 수양에게는 그것을 대적할 힘이 없으므로 그것이 수양을 땅에 엎드러뜨리고 짓밟았으나 능히 수양을 그 손에서 벗어나게 할 이가 없었더라 수염소가 스스로 심히 강대하여 가더니 강성할 때에 그 큰 뿔이 꺾이고 그 대신에 현저한 뿔 넷이 하늘 사방을 향하여 났더라."

수양 – 페르시아

　다니엘은 벨사살 왕 3년에 이 계시를 보았다. 벨사살 왕은 바벨론 왕국의 마지막 왕으로 느부갓네살 왕의 손자이다. 다니엘은 이 계시를 볼 당시 바벨론의 엘람도 성에 있었다고 했는데 엘람도는 충청도, 경기도 같은 지방의 한 도의 이름이다. 그곳에 수산성이 있었는데 수산성은 엘람도에 있는 한 도시의 이름이다. 수산이라는 성의 을래 강변이라는 곳에 있을 때 그에게 계시가 임했다고 했다. 이 을래 강은 두 강을 연결시키는 운하 같은 것이었는데 코프라테스(Coprates) 강과 쵸아스페스(Choaspes) 강을 연결시키는 운하였다. 을래 강가에 서 있을 때 갑자기 계시가 임한 것이다.
　제일 먼저 두 뿔 가진 수양이 나타났다. 한 뿔은 나중에 났는데 먼저 난 뿔보다 더 길었다. 이것은 우리로 하여금 7장에서 한쪽 어깨를 든 곰의 모습을 떠오르게 한다. 그러므로 수양이 가지고 있는 길고 짧은 두 뿔은 메대와 페

르시아 나라가 동맹국이었던 것을 말하는데 그것은 나중에 생긴 페르시아가 더 강한 것을 상징한다. 하나님께서는 한 국가를 상황에 따라서 여러 가지 짐승으로 만화처럼 그려서 알기 쉽게 알려 주심으로써 예언을 연구하는 사람들로 하여금 그 의미를 정확하게 발견할 수 있도록 배려해 주셨다.

여기에 나오는 수양의 정체가 누구인지 추측할 필요가 없다. 가브리엘 천사가 친절하게 이미 설명해 주었다. "**네가 본바 두 뿔 가진 수양은 곧 메대와 바사[페르시아] 왕들이요**"(단 8:20). 페르시아 나라는 고레스 왕이 국가를 치리하는 동안 강국이 되었는데, 그 당시 페르시아 나라가 사용한 국가의 상징 동물은 목에 목걸이를 많이 달고 있는 수양이었다. 현재 미국은 독수리, 영국은 사자인 것과 마찬가지로 나라를 상징하는 동물이 있었는데 수양은 페르시아를 상징하는 동물이었다. "**수양이 서와 북과 남을 향하여 받으나**"(4절). 수양이 서쪽과 북쪽과 남쪽을 향하여 들이받는다고 했는데 이것은 서쪽의 바벨론과 메소포타미아와 시리아를 정복했다는 뜻이며, 북쪽에 있는 알미니아 지방과 카스피아해 근처의 나라들을 정복한 것을 상징한다. 그리고 남쪽으로는 애굽, 팔레스타인, 리비아, 에디오피아를 정복하는 모습을 그렇게 상징으로 표현하고 있다.

수염소 – 헬라 (그리스)

다니엘이 수양을 보고 있는 사이에 또 다른 한 짐승이 등장하는데 그것은 수염소이다. 다니엘 7장에서는 물에서 짐승이 하나씩 올라왔는데 8장에서는 두 짐승이 서로 싸우는 모습으로 나타난다. 양과 염소가 서로 싸우는데 이 수염소가 얼마나 빨리 달려가는지 다리가 땅에 닿지 않을 정도였다. 신속히 정복해 나가는 모습을 그린 것이었다. 이러한 모습은 다니엘 7장에서 배운 세 번째 동물 표범을 연상케 만든다. 수염소의 두 눈 사이에 현저한 한 뿔

이 나 있는데 이 짐승은 헬라 나라를 상징한다. 이것 또한 우리가 추측할 필요가 없으니 천사가 이미 설명해 주었기 때문이다. "**털이 많은 수염소는 곧 헬라 왕이요 두 눈 사이에 있는 큰 뿔은 곧 그 첫째 왕**(필자 주: 알렉산더)**이요 이 뿔이 꺾이고 그 대신에 네 뿔이 났은즉 그 나라 가운데서 네 나라가 일어나되 그 권세만 못하리라**"(단 8:21,22).

알렉산더 대왕이 죽은 다음에 네 나라로 갈라졌지만 갈라진 네 왕국이 원래 있던 나라만큼 강하지 못한 것이라고 예언하신 것이다. 7장에 기록된 그리스를 상징하는 머리 넷 달린 표범과 정확하게 일치되는 모습이다. 수염소의 머리에 있는 현저하고 큰 뿔은 물론 초대 왕인 알렉산더 대왕을 상징한다. 수양은 페르시아를 상징한 것처럼 실제 역사에 있어서 수염소는 헬라를 상징했다. 옛날의 헬라 수도 에뎃사를 수염소의 도시라고 불렀다. 수염소가 수양을 짓밟고 그 뿔을 꺾고 정복하는 것이다. 하나님께서는 헬라가 페르시아를 정복하고 세 번째 나라로 부상하는 것을 8장에서 다시 한 번 설명해 주셨다.

다니엘 7장에서 이미 예언을 주셨는데 왜 다시 8장에 동일한 내용의 예언이 반복되어 있을까? 성경 예언의 두 줄기인 다니엘서와 요한계시록은 단순히 제국들의 흥망성쇠와 세상 역사를 미리 알려 주기 위한 책이 아니다. 성경 속에 예언서를 주신 하나님의 목적은, 제국들의 등장 속에서 하나님을 대적하는 적그리스도 세력이 언제, 어디서, 어떻게 등장하여 하나님의 백성들을 핍박하고 진리를 변질시키는지의 모습을 미리 보여주시기 위함이다. 그리하여 당신을 따르는 진실한 그리스도인들이 올바른 길을 걸을 수 있기를 바라신다. 우리로 하여금 교회 안에 난무하는 각종 가르침들 가운데 어떤 것이 성서적 진리이고 어떤 것이 거짓 가르침인지를 분명하게 판단하여 오류에서 자신을 보호하고 또한 하나님의 교회를 보호할 뿐 아니라 교회를 공격하는 적그리스도의 세력이 무엇인지를 알게 하시기 위해서 이렇게 길고 자세한 예언을 다니엘을 통해서 기록해 주신 것이다. 그러나 오늘날 기독교회가 하나님께서 주신 귀한 예언을 잊어버리고 무관심과 잘못된 이해 속에서 엉뚱한 길로 가고 있는 것을 보게 된다.

수염소의 큰 뿔이 꺾이고 그 대신에 현저한 네 뿔이 하늘 사방을 향하여 났다. **"수염소가 스스로 심히 강대하여 가더니 강성할 때에 그 큰 뿔이 꺾이고 그 대신에 현저한 뿔 넷이 하늘 사방을 향하여 났더라"**(단 8:8). 얼마나 정확한 예언인가? 가장 신속히 세상을 정복했던 헬라 나라의 33살 알렉산더 대왕이 인도의 갠지스 강가에 가서 더 이상 정복할 땅이 없다고 소리를 질렀다고 한다. 빠르게 달려가는 수염소처럼 신속히 나라들을 정복했기 때문에 나온 일화이다. 이 세상 역사에서 가장 신속히 세상을 정복한 나라는 바로 헬라이다. 알렉산더 대왕은 정복을 마치고 돌아오다가 부절제로 인하여 그만 요사하고 말았는데 그가 죽게 되었을 때 장군들이 왕에게 "왕이 돌아가시면 이 나라를 누가 차지하겠습니까?" 라고 물었고 알렉산더 대왕은 "강한 자가 가지라"는 유명한 유언을 남기면서 죽었다.

그 후에 약 20년간 알렉산더의 네 장군들이 서로 나라들을 차지하고자 싸우고 전쟁을 했고 그 이후에 헬라가 정확히 네 나라로 갈라졌다. 네 머리를 가진 표범은 헬라가 네 나라로 갈라질 것을 상징했다. 네 장군의 이름을 따서 네 왕국이 생겼다. 리시마커스(Lysimachus)는 소아시아, 터키 지방을 포함한 북방 지역을, 캇산더(Cassander)는 마게도니아, 로마, 이태리, 헬라를 포함한 서방 지역을, 셀류커스(Seleucus)는 시리아와 바벨론, 페르시아 지방을 포함한 동부 지역을, 탈러미(Ptolemy)는 애굽, 팔레스타인을 포함한 남부 지역을 차지하게 되었다. 헬라가 리시마커스, 캇산더, 셀류커스, 탈러미라는 네 나라로 갈라진 것은 세상 역사 속에서 분명하게 확증할 수 있다.

단 8:9~13

"그 중 한 뿔에서 또 작은 뿔 하나가 나서 남편과 동편과 또 영화로운 땅을 향하여 심히 커지더니 그것이 하늘 군대에 미칠 만큼 커져서 그 군대와 별 중에 몇을 땅에 떨어뜨리고 그것을 짓밟고 또 스스로 높아져서 군대의 주재를 대적하며 그에게 매일 드리는 제사를 제하여 버렸고 그의 성소를 헐었으며 범죄함을 인하여 백성과 매일 드리는 제사가 그것에게 붙인 바 되었고 그것이 또 진리를 땅에 던지며 자의로 행하여 형통하였더라 내가 들은즉 거룩한 자가 말하더니 다른 거룩한 자가 그 말하는 자에게 묻되 이상에 나타난바 매일 드리는 제사와 망하게 하는 죄악에 대한 일과 성소와 백성이 내어준 바 되며 짓밟힐 일이 어느 때까지 이를꼬 하매."

안티오커스 에피파네스에 대한 오해

네 뿔 중 한 뿔에서 작은 뿔이 나온다고 설명되어 있다. "그 중 한 뿔에서 또 작은 뿔 하나가 나서 남편과 동편과 또 영화로운 땅을 향하여 심히 커지더니"(단 8:9). 앞에서 살펴 본 것처럼 먼저 알렉산더 대왕을 상징한 한 뿔이 꺾이면서 거기서 네 뿔(네 나라)이 나온 다음, 네 나라로 갈라진 한 지역에서 작은 뿔이 올라온다고 설명되어 있다. 또한 작은 뿔은 남쪽과 동쪽과 영화로운 땅을 향해서 심히 커질 것이라고 했다. 또한 군대의 주재인 예수 그리스도까지 공격을 하게 된다(11절). 이 예언은 많은 그리스도인들과 성직자들이 혼돈하고 있는 문제인데, 그들은 여기에 나오는 작은 뿔을 시리아의 왕 안티오커스 에피파네스로 적용하고 있다.

안티오커스 에피파네스는 작은 뿔로 표현되고 예언된 말씀에 전혀 상관이 없는 인물이다. 그가 유대인들을 크게 핍박한 것은 사실이지만, 돼지를 가지고 성소에서 제사드리게 하고 또 올림피아 신을 섬기게 강요하면서 유대인들을 핍박했지만, 알렉산더 대왕보다 더 큰 세력을 가지지 못했다. "**작은 뿔 하나가 나서 남편과 동편과 또 영화로운 땅을 향하여 심히 커지더니**"(단 8:9). 안티오커스 에피파네스 왕은 온 세상의 사방 나라들을 쳐서 정복하는 페르시아나 그리스와 같은 대제국의 왕과는 도무지 비교할 수 없는 힘없는 왕에 불과했다.

또한 여기에 등장하는 작은 뿔 세력은 종교적인 세력이어야 한다. 왜냐하면 작은 뿔은 하나님을 대적하고 하나님의 진리를 대적하고 짓밟으며 하나님의 성소를 헐어버리는 일을 한다고 했기 때문이다. 작은 뿔 세력은 안티오커스 에피파네스 왕보다 훨씬 큰 세력이어야 한다. 이 세력은 다니엘 7장에 작은 뿔로 상징되어 등장하였던 교황권이다. 하나님께서는 똑같은 국가나 세력을 각기 다른 장면으로 보여주심으로써 여러 가지 다른 힌트를 통하여 그 정체를 파악할 수 있도록 섭리하셨다는 사실을 기억하도록 하자.

작은 뿔의 등장과 그의 행적

한 가지 문제가 있는데, 다니엘 7장에서는 작은 뿔 세력이 로마 나라가 열국으로 갈라진 이후에 등장하는 것으로 예언되어 있는데 8장에서는 헬라가 네 나라로 갈라진 이후에 그 한 뿔에서 나오는 것으로 예언되어 있기 때문이다. 동일한 세력이지만 조금 다르게 전개되는 상황을 보면서 오해를 하는 사람들이 많이 있다. 그러나 오해를 할 필요가 전혀 없는 것은, 헬라가 갈라진 네 나라 가운데서 서쪽에 위치하고 있었던 로마의 도시 국가가 점점 세력이 증가하면서 그쪽에서 일어나는 부분을 강조한 것에 불과한 것이기 때문이다.

"…. **현저한 뿔 넷이 하늘 사방을 향하여 났더라 그 중 한 뿔에서 또 작은 뿔 하나가 나서**"(단 8:8,9). 다니엘 7장에서는 로마제국이 열 나라로 갈라진 다음 올라오는 정확한 역사적 시점을 말했지만, 8장에서는 작은 뿔의 출현이 어느 방향에서 오는 것인가를 강조하고 있다. 작은 뿔로 상징된 교황권은 헬라 나라가 네 나라로 갈라진 후 한 쪽 지역에서 도시가 서서히 커지면서 생긴 국가로부터 태동하는 세력이다. 또한 이 예언은 로마제국에서 일어나는 로마교의 교황권의 세력이 어느 방향에서 오는 세력인지를 보여 준다. 여기에 등장하는 세력은 "남편과 동편과 영화로운 땅(팔레스타인 지역)"을 친다고 했다. "**그 중 한 뿔에서 또 작은 뿔 하나가 나서 남편과 동편과 또 영화로운 땅을 향하여 심히 커지더라**"(9절). 그러므로 이 세력은 서쪽에서 오는 세력이라는 사실을 알 수 있다. 작은 뿔 세력이 바로 로마 쪽에서 오는 것임을 설명해 주시기 위해 하나님께서 그렇게 표현하신 것이다. 하나님을 대적하는 적그리스도 세력의 정체를 정확하게 알려주시기 위하여 다니엘 7장에서 사용했던 "작은 뿔"이라는 동일한 상징을 사용하되 그것과 연관된 또 다른 힌트들을 다니엘 8장에 기록해 두신 하나님의 지혜에 감사할 뿐이다.

여기에 등장하는 작은 뿔 세력이 무슨 일을 하고 있는가? 하늘 군대들을 핍박한다고 했는데 이것은 하늘에 있는 천사들을 핍박한다는 뜻일까? 지상에 있는 세력이 어떻게 하늘에 있는 천사들을 핍박하겠는가? 그러한 해석보다는 이 땅에 있는 하나님의 군대 즉 참된 하나님의 일꾼과 지도자들을 핍박하는 것으로 해석하는 것이 타당하다. "**그 군대와 별 중 몇을 땅에 떨어뜨리고**"(10절). 그들은 주님의 군대들이다. 그런데 작은 뿔 세력이 스스로 권위를 주장한다고 했다. "**스스로 높아져서 군대의 주재를 대적하며**"(11절). 하나님께서 주신 권위가 아닌 스스로 가진 권위로 예수님까지 대적한다고 말하고 있다. 얼마나 정확한 예언인가! 그는 스스로 높아져서 권세를 취하여 이 세상 교회 안에 좌정한 지상의 하나님으로 군림하였다. 교황의 말은 교회에서 하나님의 음성처럼 듣고 있지 않은가! 교황의 문서는 마치 성경의 권위를 가진 것처럼 취급하지 않는가! 교황권은 중세기부터 놀라운 배도를 시작하였다. 성경은 이미 다니엘 시대에 그렇게 될 것이라고 예언했는데 그러한 일들이 정확하게 진행되어 온 사실을 역사가 증거하고 있다.

교황권의 대적 행위와 배도가 어느 시점과 어디에서 시작할 것인가를 다니엘 8장이 예언하고 있다. 작은 뿔 세력인 교황권은 하나님의 계명을 바꾸고, 죄를 용서하는 권세를 가지고 있다고 주장하는 적그리스도의 세력이다. 종교 개혁자들은 로마 교황청을 적그리스도 세력으로 정확하게 지목하고 가르쳤다. 그런데 종교 개혁자들이 죽은 다음에 그들의 후세들이 타협하기 시작했다. 하나님께서 주신 놀라운 성경 예언을 잊어버렸다. 그러나 성경은 지금도 똑같은 말씀을 전하고 있다. 다니엘 7장에서 우리는 작은 뿔 세력인 교황권이 하나님의 진리를 어떻게 짓밟아 왔는지에 대하여 연구했다.

다니엘 8장 11~13절을 다시 읽어보자. "**또 스스로 높아져서 군대의 주재를 대적하며 그에게 매일 드리는 제사를 제하여 버렸고 그의 성소를 헐었으며 범죄함을 인하여 백성과 매일 드리는 제사가 그것에게 붙인 바 되었고 그것이 또 진리를 땅에 던지며 자의로 행하여 형통하였더라. 내가 들은즉 거룩한 자가 말하더니 다른 거룩한 자가 그 말하는 자에게 묻되 이상에 나타난바 매일 드리는 제사와 망하게 하는 죄악에 대한 일과 성소와 백성이 내어준 바 되며 짓밟힐 일이 어느 때까지 이를꼬 하매.**" 두렵고 놀라운 말씀이다. 다니엘 7장은 작은 뿔 세력이 정치적으로 어떠한 일을 행할 것인가에 초점을 맞추고 있다. 다니엘 8장은 작은 뿔 세력이 영적으로 교회 안에서 어떠한 일을 행할 것인가에 초점을 맞추고 있다.

다니엘 7장에 등장하는 짐승들은 제국들의 강한 특성을 나타내는 사자, 곰, 표범 등 야수들이었다. 그러나 다니엘 8장에 등장하는 짐승들은 하나님의 성소에서 제물로 사용하는 짐승들인 양과 염소이다. 하나님께서는 하나님의 교회, 진리와 연관된 사건들을 다루었다는 사실을 표상으로 알려주시기 위하여 수양과 수염소를 사용하셨으며, 또한 교회 안에서 교황권이 행한 행적에 관한 역사를 예언해 주셨다. 교황권은 다음과 같은 오류들을 교회 안으로 가지고 들어옴으로써 "진리를 땅에 던지"는 일을 행하였다(12절).

❶ 교황권은 교회 안으로 영혼 불멸설을 들여오고 영원히 타는 지옥설을 들여왔다. 이것은 이교의 가르침이지 성경의 가르침이 결코 아니다. 그런 표현이 있지만 잘못된 이해이다. 성경은 한 번 불이 내려와서 악인들을 완전히 소멸해서 없앤다고 말하고 있다. 우리가 섬기는 하나님은 죽지도 못하게 영원히 지글지글 타는 모습을 보며 만족해 하는 그런 하나님이 아니시다.

❷ 교황권은 성경에도 없는 연옥설을 교회 안으로 들여와서 사람들이 두려움으로 하나님을 믿게 만들었다.

❸ 교황권은 신부제도를 들여와 각 개인이 예수께 직접 나아가는 것이 아니라 사람에게 가서 죄를 고하는 고해성사를 하도록 함으로써 성경 말씀보다 교회의 권위와 전통을 더 높여 왔다.

❹ 교황권은 성지 순례와 행함으로 공로를 쌓게 하는 잘못된 복음과 가르침을 교회에 들여왔다.

❺ 교황권은 미사와 고해성사 제도를 통하여 예수께서 하늘에서 진행 중에 계신 중요한 성소 봉사 사업에 대한 가르침을 짓밟아 버렸다.

❻ 이미 설명한 것처럼 교황권은 하나님의 계명인 둘째 계명을 없애고 넷째 계명을 변개시킴으로 하나님의 계명을 폐하였다.

이것이 바로 적그리스도이다. 중세기에 이러한 예언을 만족시키는 세력은 지구 역사에서 오직 한 세력밖에는 없는데 그것은 교황권이다.

2300일 예언과 성소 정결

단 8:13,14

"내가 들은즉 거룩한 자가 말하더니 다른 거룩한 자가 그 말하는 자에게 묻되 이상에 나타난바 매일 드리는 제사와 망하게 하는 죄악에 대한 일과 성소와 백성이 내어준 바 되며 짓밟힐 일이 어느 때까지 이를꼬 하매 그가 내게 이르되 이천삼백 주야까지니 그때에 성소가 정결하게 함을 입으리라 하였느니라."

가브리엘 천사가 다니엘 옆에 서서 이 계시를 주면서 설명하는 가브리엘 천사 자신의 마음 가운데 질문이 생겼다. 그래서 "한 거룩한 자"인 가브리엘이 "다른 거룩한 자"인 예수께 다음과 같은 의미의 질문을 하는 장면이 나타난다. "예수님, 십자가를 통해 생명을 주신 그 귀한 진리의 교회가 이 작은 뿔 세력에 의해서 이토록 처참하게 고통당하고 진리가 땅에 떨어져 짓밟히는데 언제까지 가만히 놓아 두실 것입니까?" 그때 예수께서 다니엘에게 다음과 같은 대답을 다니엘 8장 14절에 주셨다.

"그가 내게 이르되 이천삼백 주야까지니 그때에 성소가 정결하게 함을 입으리라 하였느니라." 이것은 무슨 뜻일까? 이 예언의 의미를 알기 위해서는 먼저 "성소가 정결"하게 된다는 말의 의미를 이해해야만 한다. 왜냐하면 성소가 정결케 될 것이라는 말씀은 2300주야(일) 예언과 매우 깊은 연관이 있기 때문이다. 14절을 영어 성경으로 살펴 보도록 하자. "And he said to him for 2300 evenings and mornings; then the sanctuary shall be restored to it's rightful state" (Revised Standard version). "2300 주야가 지나가면 그때에 성소가 원래의 상태로 회복된다"라는 의미이다. 구약 시대에 성소가 정결케 된다는 말은 곧 백성들에 대한 마지막 심판이 이루어짐을 의미하기 때문에 두 거룩한 자 즉 천사와 예수님과의 대화(13절)에서의 2300일 예언(14절)은 다음과 같은 뜻으로 이해할 수 있다. "이 작은 뿔이 자행하는 일들을 놓아 두라. 목적이 있고 시기가 있다. 2300일이 지나면 내가 모든 기록책들을 전부 펴고 심판할 것이다. 성소 안에 있는 기록책을 내가 전부 살피고 심판하고 깨끗이 도말할 것이다"라는 뜻이다. 이제부터 성소가 정결하게 된다는 말의 의미를 살펴보면 2300일 예언의 끝에 어떤 심판이 이루어지게 되는가를 알 수 있게 된다.

1) 성소가 정결케 된다는 의미

성소 정결은 구약 시대의 매년 말에 있었던 대속죄일의 정결 사업을 의미한다. 그날은 최종 심판의 날이다. "너희는 영원히 이 규례를 지킬지니라 칠월 곧 그 달 십일에 너희는 스스로 괴롭게 하고 아무 일도 하지 말되 본토인이든지 너희 중에 우거하는 객이든지 그리하라 이 날에 너희를 위하여 속죄하여 너희로 정결케 하리니 너희 모든 죄에서 너희가 여호와 앞에 정결하리라….지성소를 위하여 속죄하며 회막과 단을 위하여 속죄하고 또 제사장들과 백성의 회중을 위하여 속죄할지니 이는 너희의 영원히 지킬 규례라 이스라엘 자손의 모든 죄를 위하여 일 년 일차 속죄할 것이니라 아론이 여호와께서 모세에게 명하신 대로 행하니라"(레 16:29,30,33,34).

이스라엘 백성들은 일 년 내내 죄를 범할 때마다 회개해 왔다. 범죄했을 때마다 그들이 죽인 양이나 염소의 죽인 피를 제사장이 가지고 성소에 들어가서 휘장 앞에 뿌렸다. 그 피 속에는 회개한 자의 고백한 죄가 포함되어 있다고 상징적으로 예표되어 있었다. 이러한 과정을 거쳐서 범죄한 자의 고백한 죄는 성소로 옮겨지게 된다. 구약 시대의 죄가 용서받는 상징적 과정은 오늘날에도 적용된다. 우리의 죄를 고백하는 기도를 드리면 그 죄가 현재 하늘 성소에 계시는 대제사장 예수 그리스도께 상달되는데 예수께서는 십자가에서 어린양으로 흘리신 당신의 피를 근거로 우리의 죄를 사해 달라는 중보의 기도를 하나님께 드리신다.

연말이 되면 1년 동안 회개한 죄를 살피면서 그들이 진심으로 회개했는지를 조사하는 대속죄일의 심판이 이루어진다. 그날에 성소가 완전하게 정결케 되는 것이다. 일 년 내내 그들의 죄가 담긴 피를 가지고 성소에 들어가 뿌려져서 성소가 더럽혀졌는데, 그것은 무엇을 상징하는가? 그것은 우리가 기도할 때마다 죄의 기록이 하늘 성소에 올라가서 하늘의 죄 없는 곳을 더럽힌 것을 상징한다. 그러므로 성소가 정결케 되기 위해서는 매년 말에 있는 대속죄일에 죄인들이 고백한 죄들을 살핀 다음에 그 죄들을 영원히 완전하게 지워 버리는 과정이 있어야 한다. 이러한 과정이 대속죄일에 이루어지는 성소 정결이고 그것이 유대인들이 이해한 대속죄일의 성소 정결이었다.

그들이 아직도 버리지 않았거나 회개하지 않은 죄가 있는지 연말 마지막에 마음으로 살펴보게 하고 회개하는 시간을 준 것이 대속죄일이었다. 그래서 성경은 자기를 괴롭게 하라고 말하고 있는 것이다. "**너희는 스스로 괴롭게 하고**"(레 16:29). 마음을 깊이 살피면서 회개하는 경험을 자기를 괴롭게 하는 것으로 표현한 것이다. 그리고 최종적으로 하나님의 보좌 앞에 서서 그들이 정말로 진실되게 회개한 자들인지를 심판받게 된다. 그래서 유대인들에게 있어서 그날은 심판의 날이요, 인침을 받는 날이 되었다.

성소 정결은 회개하는 하나님의 백성들을 그들의 죄에서 최종적으로 정결케 씻는 일만 하는 것이 아니다. 대속죄일은 성소 그 건물 자체를 정결케 하는 날이다. 구약 시대에 지상 성소가 일 년에 한 번씩 정결케 된 것처럼, 하늘 성소도 정결케 되어야 한다고 말하면 다음과 같은 질문이 나온다. "거룩하고 깨끗한 하늘 성소를 왜 정결케 할 필요가 있습니까?" 하나님께서 구약 시대에 주신 지상 성소의 제도는 하늘 성소에서 어떠한 일이 일어나는지에 대한 예표와 상징이다. 그래서 이 땅에 있는 성소를 정결케 하는 것은 하늘 성소를 정결케 한다는 설명과 표상인 것이다. 날마다 죄인들이 회개할 때마다 용서를 위하여 죽임을 당한 양과 염소들의 피가 흘려졌으며 그 피 속에 죄를 범한 자의 죄가 담겨져 있다고 상징되었다. 제사장은 죄가 전가된 양과 염소의 피를 가지고 날마다 성소 안으로 가져가 휘장 앞에 뿌리지 않았는가! 그러므로 지상 성소는 죄인들의 죄들이 담겨져 있는 피로 인하여 더럽혀져 버렸다.

이와 마찬가지로 지금 하늘의 성소에서도 우리의 죄의 고백들을 기록한 책들로 하늘 성소가 더럽혀져 있는 것이다. 하늘에 죄에 대한 기록이 있고 그 죄에 대한 심판(재판)과 조사하는 일들이 있어야 한다. 그 죄들을 도말하여 정결케 하는 일이 필요한 것이다. 믿는 자들은 심판에 이르지 않는다는 말씀을 가지고 의아해 하는 자들이 있을 것이다. 그러나 믿는 자들이 심판에 이르지 않는다는 뜻은 정죄함에 이르지 않는다는 뜻이다. 성경은 의인과 악인이 다 심판을 통과한다고 가르치고 있다.

2) 심판의 시간

지금은 하늘 성소를 더럽힌 우리의 죄들이 심판받고 있는 대속죄일의 시간이다. 우리의 회개가 진실된 회개였는지의 여부가 심판을 통하여 밝혀지게 된다. 죄에 대한 심판 없이는 아무도 구원에 들어갈 수 없다고 성경은 말하고 있다. 하나님께서는 우리를 구원하시기 전에 온 우주 앞에 우리가 구원 받기에 합당하다는 사실을 증명하여 보여주셔야 한다. 그것이 공정하지 않은가! 이 세상의 법정이 피고인의 죄의 유무를 확정 짓기 전에 공정하게 심리하고 재판하는 것처럼, 하늘 법정도 죄인을 구원하거나 멸망시키기로 확정하기 전에 죄인의 죄를 공정하게 심판해야 하는 것이다. 하늘 법정은 마귀의 고소가 잘못되었다는 사실이 증명된 후에야 끝날 것이다. 하나님께서는 적당히 구원하지 않으신다. 믿는다고 말하는 자들을 적당하게 구원하여 하늘로 데려갈 것이라면 왜 하나님의 아들이 십자가에서 죽음을 당함으로써 죄의 대가를 지불해야만 했는가! 고소하는 마귀의 눈이 있다. 심판의 과정과 결과에 대해서 온 우주가 동의하고 인정해야만 한다. 하나님은 사랑이시며 합리적인 분이시다. 공의로운 분이시다. 하나님의 심판은 언제나 공평하고 공개적이다. 아무도 모르게 비밀리에 진행하지 않으신다.

그러므로 주님께서는 우리를 회개시키시고 우리를 위하여 중보하시고 우리의 양심에 호소하시는 성령을 주시고 또한 우리가 회개하여 정결케 될 때까지 은혜의 시간을 연장하여 주시고 있지 않은가! 정말로 주님의 은혜에 감사해야 한다. 주께서는 우리에게 빛을 주시고, 성령으로 감동하여 회개케 하려고 애쓰시면서 하늘 성소에서 대제사장으로 봉사하고 계신다. 하늘 성소에서 예수 그리스도께서 하시는 봉사로 인하여 우리의 죄가 용서함을 받고 우리의 마음과 생애가 변화되었기 때문에 하늘에서 영원토록 살 수 있는 자격이 있다는 사실을 온 우주 앞에 선언하시는 것이다.

"자, 하늘 성소에 있는 기록책들을 보아라. 이 사람들이 진심으로 회개했고 죄를 버리지 않았느냐? 나에게 순종하는 사람으로 변화되었다. 이 사람들은 천사들과 함께 영원히 살 자격이 있다"라고 마귀와 우주 앞에 공개하신 다음에 예수께서 권한을 가지고 인간을 구원하시는 것이다. 그저 슬쩍 구원하실 수가 없는 것이다. 하나님의 법을 어긴 인류를 에덴동산에서 내어 쫓으실 때는 언제고 이제는 변화되지 않고 순종하지 않는 자를 그냥 구원해 가신다면 이것은 너무나 불공정하고 불합리한 것이다. 주님의 명령에 불순종한 자들은 죽을 수밖에 없는 것처럼, 주의 말씀에 순종하는 품성을 가진 자들과 죄의 정결을 받은 자들만이 구원받아 영원히 살 수 있는 것이 합당한 구원이 아니겠는가!

"이천삼백 주야까지니 그때에 성소가 정결하게 함을 입으리라"(단 8:14). 이 말씀 속에는 "2300일의 끝에 시작되는 마지막 때에 성소를 정결케 하시는 사업, 즉 심판하는 일을 할 것이므로 절대 염려하지 말아라. 모든 것을 온 천하에 드러낼 때가 온다"는 의미가 담겨져 있다. 이 세상 모든 역사의 일들이 드러난다. 특별히 작은 뿔의 세력이 하늘 성소와 교회와 진리를 더럽힌 일들을 모두 드러내어서 심판하실 것이다. 2300일까지니 그 후에 심판을 통하여 성소가 정결케 될 것이다. 2300일의 기간이 끝나는 시간이 오면 그때에는 죄에 대한 모든 기록을 살피시고 죄를 지우고 도말한 후에 세상 역사를 끝내신다는 것이다.

그러면 그 죄의 기록을 살피는 심판(재판)은 언제부터 시작될 것인가? 2300일이 지난 다음에 언제부터 모든 인류들을 죽은 자에게서부터 산 자에 이르기까지 그 책들을 펴며 심판하실까? 이 흥미 있는 예언은 성경 중 가장 긴 기간에 대한 예언인데 다니엘 9장을 연구할 때에 공부할 것이다. 마귀 앞에서 의인들을 하늘로 데려가실 수 있는 이유를 증거해 보이신 다음에 "자, 그러므로 마귀야, 내가 이들을 구원할 수 있지 않느냐!" 라고 우주와 천사들 앞에서 설명하시는 것이 2300주야의 끝부터 시작되는 심판이다. 다니엘 7장에 나오는 하늘에서의 심판 장면은 우리에게 심판에 대한 보다 구체적인 이해를 가져다 준다.

"내가 보았는데 왕좌가 놓이고 옛적부터 항상 계신 이가 좌정하셨는데 그 옷은 희기가 눈 같고 그 머리털은 깨끗한 양의 털 같고 그 보좌는 불꽃이요 그 바퀴는 붙는 불이며 불이 강처럼 흘러 그 앞에서 나오며 그에게 수종하는 자는 천천이요 그 앞에 시위한 자는 만만이며 심판을 베푸는데 책들이 펴 놓

였더라"(단 7:9,10). 책들이 펴 놓여 있다. 생명책과 죄의 책이 펴 놓여 있다. 다니엘 7장에 나오는 장면은 예수께서 재림하기 전에 하늘의 수많은 천사들 앞에서 책들을 펼쳐 놓고 죄의 기록을 살피는 심판의 장면인데, 다니엘 8장에서는 그것이 언제 시작될 것인가에 관한 예언을 주신 것이다.

단 8:15~27

"나 다니엘이 이 이상을 보고 그 뜻을 알고자 할 때에 사람 모양 같은 것이 내 앞에 섰고 내가 들은즉 을래 강 두 언덕 사이에서 사람의 목소리가 있어 외쳐 이르되 가브리엘아 이 이상을 이 사람에게 깨닫게 하라 하더니 그가 나의 선 곳으로 나아왔는데 그 나아올 때에 내가 두려워서 얼굴을 땅에 대고 엎드리매 그가 내게 이르되 인자야 깨달아 알라 이 이상은 정한 때 끝에 관한 것이니라 그가 내게 말할 때에 내가 얼굴을 땅에 대고 엎드리어 깊이 잠들매 그가 나를 어루만져서 일으켜 세우며 가로되 진노하시는 때가 마친 후에 될 일을 내가 네게 알게 하리니 이 이상은 정한 때 끝에 관한 일임이니라 네가 본바 두 뿔 가진 수양은 곧 메대와 바사 왕들이요 털이 많은 수염소는 곧 헬라 왕이요 두 눈 사이에 있는 큰 뿔은 곧 그 첫째 왕이요 이 뿔이 꺾이고 그 대신에 네 뿔이 났은즉 그 나라 가운데서 네 나라가 일어나되 그 권세만 못하리라 이 네 나라 마지막 때에 패역자들이 가득할 즈음에 한 왕이 일어나리니 그 얼굴은 엄장하며 궤휼에 능하며 그 권세가 강할 것이나 자기의 힘으로 말미암은 것이 아니며 그가 장차 비상하게 파괴를 행하고 자의로 행하여 형통하며 강한 자들과 거룩한 백성을 멸하리라 그가 꾀를 베풀어 제 손으로 궤휼을 이루고 마음에 스스로 큰 체하며 또 평화한 때에 많은 무리를 멸하며 또 스스로 서서 만왕의 왕을 대적할 것이나 그가 사람의 손을 말미암지 않고 깨어지리라 이미 말한바 주야에 대한 이상이 확실하니 너는 그 이상을 간수하라 이는 여러 날 후의 일임이니라 이에 나 다니엘이 혼절하여 수일을 앓다가 일어나서 왕의 일을 보았느니라 내가 그 이상을 인하여 놀랐고 그 뜻을 깨닫는 사람도 없었느니라."

다니엘 8장 예언은 다니엘이 살던 시대에는 이해할 수 없었다. 다니엘은 이 계시가 너무도 중요하다는 것을 알았지만 그 의미를 이해하지 못했을 때 그만 기절해버리고 말았다. 하나님께서 사단 루스벨이 타락한 이후에 천사장이 된 가브리엘 천사에게 다니엘이 이 계시를 깨달아 알 수 있도록 도와 주라고 말씀하셨다. 그러나 다니엘은 가브리엘 천사의 영광을 보고 죽은 듯이 되어 버렸다. 예수께서 오실 때 천천만만의 천사들의 영광을 가지고 오신다고 했다. 그때에 우리가 그 영광 앞에 거룩하지 않은 채로 어떻게 설 수 있겠는가? 죄를 회개하지 않은 채로 어떻게 서겠는가? 거룩한 양심과 품성을 가지지 않고 어떻게 설 수 있겠는가?

다니엘은 8장 10~13절까지 중세기 동안 작은 뿔에 의해서 자행되는 온갖 죄악과 배도를 보았다. 그것을 보고 너무나 기가 막혀서 어려워하고 있을 때에 천사가 예수님께 "성소와 백성이 내어준 바 되며 짓밟힐 일이 어느 때까지 이를꼬"라고 질문했을 때 예수께서 2300일 예언의 끝이 되어야 성소가 정결하게 되는 심판 사업이 시작될 것이라고 말씀해 주시는 것을 들었다. 그러나 그 의미를 이해하지 못한 다니엘이 다시 그 뜻을 알고자 하자 천사는 "정한 때에 끝"에 관한 일 즉, 2300일로 정해진 기간의 끝이 되어야 심판이 시작하게 될 것이라고 반복하여 설명했지만 다니엘은 이해하지 못했다. "**그가 내게 이르되 인자야 깨달아 알라 이 이상은 정한 때 끝에 관한 것이니라**"(17절). 교황권의 죄악과 배도는 2300일 예언이 끝마쳐지고 마지막 시대의 심판이 시작되고 주님께서 재강림하셔서 작은 뿔을 멸망시키는 세상 끝날까지 계속될 것이다. 성경의 예언은 구약과 신약이 완전한 조화를 이루고 있다. 사도 바울이 이미 A.D 60년경에 교황권에 대해서 이렇게 예언해 두었다.

살후 2:2,3, "혹 영으로나 혹 말로나 혹 우리에게서 받았다 하는 편지로나 주의 날이 이르렀다고 쉬 동심하거나 두려워하거나 하지 아니할 그것이라 누가 아무렇게 하여도 너희가 미혹하지 말라 먼저 배도하는 일이 있고 저 불법의 사람 곧 멸망의 아들이 나타나기 전에는 이르지 아니하리니."

사도 바울은 예수께서 오시기 전에 기독교회가 "불법의 사람 곧 멸망의 아들"에 의하여 진리에서 떠나는 일이 먼저 있을 것이라고 설명하고 있다. 데살로니가 2장 4절에서 바울은 다니엘 7장과 8장에 기록되어 있는 작은 뿔을 연상시킬 수 있는 표현들을 사용하여 "불법의 사람"을 설명하였다.

살후 2:4~7, "저는 대적하는 자라 범사에 일컫는 하나님이나 숭배함을 받는 자 위에 뛰어나 자존하여 하나님 성전에 앉아 자기를 보여 하나님이라 하느니라 내가 너희와 함께 있을 때에 이 일을 너희에게 말한 것을 기억하지 못하느냐 저로 하여금 저의 때에 나타나게 하려 하여 막는 것을 지금도 너희가 아나니 불법의 비밀이 이미 활동하였으나 지금 막는 자가 있어 그 중에서 옮길 때까지 하리라."

이미 바울의 시대부터 교회를 배도로 이끄는 교황권의 정신이 교회에 스며들기 시작했지만 교회가 더 자리를 잡고 뿌리를 내리게 하기 위해서 주님께서 막으셨다는 뜻이다.

살후 2:8, "그때에 불법한 자가 나타나리니 주 예수께서 그 입의 기운으로 저를 죽이시고 강림하여 나타나심으로 폐하시리라."

사도 바울 역시 교황권은 재림 때까지 그 세력이 유지될 것이라는 사실을 신약 성경에 기록해 두었다.

살후 2:9,10, "악한 자의 임함은 사단의 역사를 따라 모든 능력과 표적과 거짓 기적과 불의의 모든 속임으로 멸망하는 자들에게 임하리니 이는 저희가 진리의 사랑을 받지 아니하여 구원함을 얻지 못함이니라."

우리가 믿어야 하는 것은 눈에 보이는 기적과 현상이 아니다. 교회나 교단의 권위도 아니고 높은 교회 건물도 아니다. 진리의 성경 말씀 위에 믿음의 기초를 두는 사람만이 구원을 받게 될 것이다.

살후 2:11,12, "이러므로 하나님이 유혹을 저의 가운데 역사하게 하사 거짓 것을 믿게 하심은 진리를 믿지 않고 불의를 좋아하는 모든 자로 심판을 받게 하려 하심이니라."

거짓을 믿는 것은 마음 가운데 진리를 모르는 것이 드러나는 것이다. 진리를 연구하라. 예언을 올바로 이해하라. 성경을 매일 연구하라. 오늘날 거짓 가르침이 교회 안에서 판을 치고 있다.

바울은 "불법의 사람 곧 멸망의 아들"의 세력이 교회 안에 앉아 자기를 하나님이라고 부른다고 했다. 지금 하늘에서 심판이 진행 중이다. 온 하늘은 우리의 생애를 지켜 보고 있다. 우리는 어떠한 생활을 살고 있는가? 예수께서 우리의 마음 가운데 계시는가? 마귀가 우리의 죄를 지적하면서 고소할 때 주님께서 우리를 위하여 의로운 변호를 할 수 있는 삶을 우리는 살고 있는가? 이 세상에 잘못된 가르침이 많이 있다. 구원에 대한 이해가 잘못 되어서 엉터리로 믿는 사람들이 많다.

대개 거짓 복음을 받아들인 사람들은 자신이 직접 성경을 연구하고 이해한 경험이 없다. 진리를 사랑하지 않고 눈에 보이는 기적과 교회 지도자와 같은 다른 사람들의 이야기만 듣고 신앙을 하기 때문에 속임을 당하게 된다. 그런 사람들은 아무 생각 없이 믿다가 나중에 멸망 당할 때 얼마나 억울하겠는가! 성경대로 믿어야 한다. 주님께서 구원하시는 방법대로 믿어야 한다.

진심으로 회개한 자는 죄를 버리고 승리하게 되어 있다. 주께서 마음 가운데 거하시고 성령이 거하시는 자는 거룩한 열매를 맺게 되어 있고 주의 계명을 순종하게 되어 있다.

　주님께서 마귀와 온 천사 앞에서 공개 심판하실 때 이 죄인이 이렇게 나를 믿고 내 피를 의지하여 회개하고 이렇게 정결케 되어 나를 순종하는 자로 변화되었으니 내가 이 사람을 데리고 하늘에 가서 영원히 살게 하겠다는 강력한 변호를 우리를 위해 하실 수가 있겠는가? 그러나 우리의 생애가 아직도 세상의 죄를 사랑하고, 하나님의 법을 어기는 삶을 살고 있다면, 예수께서 어떻게 우리를 변호하실 수가 있겠는가! 성소의 정결 사업이 지금 진행 중에 있다. 하늘 성소의 정결 사업은 우리 마음의 성전 정결 사업과 동시에 진행된다. 마음의 성전이 정결해야 하늘 성소가 정결하게 된다. 하나님은 강요하시는 분이 아니시다. 하늘 성소를 정결케 하시고 우리 죄의 기록을 살펴보실 때 우리 마음속에 있는 죄가 모두 회개되고 버려졌는지 살피신다. 주의 영께서 날마다 우리의 삶과 양심 속에서 죄를 버리라고 호소하실 때 그분의 음성을 따르는 삶이 정결한 삶이다.

성경에서 가장 긴 예언 | 제9장

The Longest Prophecy in The Bible

다니엘서 제 9 장

성경에서 가장 긴 예언

다니엘 8장에서 배운 2300일 예언의 간단한 복습

성경에서 가장 긴 예언이 기록되어 있는 장이 다니엘 9장이다. 그것은 2300주야(일)에 대한 예언인데, 성경에서 기간을 상징하는 예언에서 1일은 실제에 있어서 1년으로 환산된다. 우리는 에스겔 4장 6절에서 기간적 예언을 푸는 열쇠를 발견할 수 있다. "**내가 네게 사십일을 정하였나니 일일이 일년이니라.**" 민수기 14장 34절에도 동일한 원칙이 반복되고 있다. "**사십일의 하루를 일년으로 환산하여.**" 그러므로 2300일이라는 예언적 기간은 실제에 있어서 2300년으로 환산되어야 한다.

2300주야 예언은 다니엘 8장 14절에 처음 등장한다. 다니엘 8장에서 배웠던 것처럼, 작은 뿔 세력인 교황권의 횡포에 대한 예언 후에 하늘에서 하나님과 한 거룩한 천사 사이에 나누어지는 대화가 나오고 곧 이어서 2300일 예언이 등장했다. "내가 들은즉 거룩한 자가 말하더니 다른 거룩한 자가 그 말하는 자에게 묻되 이상에 나타난바 매일 드리는 제사와 망하게 하는 죄악에 대한 일과 성소와 백성이 내어 준바 되며 짓밟힐 일이 어느 때까지 이를꼬 하매 그가 내게 이르되 이천삼백 주야까지니 그때에 성소가 정결하게 함을 입으리라 하였느니라"(단 8:13,14). 이렇게 해서 시작된 2300일 예언은 9장에 가서 그 자세한 설명이 나온다.

작은 뿔의 배도와 2300일 예언이 연결되어 있는 문맥으로 보아서 2300일에 대한 예언은 교황권 세력이 하나님의 구원의 도를 설명해 주는 성소 제도의 진리를 짓밟는 일과 분명한 관계가 있는 것을 알 수 있다. 한 천사가 물었다. 언제 이 성소가 정결케 되겠습니까? 과연 언제나 하나님께서 이 교황권의 횡포를 심판하여 성도를 신원하여 주시겠습니까? 언제까지 하나님께서 가만히 있으시겠습니까? 다니엘 7장에도 이미 교황권의 활동에 대해서 하나님께서 심판하시어 성도들의 한을 풀어 주는 내용이 기록되어 있다.

"내가 본즉 이 뿔이 성도들과 더불어 싸워 이기었더니 옛적부터 항상 계신 자가 와서 지극히 높으신 자의 성도를 위하여 신원하셨고 때가 이르매 성도가 나라를 얻었더라."(단 7:21,22) 신원하신다는 뜻은 심판하여 변호하여서 성도들의 소원과 원한을 풀어주신다는 뜻이다. 7장에서 성도들을 위하여 변호하고 심판하여 주시겠다는 말씀이 8장에 와서는 더 자세한 내용으로 기록되어 있고, 그 심판해 주실 시간에 대하여서 알려 주신 것이 2300일 예언이다. 그 시간이 바로 2300일에 대한 예언, 곧 성경 예언 기간에 대한 해석 원칙에 의하여 2300년에 대한 예언인 것이다.

성소 정결과 심판

2300일 예언의 초점은 "성소가 정결하게 함을 입으리라"는 데에 있다. 성소가 정결해진다는 의미가 과연 무엇일까? 다니엘 8장에서 이미 공부했지만 여기서 다시 한 번 살펴보도록 하자. 성소가 정결해진다는 표현은 구약 시대에 유대인들이 성소 제도에서 사용하고 있는 의미를 살펴보아야만 그 뜻을 이해할 수 있게 된다. 성소가 정결케 된다는 의미는 대속죄일이 시작된다는 뜻이다. 하나님께서 백성들의 모든 죄를 심판하시고 도말하여 없애심으로 성소에 있는 모든 죄들을 씻어 정결케 하신다는 뜻이다. 죄 지은 사람을 용서한 다음에 다시는 그 사람이 죄를 짓지 않도록 완전히 죄를 도말해서 없애 버리는 것을 의미한다. 구원의 경험의 결말이다.

일 년 내내 고백한 죄악들이 양의 피에 내포되어 성소 안에 뿌려져 왔다. 그래서 성소는 백성들의 고백한 죄들로 더럽혀져 온 것이다. 그래서 하나님께서는 일 년 끝에 대속죄일을 제정하셔서 모는 자들로 하여금 자기의 죄를 다시 살피고, 정말로 자기가 죄들을 회개하고 버렸는지를 곰곰이 생각해 보라고 하셨다. 그러므로 그날에는 하나님께서 믿는 자들의 생애를 하나씩 검토하시어 심판하시고 그들의 죄를 영원히 도말하여 버리심으로 인을 쳐주시는 날이었다. 구약 시대에 대속죄일은 심판의 날이었다.

성경 시대에 대속죄일은 심판의 날, 인침 받는 날로 여겨져 왔다. 대속죄일의 의식은 신자들의 죄의 고백이 하늘 성소에 기록되어 있다가 하나님께서 대속죄일에 그 죄들을 말끔히 씻어 도말해 버리실 것을 상징해 주는 의식이었다. 그런데 하나님께서 그 죄들을 없애시기 전에 믿는 자들의 생애를 살펴보시는 심판이 먼저 선제되어야 하는 것이다. 그래서 대속죄일은 심판의 날이 되는 것이다. 그때에 성소가 모든 죄들로부터 드디어 정결케 되는 것이었다. 이것이 성소 정결에 대한 성서적 이해이다. 이제 우리는 다니엘 8장 14절의 완전한 의미를 이해할 수 있다. "**2300주야(2300년)까지니 그때에 성소가 정결하게 함을 입으리라**" 다시 말하자면, 그때에 가서 교황권의 배도의 역사를 심판해 줄 것이고, 그 세력에 억울하게 핍박당한 성도들은 물론 그 외의 모든 믿는 자들을 변호하시어 모든 죄들을 도말하여 주시겠다는 선포이다.

레위기서 16장 16절은 대속죄일의 성소 정결 사업에 대하여 다음과 같이 설명해 주고 있다. "**곧 이스라엘 자손의 부정과 그 범한 모든 죄를 인하여 지성소를 위하여 속죄하고 또 그들의 부정한 중에 있는 회막을 위하여 그같이 할 것이요.**" 흥미 있는 것은, 성경은 대속죄일 날에는 백성들 자체보다는 백성들의 죄 때문에 더럽혀진 성소를 정결케 한다고 말씀하고 있다는 사실이다. 왜냐하면 성소 자체가 고백된 죄의 기록들 때문에 더럽혀져 있기 때문이다. 그러므로 그러한 죄들을 심판하여 영원히 도말하여 버림으로써 성소를 죄의 모든 기록들로부터 말끔히 씻어 버리는 정결사업이 필요하게 된 것이다.

그래서 레위기 16장 29, 30절은 대속죄일에 대해서 다음과 같이 말씀하고 있다. "너희는 영원히 이 규례를 지킬지니라 칠월 곧 그 달 십일에 너희는 스스로 괴롭게 하고 아무 일도 하지 말되 본토인이든지 너희 중에 우거하는 객이든지 그리하라 이 날에 너희를 위하여 속죄하여 너희로 정결케 하리니 너희 모든 죄에서 너희가 여호와 앞에 정결하리라." 그러므로 2300년이라는 기간이 끝마쳐진 후에는 하나님께서 하늘 성소에서 드디어 심판을 시작하심으로써 성소와 성도들을 정결케 하시는 일이 시작될 것이라는 것이 바로 이 2300주야 예언이다.

다니엘의 기도

그런데 2300년의 예언은 언제 시작되는가? 그 시작되는 시점만 알면 언제부터 심판이 하늘 성소에서 시작되는지 이해할 수 있다. 다니엘 9장은 예루살렘을 중건하라는 명령이 날 때부터 시작하여 2300년이 지난 후부터라고 말씀하고 있다. 예루살렘 성이 멸망한 다음 유대인들이 바벨론에 포로로 잡혀가 있을 때 하나님께서는 다니엘에게 이 예언을 주시면서 예루살렘 성을 중건하라는 명령이 생기게 될 것이라고 말씀하시는 것이었다. "**너희가 돌아가서 이 예루살렘 성을 다시 재건축하라**"는 명령이 내리는 그 시간부터 2300년이 지날 것이라고 말씀하시는 것이다. 다니엘 9장의 대부분은 다니엘의 기도이다. 그가 예레미야서를 연구하다가 유대 나라가 다시 회복되어 돌아가게 되는 70년의 예언이 거의 끝나가는데도 아직 돌아가지 못하고 있는 것을 보고 한탄하였다. 그리하여 그들의 죄를 고백하며 기도하는 장면이 9장의 거의 대부분이다.

단 9:1,2

"메대 족속 아하수에로의 아들 다리오가 갈대아 나라 왕으로 세움을 입던 원년 곧 그 통치 원년에 나 다니엘이 서책으로 말미암아 여호와의 말씀이 선지자 예레미야에게 임하여 고하신 그 연수를 깨달았나니 곧 예루살렘의 황무함이 칠십 년 만에 마치리라 하신 것이니라."

다니엘은 바벨론 왕 때에도 국무총리였는데 그 정권이 바뀌고 메대 페르시아 왕권이 들어섰는데도 여전히 정부에서 일하고 있다. 왜냐하면 그의 진실함을 그들이 알기 때문이었다.

단 9:3~6

"내가 금식하며 베옷을 입고 재를 무릅쓰고 주 하나님께 기도하며 간구하기를 결심하고 내 하나님 여호와께 기도하며 자복하여 이르기를 크시고 두려워할 주 하나님, 주를 사랑하고 주의 계명을 지키는 자를 위하여 언약을 지키시고 그에게 인자를 베푸시는 자시여 우리는 이미 범죄하여 패역하며 행악하며 반역하여 주의 법도와 규례를 떠났사오며 우리가 또 주의 종 선지자들이 주의 이름으로 우리의 열왕과 우리의 방백과 열조와 온 국민에게 말씀한 것을 듣지 아니하였나이다."

다니엘은 "저 백성들이 범죄했습니다"라고 기도하지 않고 자기를 포함해서 "우리가 범죄했습니다"라고 금식하며 겸손하게 기도하였다. 이때 하나님께서 2300일 예언을 깨닫게 해 주신 것이다. 8장에서는 그가 이 예언을 이해하지 못하고 기절했었다.

단 9:7

"주여 공의는 주께로 돌아가고 수욕은 우리 얼굴로 돌아옴이 오늘날과 같아서 유다 사람들과 예루살렘 거민들과 이스라엘이 가까운 데 있는 자나 먼 데 있는 자가 다 주께서 쫓아 보내신 각국에서 수욕을 입었사오니 이는 그들이 주께 죄를 범하였음이니이다."

우리가 이 땅에서 어려움과 시련을 받는 것은 우리의 죄 때문이다. 주님께서는 우리를 시험하지 않으시지만 마귀가 시험한다.

단 9:8~19

"주여 수욕이 우리에게 돌아오고 우리의 열왕과 우리의 방백과 열조에게 돌아온 것은 우리가 주께 범죄하였음이니이다 마는 주 우리 하나님께는 긍휼과 사유하심이 있사오니 이는 우리가 주께 패역하였음이오며 우리 하나님 여호와의 목소리를 청종치 아니하며 여호와께서 그 종 선지자들에게 부탁하여 우리 앞에 세우신 율법을 행치 아니하였음이니이다 온 이스라엘이 주의 율법을 범하고 치우쳐 가서 주의 목소리를 청종치 아니하였으므로 이 저주가 우리에게 내렸으되 곧 하나님의 종 모세의 율법 가운데 기록된 맹세대로 되었사오니 이는 우리가 주께 범죄하였음이니이다 주께서 큰 재앙을 우리에게 내리사 우리와 및 우리를 재판하던 재판관을 쳐서 하신 말씀을 이루셨사오니 온 천하에 예루살렘에 임한 일 같은 것이 없나이다 모세의 율법에 기록된 대로 이 모든 재앙이 이미 우리에게 임하였사오나 우리는 우리의 죄악을 떠나고 주의 진리를 깨닫도록 우리 하나님 여호와의 은총을 간구치 아니하였나이다 이러므로 여호와께서 이 재앙을 간직하여 두셨다가 우리에게 임하게 하셨사오니 우리의 하나님 여호와는 행하시는 모든 일이 공의로우시나 우리가 그 목소리를 청종치 아니하였음이니이다 강한 손으로 주의 백성을 애굽 땅에서 인도하여 내시고 오늘과 같이 명성을 얻으신 우리 주 하나님이여 우리가 범죄하였고 악을 행하였나이다 주여 내가 구하옵나니 주는 주의 공의를 좇으사 주의 분노를 주의 성 예루살렘, 주의 거룩한 산에서 떠나게 하옵소서 이는 우리의 죄와 우리의 열조의 죄악을 인하여 예루살렘과 주의 백성이 사면에 있는 자에게 수욕을 받음이니이다 그러하온즉 우리 하나님이여 지금 주의 종의 기도와 간구를 들으시고 주를 위하여 주의 얼굴 빛을 주의 황폐한 성소에 비취시옵소서 나의 하나님이여 귀를 기울여 들으시며 눈을 떠서 우리의 황폐된 상황과 주의 이름으로 일컫는 성을 보옵소서 우리가 주의 앞에 간구하옵는 것은 우리의 의를 의지하여 하는 것이 아니요 주의 큰 긍휼을 의지하여 함이오니 주여 들으소서 주여 용서하소서 주여 들으시고 행하소서 지체치 마옵소서 나의 하나님이여 주 자신을 위하여 하시옵소서 이는 주의 성과 주의 백성이 주의 이름으로 일컫는 바 됨이니이다."

얼마나 간절하며 눈물겨운 기도인가!

단 9:20~22

"내가 이같이 말하여 기도하며 내 죄와 및 내 백성 이스라엘의 죄를 자복하고 내 하나님의 거룩한 산을 위하여 내 하나님 여호와 앞에 간구할 때 곧 내가 말하여 기도할 때에 이전 이상 중에 본 그 사람 가브리엘이 빨리 날아서 저녁 제사를 드릴 때 즈음에 내게 이르더니 내게 가르치며 내게 말하여 가로되 다니엘아 내가 이제 네게 지혜와 총명을 주려고 나왔나니."

2300일 예언의 시작 기간인 70이레(주일) 예언

다니엘이 기도할 때, 유대인들에게 다시 은혜의 기간을 70이레(70주일 =70x7일=490일)동안 줄 것을 말씀해 주었는데 그것이 2300일 예언의 시작점이다.

단 9:23~25

"곧 네가 기도를 시작할 즈음에 명령이 내렸으므로 이제 네게 고하러 왔느니라 너는 크게 은총을 입은 자라 그런즉 너는 이 일을 생각하고 그 이상을 깨달을지니라 네 백성과 네 거룩한 성을 위하여 칠십 이레로 기한을 정하였나니 허물이 마치며 죄가 끝나며 죄악이 영속되며 영원한 의가 드러나며 이상과 예언이 응하며 또 지극히 거룩한 자가 기름부음을 받으리라 그러므로 너는 깨달아 알지니라 예루살렘을 중건하라는 영이 날 때부터 기름부음을 받은 자 곧 왕이 일어나기까지 일곱 이레와 육십이 이레가 지날 것이요 그때 곤란한 동안에 성이 중건되어 거리와 해자가 이룰 것이며."

그리스도의 초림과
유대 민족의 마지막 유예 기간을 가리키는 70주일 예언

구약에 나타난 유대 민족의 역사는 반역과 불순종의 역사이다. 하나님께서는 40년 동안의 광야 생활과 70년 동안의 바벨론 포로 생활 등과 같은 고난을 통하여 유대 민족이 하나님의 선민처럼 살기를 고대하였지만, 그들은 불순종의 길을 떠나지 않았다. 이러한 때에 드디어 하나님께서는 이스라엘에게 마지막 유예 기간을 주시는 것이 다니엘 9장에 나오는 70주일(이레) 예언이다.

하나님께서는 이 중요한 예언을 가브리엘 천사를 통하여 다니엘 선지자에게 전달하셨다. "네(다니엘) 백성과 네 거룩한 성을 위하여 70이레(주일)로 기한을 정하였나니"(단 9:24). 이 70주일 예언은 70년간의 바벨론 포로 생활에서 귀환한 유대인들에게 다시 한 번 주어진 마지막 은혜 기간이다. 이 예언적 기간 동안 유대인들은 메시야의 오심을 위하여 잘 준비해야만 하였다. 이 예언의 의미를 이해하기 위해서는 먼저 70주일이라는 암호를 풀어야만 하는데, 기간적인 예언을 해석할 때를 대비해서 하나님께서는 그것을 풀 수 있는 암호 해독법을 성경에 기록해 두셨다. "1일은 1년이니라"(겔 4:6, 민 14:34). 건축기사들이 1미터를 1센티미터로 환산하여 축소 도면을 그리는 것처럼, 하나님께서 주신 기간적 예언을 해석할 때에도 그분께서 지정하신 이 특별한 계산 원칙을 따라야 한다.

그러므로 70주일은 490일(70주일x7일)이고, 이것은 기간적 예언의 계산 원칙에 의거하여 490년이 된다. 그런데 490년이 시작되는 시점은 언제인가? 계속되는 가브리엘 천사의 설명을 들어 보도록 하자. "**그러므로 너는 깨달아 알지니라 예루살렘 성을 중건하라는 영이 날 때부터 기름부음을 받은 자 곧 왕 곧 메시야가 일어나기까지 일곱 이레(7주)와 육십이 이레(62주)가 지날 것이요, 그때 곤란한 동안에 성이 중건되어 거리와 해자가 이룰 것이요**"(단 9:25). 자, 이제 모든 것이 분명해졌다. 70주일 즉, 490년의 시작점은 예루살렘 성을 중건하라는 명령이 내려질 때이며, 그때부터 시작해서 7주일과 62주일 즉, 69주일(69 x 7=483일, 즉 483년)이 지나면, 기름부음을 받은 자 곧, 메시야가 나타날 것이라는 것이 가브리엘 천사의 설명이다.

70주일 예언이 2300일 예언에 속하였다는 3가지 증거

한 가지 알고 지나가야 할 것이 있다. 다니엘 8장에 2300일 예언이 나오는데 어떻게 9장에 나오는 유대인을 위한 은혜의 기간인 490년의 예언 기간이 2300주야 예언과 연결되고 그것에 속한 예언인지를 이해하는 일이 필요하다.

❶ 다니엘 8장에서 다니엘은 2300년에 대한 이상을 본 후에 이해하지 못하고 기절하였었다. 그래서 하나님께서는 그 중요한 계시를 다니엘에게 이해시키시려고 가브리엘 천사를 파송해 주신 것이다. 여기에서 우리는 중요한 힌트를 발견하게 된다. "곧 내가 말하여 기도할 때에 이전 이상 중에 본 이 사람 가브리엘이 빨리 날아서 저녁 제사를 드릴 때 즈음에 내게 이르더니 내게 가르치며 내게 말하여 가로되 다니엘아 내가 이제 네게 지혜와 총명을 주려고 나왔나니 곧 네가 기도를 시작할 즈음에 명령이 내렸음으로 이제 네게 고하러 왔느니라 너는 크게 은총을 입은 자라 그런즉 너는 이 일을 생각하고 그 이상을 깨달을 지니라."(단 9:21~23)

8장에서 2300일 예언을 주셨는데 다니엘이 이해하지 못했다. 그 다음 9장 23절에서 "**그 이상을 깨달을지니라**"는 말을 한 다음에 24절부터 이 예언에 대한 해석이 나오기 때문에 2300주야라는 언급이 없다고 하더라도 다니엘 9장 끝 부분 즉, 24절 이후에 나오는 예언 해석은 다니엘이 8장에서 이해되지 못한 2300주야에 관한 해석일 수밖에 없다.

❷ 또한 9장에서 "이상"(계시)이라는 단어가 9장에 두 번 나오는데, 원래 히브리어로 각각 다른 단어가 사용되고 있다. 첫 번째 "그전 이상 중에 본"(단 9:21)이라고 말할 때의 "이상"은 히브리어로 "하존(Hazon)"이고, 두 번째 가브리엘이 말한 "그 이상을 깨달으라"(단 9:23)에 나오는 "이상"은 "마레(Mare)"이다. 그런데 다니엘 8장 17절에서 2300년에 대한 이상을 언급할 때에도 그 이상을 표현할 때 마레(Mare)라는 동일한 단어로 사용했다. "그가 나의 선 곳으로 나아 왔는데 그가 나아 올 때에 내가 두려워서 얼굴을 땅에 대고 엎드리매 그가 내게 이르되 인자야 깨달아 알라 이 이상(Mare)은 정

한 때 끝에 관한 것이니라"(단 8:17). 그러므로 9장에서 가브리엘 천사가 깨달으라고 설명하여 주는 이상은 바로 2300년에 대한 이상, 즉 다니엘이 들었지만 이해하지 못하고 기절하였던(단 8:27) 그 이상을 말하는 것이다.

❸ 또한 다니엘 9장 24절 자체가 그 의미를 부여하고 있다. "**네 백성과 네 거룩한 성을 위하여 칠십 이레로 기한을 정하였나니.**" 여기에서 기한을 정하였다는 말은 무슨 뜻일까? 그것은 영어 성경에서도 말하였듯이 Cut off, 즉 어디서부터 잘라 내었다는 뜻이다. 히브리 원어로 Chadak(샤닥)인데, 그 뜻은 어디로부터 잘라 내었다는 의미이다. 그렇다면 어떤 더 큰 부분에서부터 이 490년을 잘라 내었을까? 이 70이레(주일), 즉 유대인들을 위하여 주어진 은혜의 기간인 490년에 대한 예언을 어디에서부터 잘라 내었다는 말인가? 물론 그것은 2300년의 긴 예언 기간에서부터 잘라 낸 첫 번째 기간인 것을 알 수 있다.

그러므로 하나님께서 대속죄일 즉 심판하셔서 성도들을 신원하여 주시는 일은 예루살렘 성을 다시 지으라는 중건령이 내릴 때부터 계산하여 2300년에 이르는 때에 시작하실 것이라는 뜻이다. 그때에 드디어 하늘 성소가 정결하여진다는 뜻이다. 왜냐하면 이 모든 기록책을 살피면서 심판하여 지워버림으로 죄가 더 이상 기록되어 있지 않기 때문에 하늘 성소가 정결케 되는 것이다. 다시 말해서 하늘에서 온 세상을 향한 대속죄일이 시작된다는 뜻이다.

성소가 정결케 된다는 말은 유대인의 성소 언어이다. 유대인의 성소를 이해해야만 그것을 이해할 수 있는데 그것은 대속죄일을 의미하는 말이다. 그 날은 심판의 날이었다. 그러므로 성경에서 가장 긴 2300년에 대한 예언은 모든 믿는 자들에게 중요한 의미를 갖는 엄숙한 예언이 아닐 수가 없다. 예수께서 이 땅에 다시 재림하시기 전에 심판을 시작하시는 것이다. 먼저 하늘에서 심판이 있고 심판(재판)이 마쳐진 다음에 예수께서 재강림하신다. 성경은 하나님께서 당신의 교회를 먼저 살피고 심판하신 후에야 이 땅에 재림하실 것이라는 사실에 대하여 명백하게 설명하고 있다. 이 이상은 끝날 마지막 때에 관한 일이라고 다니엘서는 말하고 있지 않는가!

성경 예언의 원칙 중 하나가 1일이 1년이라는 것이다. 70주일도 마찬가지로 70곱하기 7하여 490일이 되는데, 그것은 예언 기간의 해석의 원칙을 따라 490년이 된다. 그러므로 하나님께서는 반역하여 바벨론으로 끌려가 있는 유대인들의 은혜 기간을 490년간 다시 주실 것이라는 뜻이다. 2300년간의 예언은 다니엘이 살아 있던 어느 시점에서부터 시작하여 처음 490년 동안은 유대인들을 위한 은혜의 기간이 될 것이고 그 이후 남은 1810년이 지나면 (2300년 – 490년 = 1810년), 다시 말해서 490년의 기간이 지나고 거기서부터 다시 1810년이라는 기간이 지나면 마지막 시대의 심판이 하늘의 성소에서 시작된다는 뜻이다. 그때가 되면 이미 지상의 성소는 불타 없어지게 될 것이기 때문이다.

490년은 유대인들을 위한 은혜의 기간이고, 1810년 동안은 온 세상 사람들을 위한 은혜의 기간이 되는 것이다. 이 예언에서 하나님께서는 처음으로 예수께서 어느 해에 정확하게 이 세상에서 메시야의 일을 시작하실 것이라는 시간을 알려주셨고 또한 유대인들이 결국에는 어느 해에 정확하게 예수를 십자가에 못 박아 죽일 것이며 또한 결국에는 어느 해에 그들이 버림받게 되어 그들이 더 이상은 택한 민족이 아니고 복음이 이방인들에게 전파되기 시작할 것이라는 자세한 예언들이 2300년의 예언 기간 속에 모두 들어 있다. 얼마나 흥미 있는 예언인가? 그러면 2300년의 예언은 언제부터 시작되는 것일까? 그것은 이 예언의 첫 부분인 490년의 예언 기간의 시작점에서 같이 시작된다. 왜냐하면 490년은 2300년이라는 기간의 첫 부분이기 때문이다. 그러면 이 예언은 과연 언제 시작되는 것일까?

정확한 시간에 성취된 그리스도의 침례와 공중 봉사 사업

다니엘 9장 25절은 계속해서 말씀하고 있다. "그러므로 너는 깨달아 알지니라 예루살렘을 중건하라는 영이 날 때부터 기름부음을 받은 자 곧 왕이 일어나기까지 일곱 이레와 육십이 이레가 지날 것이요 그때 곤란한 동안에 성이 중건되어 거리와 해자가 이룰 것이며."

가브리엘 천사는 기름부음을 받은 왕 곧 그리스도가 나타나기까지 62이레와 7이레를 지날 것이라고 말하였다. 62이레(주일)와 7이레(주일)는 62에 7을 더하여 69주일이 된다. 69주일은 며칠인가? 483일이다(69주일x7=483일). 예언 기간의 원칙은 1일이 1년이므로 483일은 483년으로 환산할 수 있다. 그러므로 예루살렘을 중건하라는 명령이 내린 B.C 457년부터 시작하여 483년 후에는 메시야 곧 그리스도가 나타난다는 예언인 것이다. 예루살렘성의 중건령의 조서가 그 효력을 발휘하는 B.C 457년 가을부터 시작해서 483년을 내려가면, 역사의 연대표에서 가장 영광스러운 사건이 일어나는 해를 만나게 되는데, 그 해는 바로 그리스도께서 침례를 받으셨던 해이다.

한 가지 우리가 계산하기 전에 알아야 할 것이 있는데, 그것은 B.C에서 A.D로 넘어 갈 때에, 다시 말해서 기원 전에서 기원 후로 넘어갈 때에는 "0"년이 없으므로 B.C 1년에서 그 다음 해가 A.D 1년이 되어 버렸기 때문에 실제적인 계산에서는 1년을 더해야 하는 것이다. 자, 그러면 함께 계산해 보도록 하자. B.C 457년에서부터 69주일인 483년을 앞으로 더해 가면 얼마가 나오는가? A.D 26년이 나오는데, B.C에서 A.D로 넘어가는데 1년을 더해 주어야 하므로 실제적으로는 A.D 27년이 된다. A.D 27년에 어떠한 일이 있었는가? 놀랍게도 그 해는 예수께서 요단강에서 침례를 받으시고 메시야로서 공중 전도사업을 시작하신 바로 그 해이다. 얼마나 놀라운 예언인가?

사도행전 10장 38절은 **"하나님이 나사렛 예수에게 성령과 능력을 기름 붓듯 하셨으매"** 라고 말씀하였다. 예수께서 요단 강에서 침례를 받고 올라 오실 때에 성령이 비둘기 같이 임한 사실을 말하고 있는 것이다. 누가복음 3장 1절은 침례요한이 회개의 침례를 전파한 해가 디베료 가이사 제15년이라고 말씀하고 있는데, 디베료 가이사 15년은 바로 역사적으로 A.D 27년이었다. 그 해에 예수께서 요한에게 침례를 받으시고 드디어 메시야로서 복음 사업을 시작하신 것이다. 예수께서는 바로 이러한 예언을 근거로 당신의 지상 사업을 시작하셨기 때문에, 다음과 같은 말씀을 하셨던 것이다. "**하나님의 복음을 전파하여 가라사대 때가 찼고** (The time is fulfilled, 때가 성취되었고)"(막 1:14,15). 무슨 때가 찼다는 것인가? 다니엘 9장에 예언되어 있는 69주일(483년)이라는 예언의 때가 찼던 서기 27년에, 예수께서는 침례를 받으셨으며, 성령으로 기름부음을 받은 후, 공중전도를 시작하셨다. 이 예언을 공부하는 사람들은 누구나가 다 성경을 하나님의 말씀으로 받아들이게 되고 예수님을 하나님으로 영접하게 될 것이다. 왜냐하면 하나님의 지혜와 미래를 예언하시는 초자연적인 능력이 아니면 이렇게 정확하게 미래를 예언하여 줄 수가 없기 때문이다.

여기에서 기름부음을 받은 자가 누구인가? "기름부음을 받은 자"란 "그리스도"란 뜻이다. "메시야"도 "기름부음을 받은 자"라는 뜻으로서 히브리말이고 "그리스도"도 "기름부음을 받은 자"라는 뜻으로서 헬라 말이다. 그러므로 **"기름부음을 받은 자 곧 왕이 일어나기까지"**(25절)란 곧 예수 그리스도의 나타나심을 말하는 것이다. 성경은 예수께서 이 땅에 오셔서 생애하실 정확한 기간을 말하여 주었다. 예수 그리스도는 보통 인간이 아니시다. 그분은 하나님의 아들이시며 성경에 정확하게 예언하여 둔 우리의 구세주이시다. 이 성경절에서 가브리엘은 우리에게 "깨달아 알라"고 말하고 있다. 그렇다면 우리가 이해할 수가 있다는 말일까? 그렇다. 또한 반드시 이해해야 하는 중요한 예언일까? 그렇다. 가브리엘 천사는 우리에게 깨달아 알라고 촉구하고 있다.

그런데, 이 모든 예언의 시작이 예루살렘을 중건하라는 명령 즉, 바벨론에 의하여 멸망되고 파괴되어 있는 예루살렘 도성를 다시 지으라는 명령이 날

때부터 시작한다고 천사 가브리엘이 설명하여 주었다. 이것은 놀라운 열쇠가 아닐 수 없다. 2300주야 기간의 시작점이다. 그러면 언제 포로로 잡혀가 있는 유대인들에게 고향 땅으로 돌아가서 예루살렘을 다시 건설하라는 명령이 내려졌는지를 찾으면 되는 것이다

2300일 예언의 시작점

에스라 7장 7절에 그 해답이 있다. 예루살렘으로 돌아가서 성을 다시 건축하라는 명령이 내려진 연도를 그곳에서 찾을 수가 있다. 얼마나 감사한 일인가? 이제 이 2300년의 예언의 수수께끼가 드디어 서서히 풀려나가기 시작한다. 페르시아 제국의 왕이었던 아닥사스다 왕은 은과 금과 재료들을 주면서 유대인들이 고향 땅으로 돌아가 자기들의 무너진 성전과 성을 다시 건축하도록 허락하는 명령을 내려준 사실이 기록되어 있다.

에스라 7장 7,13절을 읽어보도록 하자. **"아닥사스다 왕 7년에 이스라엘 자손과 제사장들과 레위인들과 노래하는 자들과 문지기들과 느디님 사람들 중에 몇 사람이 예루살렘으로 올라 올 때에 … 조서하노니."** 여기에 분명히 이 예언의 시작점인 예루살렘을 중건하라는 명령이 난 해가 정확하게 기록되어 있다. 그 해는 역사적으로, 페르시아 나라의 아닥사스다 왕 7년 즉, B.C 457년인 것이다. 혹자들은 고레스왕과 다리오 왕이 내린 조서들은 어떻게 하느냐고 질문 할지 모르지마는, 그 조서들은 예루살렘 성전 재건축을 허락하는 조서들이었지, 아닥사스다 왕이 내려준 조서처럼 성벽을 재건하고 독립된 나라를 설립 할 것에 대한 완전한 조서가 아니었다. 그러므로 B.C 457년의 아닥사스다의 조서를 2300년 계시의 시작점으로 삼는 것이다.

정확한 시간에 이루어진 그리스도의 죽음과 십자가

다니엘 9장 26,27절을 읽어보도록 하자.

단 9:26,27

"육십이 이레 후에 기름 부음을 받은 자가 끊어져 없어질 것이며 장차 한 왕의 백성이 와서 그 성읍과 성소를 훼파하려니와 그의 종말은 홍수에 엄몰됨 같을 것이며 또 끝까지 전쟁이 있으리니 황폐할 것이 작정되었느니라 그가 장차 많은 사람으로 더불어 한 이레 동안의 언약을 굳게 정하겠고 그가 그 이레의 절반에 제사와 예물을 금지할 것이며 또 잔포하여 미운 물건이 날개를 의지하여 설 것이며 또 이미 정한 종말까지 진노가 황폐케 하는 자에게 쏟아지리라 하였느니라."

2300년 예언의 첫 부분인 70주일 예언 속에는 예수께서 십자가에 못 박혀 돌아가시는 정확한 해가 나타나 있다. 가브리엘 천사는 62주일 후, 즉 서기 27년 이후에 예수 그리스도께서 십자가 상에서 "끊어져 없어"질 것이라는 사실을 언급한 후에, 예수께서 메시야로서 하실 일에 대한 자세한 설명을 다음과 같이 덧붙이고 있다. "그가 장차 많은 사람으로 더불어 한 이레(1week) 동안의 언약을 굳게 정하겠고, 그가 그 이레(week)의 절반에 제사와 예물을 금지할 것이며." 27절. (여기서 "이레(week)의 절반"은 7년의 반이므로 3.5년 즉, 3년 반이 됨) 이 예언의 의미를 좀더 자세하게 설명하자면, 예루살렘을 중건하라는 명령이 날 때부터 시작하여 7주일과 62주일 즉, 69주일(483년)이 지나면 그리스도가 나타날 것이요, 69주일(483년)이 지난 다음에 이어지는 마지막 주인 70번째 주(7년), 그 마지막 7년 동안에는 유대인들을 위한 은혜의 70주일 기간, 즉 490년 기간이 끝마쳐지는 마지막 한 주일(7년)이 될 것이며, 그때에 메시야가 "끊어져 없어진다"는 말씀이다. 즉, 죽게 될 것이라는 뜻이다.

　2300일 예언의 첫 부분인 70주일(490년) 예언은 예루살렘 성을 중건하라는 중건령이 선포된 때로부터 시작하는데, 그때로부터 7주일과 62주일 즉, 483년이 지나가고 마지막 70번째 주일 즉 마지막 7년의 절반이 되는 시점에 "끊어져 없어"질 것이라는 말씀이다. 즉, 그리스도께서 돌아가실 것이 70주일 예언의 핵심적 내용이 되는 것이다. 7주일과 62주일, 합해서 483년이 지나간 후에 그 나머지 한 주 즉, 예언적 기간인 그 마지막 7년의 절반인 그 중간에 그리스도가 돌아가실 것이라는 말이다.

　27절은 그리스도가 70주일 예언 곧 490년 예언 기간 동안의 마지막 한 이레 곧 7년 동안 사람들과 더불어 언약을 굳게 정하겠다고 하였다. 마태복음 26장 27,28절은 이렇게 말씀하고 있다. **"또 잔을 가지사 사례하시고 저희에게 주시며 가라사대 너희가 다 이것을 마시라 이것은 죄 사함을 얻게 하려고 많은 사람을 위하여 흘리는 나의 피 곧 언약의 피니라."** 그러므로 예수께서는 당신의 피로 인류와 언약을 굳게 정하셨다. 또한 그가 그 마지막 한 주일 즉 7년의 절반에, 다시 말해서 7년의 중간인 3년 반 만에, 다시 말해서 A.D 27년에 침례 받으시고 복음 사업을 시작하신 지 3년 반 후에 제사와 예물을 금하시겠다고 한 것이다. **"그가 그 이레의 절반에 제사와 예물을 금지할 것이며."**

　예수께서 침례를 받으시고 공생애를 시작하신 서기 27년 가을부터 3년 반 후인 서기 31년 봄에는 어떤 일이 일어났는가? 아담과 하와가 범죄한 이후 메시야의 죽음을 상징하여 드려온 "제사와 예물을 금지하"게 만드는 사건이 일어났다. A.D 31년 봄 유월절 날에 십자가에 못 박혀 돌아가셨던 것이다. 이 얼마나 놀라운 예언인가! **"우리의 유월절 양 곧 그리스도께서 희생이 되셨느니라"**(고전 5:7). A.D 31년 봄 유월절에 예수께서는 우리의 죄를 위하여서 십자가에서 피를 흘리심으로써 다시 한 번 예언을 정확하게 성취시키셨던 것이다. 이 얼마나 놀라운 예언이며, 얼마나 큰 사랑인가!

　오랜 세월 동안, 유대인들은 흠 없는 어린 양을 성소의 번제단 위에서 태움으로써, 장차 오실 메시야에 대한 믿음을 나타냈으며, 양의 죽음을 통하여 죄의 용서를 받아왔다. 그러나 마지막 70번째 주일의 중간인 서기 31년 봄, 예수 그리스도께서 속죄양이 되셔서 십자가에서 죽으심으로써, 더 이상 양을 잡아서 태워 죽이는 제사 제도가 필요 없게 되었다. 성소 제도의 모든 제사들은 바로 예수 그리스도의 대속 죽음을 상징한 것들이었다. 그러므로 그 상징의 실체가 오신 다음에는 더 이상 양을 잡아서 제사드리는 일이 필요 없는 것이다.

"하나님이 제사와 예물을 원치 아니하시고 오직 나를 위하여 한 몸을 예비하였도다…이에 내가 말하기를 하나님이여 보시옵소서. 두루마리 책에 나를 가리켜 기록한 것과 같이 하나님의 뜻을 행하러 왔나이다."(히 10:5~7). 또한 "이(구약 시대의) 제사는 언제든지 죄를 없게 하지 못하거니와 오직 그리스도는 죄를 위하여 한 영원한 제사를 드리"심으로써, "다시 죄를 위하여 제사드릴 것이 없느니라."(히 10:12,18). 얼마나 분명한 예언의 성취인가!

예수께서 십자가에서 돌아가심으로 더 이상 양을 잡아 죽이는 제사 제도가 필요없게 되었다는 사실을 알려주는 기적이 성소에서 일어났다. **"예수께서 다시 크게 소리 지르시고 영혼이 떠나시자, 이에 휘장이 위로부터 아래로 찢어져 둘이 되고"**(마 27:50). 성소 안에 있던 성전 휘장이 갑자기 찢어짐으로써, 모세가 제사 제도에 대해서 기록하였던 의문의 율법이 정하고 있는 제사와 예물이 더 이상 필요 없게 되었음을 보여주셨다. **"우리를 거스리고 우리를 대적하는 의문에 쓴 증서를 도말하시고 제하여 버리사 십자가에 못 박으시고"**(골 2:14).

정확한 시간에 끝난 유대인의 은혜의 기간과 이방인들을 위한 복음 전파의 시작

70주일 예언 중에서 마지막 1주일의 절반 즉, 7년의 절반인 서기 31년에 십자가 세워졌고, 이제 그 나머지 절반인 3년 반이 지나면, 하나님께서 유대 민족에게 허락하신 70주일의 전체 예언이 완전히 종결된다. 70주일 예언 중에서 마지막 70번째 주일의 절반 이후에 성취된 사건들은, 메시야를 십자가에 못 박은 백성들에게 여전히 3년 반이라는 은혜의 기간이 남아 있었음을 보여 준다. 십자가 이후에도 한동안 제자들은 유대 민족의 구원을 위해서 일했다.

그러나 예수께서 돌아가신 지 3년 반 후인 서기 34년, 새 언약의 복음을 끝까지 거절하는 유대인 지도자들을 향하여 경고와 호소의 설교를 하던 스데반에게 산헤드린 공회가 돌로 쳐서 죽이는 판결을 내림에 따라, 스데반은 그리스도 교회의 첫 번째 순교자가 되었으며(행 7:51~60), 이로서 유대 민족을 위한 70주일(490년)의 유예 기간은 완전히 끝났으며, 곧 이어서 일어난 핍박과 함께 그리스도의 제자들과 사도들은 온 세계로 퍼져나가 이방인들에게 복음을 전파하기 시작하였다(행 8장). 바로 이것이 70주일 예언의 끝을 알리는 최후의 신호였으며, 유대 민족의 운명이 영원히 결정되는 순간이었고, 온 세상을 위한 그리스도 교회 시대가 개막되는 시간이었다. "**하나님의 말씀을 마땅히 먼저 너희에게 전할 것이로되 너희가 버리고 영생 얻기에 합당치 않은 자로 자처하기로 우리가 이방인에게로 향하노라.**"(행 13:46). 이것은 예수께서 이미 마태복음 21장 43절에 "그러므로 너희(유대인)에게 이르노니 하나님의 나라를 너희는 빼앗기고 그 나라의 열매 맺는 백성이 받으리라"라고 말씀하셨던 예언의 성취이기도 하다.

2300일 예언의 종점에 대한 오해와 새로운 빛의 발견

2300일 예언은 정확하게 성취되었다. 우리는 주의 말씀을 신뢰할 수밖에 없다. 예수께서 A.D 27년에 메시야의 일을 시작하실 것이라는 예언이 정확하게 성취되었다. 또한 주님께서 A.D 31년 봄에 돌아가심으로 제사와 예물

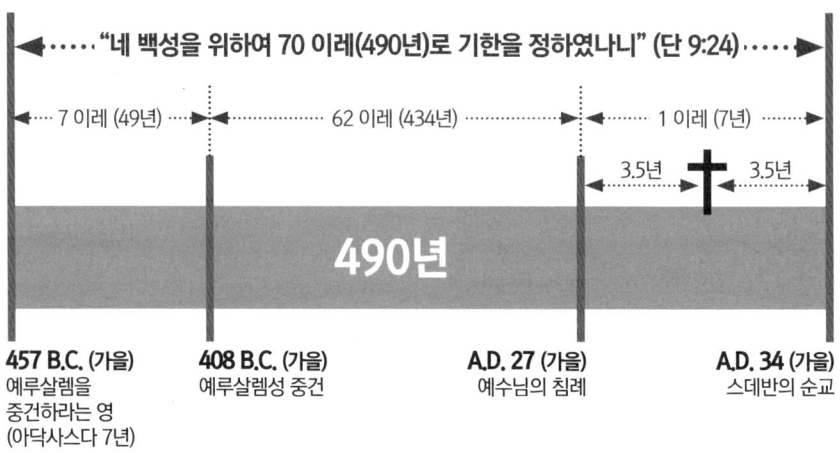

- **7주** : 7주 x 7일 = 49일 = 49년 (예루살렘 성을 중건하는데 소요된 기간)
- **62주** : 62주 x 7일 = 434일 = 434년
  (메시야가 오실 때까지 유대인들이 준비하며 기다리는 시간)
- **69주** : 7주 + 62주 = 69주 = 69주 x 7일 = 483일 = 483년
- **1주** : 1주 x 7일 = 7일 = 7년
  (그리스도의 공중 봉사 기간 + 십자가 이후 제자들이 유대인에게 복음을 전파한 기간)
- **A.D.34** : 유대인들에게 정해진 70 이레 (490년)의 은혜의 기간이 마쳐지면서, 스데반이 그리스도 교회의 첫 순교자가 되는 사건과 함께 복음이 이방인들에게로 전파되기 시작한 해

을 금하실 것이라는 예언도 정확하게 성취되었다. 또한 유대인들이 예수님을 못 박고 진리를 거절하였으며 드디어 스데반을 돌로 쳐 죽이면서 그리스도교를 내어 쫓음으로 그들의 은혜의 기간이 A.D 34년에 끝나게 될 것이라는 기간적인 예언도 놀랍게도 그대로 성취되었다. 이렇게 해서 2300년간의 기간적인 예언의 상반부는 예수님의 초림에 그 초점을 맞추어서 예언되었

고 또 성취되었다.

그렇다면 "**2300주야까지니 그때에 성소가 정결함을 입으리라**"는 하나님의 심판의 시간에 대한 예언은 어떻게 이해해야 할까? 2300년에서 유대인들의 기간이었던 490년을 빼고 나면 1810년이 남는다. 그러므로 이 예언의 시작점인 B.C 457년부터 시작해서 1810을 앞으로 계산해 가면 1843년이 나오게 된다. 물론 이때도 0년이 없으므로 1년을 더하면 1844년이 된다. 1830년도 말기부터 2300주야 예언을 연구하던 중 많은 사람들은, 2300주야 예언의 상반부가 그리스도의 초림에 관한 예언이므로 그 후반부인 2300주야 예언이 마쳐지게 되는 때를 "성소가 정결케 함을 입으리라"고 했으므로 그리스도의 재림을 의미한다고 착각하였다. 성소 정결에 대한 정확한 성서적 이해를 가지고 있지 못했기 때문에 발생된 오해였다.

그리하여 미국과 유럽, 그리고 남미에서, 예수께서 1844년도에 재림하실 것이라고 설교하는 일들이 열렬하게 온 세상 도처에서 일어났었던 것이다. 그들은 장로교회, 감리교회, 침례교회, 성결교회, 회중교회 등 총 망라한 여러 교파에서 신앙 생활을 하고 있던 사람들이었다. 그러나 그들이 주님의 오심을 사모했으며 진실되게 준비하려고 했을지라도 그 적용을 잘못함으로 크게 실망하는 경험들을 하게 된 것이다.

예수께서 오시는 날과 시간은 아무도 모른다고 하셨다. 그 당시 성경학자들도 그들이 해석하는 이 다니엘 2300년에 대한 해석만큼은 너무나 정확하였기 때문에 그들이 예수 그리스도의 재림을 기다리던 해에 크게 실망했을지라도 그 예언 자체는 부인할 수가 없었다. 그러나 그 재림을 기다리던 그리스도인들이 1844년이 하늘에서 이루어지고 있는 성소를 정결케 하는 하나님의 심판사업을 가리키는 것이지, 이 세상에서 실제적으로 일어날 사건은 아니라는 사실을 알지 못했던 것이다. 그러나 그들의 실망의 경험 때문에 어떤 그리스도인들은 마지막 하나님의 심판의 시간에 대하여 관심을 갖고 연구하기 시작하여 마침내, 2300주야 예언의 종점에 일어나는 놀라운 심판

사업에 대한 밝은 이해를 얻게 된 것이다. 이 세상은 2300년의 예언 기간이 끝나면서 완전히 말세의 때에 접어들게 된 것이었다.

2300일 예언에 대한 성경 학자들의 견해

2300일 예언은 아래와 같은 성경 학자들의 예언 해석에 기초하였다. 이들 성경 학자들은 한결같이 2300일 예언을 예루살렘성의 중건령(B.C 457년)으로부터 시작되는 2300년간의 긴 예언으로 해석하였다.

❶ 1190년도, Floris의 Joachim은 "1일=1년" 원칙을 적용하여 제일 처음으로 1840년 초기에 2300주야 예언이 끝날 것이라고 해석하였음.

❷ 1440년도, Cusa의 Nicholas도 이와 유사한 해석을 하였음.

❸ 1768년도, 독일의 Johann Petri 목사는 70주일 예언이 2300주야의 첫 부분이며 이 예언은 1840년대 즈음에 마쳐질 것이라고 해석함.

❹ 1800년도 초기에 영국의 John Aquila Brown 목사와 미국 South Carolina의 Cummins David 목사도 이와 유사한 해석을 하였음.

❺ 1826년도, 미국 인디애나 주의 대학 교수였던 Theodore R. Robertson 목사는 2300주야에 대한 책자를 펴내어 많은 관심을 불러 일으킴.

❻ 장로교, 감리교, 침례교, 회중교, 성결교회 등 많은 교회의 목사들이 1830년대에 들어 와서 2300주야에 대한 예언 연구에 관심을 갖게 됨. 예를 들어, 버

지니아 주의 Campbell 목사, 오하이오 주의 Wilson 목사, 테네시 주의 McCorkle 목사, 뉴욕 주의 Scott 목사, 카나다의 Burwell 목사, 필라델피아의 A.J. Krupp 목사, 메인 주의 David McGregor 목사, 웨스트 버지니아의 Charles Wheeler 목사 등등임.

❼ 남미에서, 천주교 신부였던 Lacunza 신부와 Jose Maria De Rosa 신부의 2300주야 연구와 해석은 멕시코와 남미의 기독교 교인들에게 많은 부흥을 일으켜 줌.

❽ 동 시대 동안의 영국 성경학자들도 포함 되었다 : Lewis Way, William Cunnihame, William Anderson, Mathew Habershon, Joshua W. Brooks, Hugh McCeile, Geral T. Noel, Edward Bickersteth, John Cox, William Thorp, Joseph D. Sirr, Joseph Wolf.

❾ 같은 당시에 뉴 햄프셔 주의 침례교회 거의 모든 교회들은 2300주야 예언이 1844년도에 끝났다는 해석을 받아들였다.

❿ 초기 미국 대학들의 학장들은 2300년 예언 해석에 대부분 동일한 견해를 가지고 있었음. 예를 들어 예일 대학의 총장 Dweight 박사, 동부의 장로교회 신학 대학장이었던 George Jenkin 박사, 켄터키 주의 Bacon College의 James Shannon 총장 등등.

모든 것이 마지막을 향해 달려가고 있다!

다니엘 7장에 나오는 "한 때와 두 때와 반 때"(1260년) 예언이 마쳐지던 해인 1798년 교황권이 일시적으로 몰락하게 되면서 성경을 연구하던 사람들은 이제 세상이 말세로 들어가게 되었다고 말하기 시작하였다. 1798년 전후로 해서 불란서 혁명이 일어나고 무신론 세력이 기치를 들기 시작하여 세계 국가들의 면모가 달라지기 시작하였다. 미국이 건국하여 일어났으며 이 세상 역사가 드디어 말세를 가리키고 있는 예언들의 시대로 접어들게 되었다.

그러나 2300년의 예언은 더 나아가서 이 세상이 드디어 하나님의 심판의 경고를 발하기 시작하는 심각한 마지막 시대에 돌입한 사실을 알려주고 있는 것이다. 1844년도가 지나자 이 세상은 성경의 권위를 비판하는 벨하우젠의 고등비평의 소리가 크게 나타나기 시작하였고 니이체가 일어나 하나님의 존재를 의심케 하는 회의주의의 씨를 심기 시작하였으며, 1859년에는 드디어 다윈의 진화론이 소개되면서 하나님의 창조를 무시하고 부인하는 반역적인 운동들이 세상을 온통 뒤덮기 시작하였다. 1865년도에 멘델의 유전 법칙의 발표 결과 다윈의 진화론이 완전히 무너졌음에도 불구하고 하나님이 없었으면 좋겠다고 느끼는 인간들이 성경의 하나님을 부인하고 무신론적인 사상으로 이 지구를 가득 채우기 시작하게 된 것이다. 이러한 때에 하나님께서는 요한계시록 14장 7절을 통하여 **"하나님을 두려워하며 그에게 영광을 돌리라 이는 그의 심판하실 시간이 이르렀음이니 하늘과 땅과 바다와 물들의 근원을 만드신 이를 경배하라"**고 경고하시기 시작하신 것이다.

독자 여러분들 마음 가운데 한 가지 의문이 있을 것이다. 그것은 2300년의 예언 기간이 끝난 지 150여 년이 흘렀는데도 아직 아무런 일도 일어나지 않고 있지 않느냐는 것이다. 예수께서는 인자의 때도 노아의 때와 같을 것이라고 말씀하셨다. 노아는 120년 동안 홍수로 세상이 멸망할 것이라고 외쳤다. 120년간의 긴 세월 동안 아무런 일도 일어나지 않는 것처럼 보였다. 마찬가지로 지금도 1844년 이후 하늘 성소에서 각 개인에 대한 정결 사업과 심판 사업이 하늘에서 진행 중에 있고 죽은 자로부터 시작해서 죄를 씻어버리고 도말해서 없애버리는 일을 하고 있지만 많은 사람이 이해하지 못하고 있다.

하나님께서 죄인들을 용서하시고 구원하시는 일은 온 우주의 배심원들에게 펼쳐져서 그들의 동의를 얻어야 이루어질 수가 있는 것이다. 하나님의 공의와 자비가 모든 피조물들에게 이해 되어야 하기 때문이다. 그래야 다시는 피조물들 마음속에 하나님께 대한 의문이나 반역이 생기지 않게 될 것이기 때문이다. 그러나 이러한 하늘에서 일어나는 일들은 인간의 눈에는 보이지 않는 사건이기 때문에 오랫동안 이루어지고 있는 하늘 성소의 심판의 사건은 우리의 눈에 잘 이해가 되지 않는 것이다.

그러나 기억하라. 분명히 주의 말씀은 이루어진다. 홍수가 온다는 약속대로 큰 물의 퍼부어짐이 임하여 많은 사람들이 멸망한 것처럼 이제는 약속대로 세상이 불로 멸망하게 될 것이고 예수께서 이 땅에 재림하실 것이다. 여러분은 준비되어 있는가? 2300일 예언은 하늘에서 이미 하늘 성소의 정결 사업, 즉 심판 사업이 시작되었다고 말하고 있다. 지금 우리는 엄숙한 시대에 살고 있다. 지금은 세상의 마지막 시대이다. 다니엘 9장의 예언은 놀라운 예언이다. 믿지 않을래야 않을 수가 없다. 진실로 마음이 정직하게 진리를 찾는 사람은 부인할 수 없는 말씀이다. 믿는다고 말만 하지 말고 말씀대로 살라. 진리대로 따라 살며 자기를 부인하고 자기 십자가를 지고 주님을 따르라!

미가엘과 사단과의 전쟁 | 제10장

The War Between Michael and Satan

Chapter Ten

다니엘서 제 10 장

미가엘과 사단과의 전쟁

우리는 다니엘 2장의 느부갓네살 왕의 놀라운 꿈을 지나서, 다니엘 3장의 느부갓네살 왕이 두라 평지에 신상을 세운 장면을 지나서, 4장의 느부갓네살 왕이 회개한 장면을 지나서, 5장의 바벨론 나라의 마지막 왕인 벨사살 왕 때의 바벨론 세력이 무너진 장면을 지나서, 6장의 다니엘이 사자굴에서 구원받는 장면을 지나서, 7장의 다니엘이 세상 역사에 대해서 더 자세하게 계시를 받는 장면을 지나서, 8장에서는 성소에 관련된 계시를 연구했고, 9장에서 2300일에 대한 예언과 하나님께서 마지막 시대에 하시는 일들에 대해서 보았고, 또한 특별히 490년 동안 이스라엘 백성들에게 주어진 은혜의 기간을 연구했다. 이제 우리는 다니엘 예언서의 마지막 부분까지 왔다. 다니엘 10,11,12장은 하나로 묶여져 있다. 다니엘 10장은 세상 역사의 가장 마지막 부분의 역사인 다니엘 11,12장의 서론이다. 다니엘서의 마지막 부분은 다니엘 시대부터 우리가 살고 있는 이 마지막 시대에 일어날 사건들까지의 예언들이 포함되어 있다. 이 예언은 페르시아 왕인 고레스 왕 3년, B.C 535년에 주어졌다. 이 예언은 상당히 자세하게 주어졌는데 예언을 공부할수록 성경은 확고한 하나님의 영감의 말씀인 것을 확신하게 된다.

단 10:1~11

"바사 왕 고레스 삼 년에 한 일이 벨드사살이라 이름한 다니엘에게 나타났는데 그 일이 참되니 곧 큰 전쟁에 관한 것이라 다니엘이 그 일을 분명히 알았고 그 이상을 깨달으니라 그때에 나 다니엘이 세 이레 동안을 슬퍼하며 세 이레가 차기까지 좋은 떡을 먹지 아니하며 고기와 포도주를 입에 넣지 아니하며 또 기름을 바르지 아니하니라 정월 이십사 일에 내가 힛데겔이라 하는 큰 강가에 있었는데 그때에 내가 눈을 들어 바라본즉 한 사람이 세마포 옷을 입었고 허리에는 우바스 정금 띠를 띠었고 그 몸은 황옥 같고 그 얼굴은 번갯빛 같고 그 눈은 횃불 같고 그 팔과 발은 빛난 놋과 같고 그 말소리는 무리의 소리와 같더라 이 이상은 나 다니엘이 홀로 보았고 나와 함께한 사람들은 이 이상은 보지 못하였어도 그들이 크게 떨며 도망하여 숨었었느니라 그러므로 나만 홀로 있어서 이 큰 이상을 볼 때에 내 몸에 힘이 빠졌고 나의 아름다운 빛이 변하여 썩은 듯하였고 나의 힘이 다 없어졌으나 내가 그 말소리를 들었는데 그 말소리를 들을 때에 내가 얼굴을 땅에 대고 깊이 잠들었었느니라 한 손이 있어 나를 어루만지기로 내가 떨더니 그가 내 무릎과 손바닥이 땅에 닿게 일으키고 내게 이르되 은총을 크게 받은 사람 다니엘아 내가 네게 이르는 말을 깨닫고 일어서라 내가 네게 보내심을 받았느니라 그가 내게 이 말을 한 후에 내가 떨며 일어서매."

다니엘의 이름이 두 가지로 기록되어 있음을 발견한다. 벨드사살은 바벨론 제국이 그에게 준 이름이다. 그런데 지금은 페르시아 시대로 넘어갔다. 그러나 그는 여전히 국가의 총리로 일을 하고 있다. 유대 사람으로서 그의 신실함이 온 세상에 퍼져 있었다. 그래서 페르시아 나라가 바벨론 나라를 정복했음에도 불구하고 그를 여전히 총리 대신으로 쓰고 있는 것이다. 얼마나 놀라운 일인가! 다니엘의 이 당시 나이가 약 90세쯤 되었을 것이라고 추측한다. 그는 약 3주 동안 거의 금식하면서 기도하고 있었다. 왜냐하면 고레스 왕 때 주어진 1차 성전 재건축 명령이 사마리아의 반대로 잘 이행되지 않고 그만 중단되어 마음이 답답했기 때문이었다. 그는 주의 백성을 사랑했고 주의 약속을 주장했다. 그러한 기도 중에 힛데겔 강가에서 그가 계시를 받고 있는 것이다.

힛데겔 강은 페르시아만에서 약 100마일 북쪽 유프라테스 강과 만나는 지점이다. 다니엘에게 지금 다시 주어진 예언은 전쟁에 관한 것이다. 그 당시부터 세상 마지막 날까지 제국들의 전쟁이 어떻게 펼쳐질 것인가에 대해 말해주고 있다. 에스겔 1장 24~28절, 계시록 1장 13~16절을 비교하여 볼 때 다니엘 10장 5,6절에 나오는 모습은 바로 예수 그리스도의 모습이다. 그의 얼굴은 햇빛 같고 그의 눈은 횃불 같고 얼굴은 번갯빛 같고 그 몸은 황옥 같고 팔과 다리는 빛나는 놋과 같고 목소리는 크고 우렁찬 물소리 같은 그리스도의 모습과 동일하다. 예수께서 다니엘의 기도에 응답을 해 주기 위해 내려오신 것이다. 그때 하나님의 모습을 본 다니엘은 놀라고 두려워서 그만 기절하고 말았다. 예수께서 이 땅에 어린양의 능력으로 하나님의 영광을 가지고 재림하실 때 과연 죄인들이 그 앞에 설 수 있을까? 완전히 회개하고 통회하고 깨끗한 마음을 가져 예수의 명령에 순종하는 품성을 가진 자들만이 그 앞에 설 수 있을 것이다. 여러분은 그 앞에 서기 위하여 준비되어 있는가? 가브리엘 천사가 와서 다니엘을 깨우고 일으키는데 무릎과 손이 땅에 끌릴 정도로 힘이 완전히 빠진 상태에서 일으켜진다.

다니엘의 기도의 응답으로 예수께서 오셨다. 예수께서 오신 다음의 그의 모습을 보고 다니엘이 기절했다. 그때에 가브리엘 천사가 또 와서 그를 일으켜서 예수께로부터 계시를 받아 다니엘에게 설명해주는 과정을 계속해서 보게 되는 것이다. 다니엘 10장 12~21절까지를 보면 예수께서 다니엘의 기도에 응답하기 위해서 오시는 길이 지체되었다고 설명한다. 왜 지체되었을까?

단 10:12~21

"그가 이르되 다니엘아 두려워하지 말라 네가 깨달으려 하여 네 하나님 앞에 스스로 겸비케 하기로 결심하던 첫 날부터 네 말이 들으신 바 되었으므로 내가 네 말로 인하여 왔느니라 그런데 바사 국군이 이십일 일 동안 나를 막았으므로 내가 거기 바사국 왕들과 함께 머물러 있더니 군장 중 하나 미가엘이 와서 나를 도와주므로 이제 내가 말일에 네 백성의 당할 일을 네게 깨닫게 하러 왔노라 대저 이 이상은 오래 후의 일이니라 그가 이런 말로 내게 이를 때에 내가 곧 얼굴을 땅에 향하고 벙벙하였더니 인자와 같은 이가 있어 내 입술을 만진지라 내가 곧 입을 열어 내 앞에 섰는 자에게 말하여 가로되 내 주여 이 이상을 인하여 근심이 내게 더하므로 내가 힘이 없어졌나이다 내 몸에 힘이 없어졌고 호흡이 남지 아니하였사오니 내 주의 이 종이 어찌 능히 내 주로 더불어 말씀할 수 있으리이까 또 사람의 모양 같은 것 하나가 나를 만지며 나로 강건케 하여 가로되 은총을 크게 받은 사람이여 두려워하지 말라 평안하라 강건하라 강건하라 그가 이같이 내게 말하매 내가 곧 힘이 나서 가로되 내 주께서 나로 힘이 나게 하셨사오니 말씀하옵소서 그가 이르되 내가 어찌하여 네게 나아온 것을 네가 아느냐 이제 내가 돌아가서 바사 군과 싸우려니와 내가 나간 후에는 헬라군이 이를 것이라 오직 내가 먼저 진리의 글에 기록된 것으로 네게 보이리라 나를 도와서 그들을 대적하는 자는 너희 군 미가엘뿐이니라."

가브리엘 천사와 예수께서 번갈아서 등장하는 모습을 본다. "인자와 같은 이"는 예수 그리스도시다. 예수께서 다니엘에게 와서 그의 몸에 손을 대신다. 다니엘이 어안이 벙벙해서 도무지 주님과 대화할 수 없을 때 주님께서 괜찮다면서 말을 하라고 그의 입에 손을 대신다. 그가 말하기 시작한다. 그 다음에 가브리엘 천사가 와서 그를 도와주는 모습을 본다. 우리가 주 앞에 뜻을 정하여 기도할 때 주님께서 우리의 기도를 응답하시는 것을 볼 수 있다.

선지자의 기도뿐만이 아니고 주님 앞에 마음을 다하여 간구하는 모든 영혼들의 기도를 들으시는 것을 이 예언 가운데서 볼 수가 있다. 하나님께서는 기도하는 여러분 곁에 계신 것을 잊지 말라.

그런데 예수께서 가브리엘 천사와 함께 오시는 길이 왜 지체되었다고 말할까? "그런데 바사국 군이 이십일 일 동안 나를 막았으므로 내가 거기 바사국 왕들과 함께 머물러 있더니 군장 중 하나 미가엘이 와서 나를 도와주므로"(단 10:13). 실제로 이러한 전쟁이 있는데 그것은 하나님의 군대와 사단의 군대 사이의 보이지 않는 전쟁을 상징한다. 다니엘의 기도에 응답하기 위해 예수님의 군대인 천사들이 오고 있는데 마귀의 군대가 막는 것이다. 어떻게 막을까? 하나님께서 성령을 통하여 페르시아 왕과 그 군대들의 마음과 군중들의 마음을 감화시켜서 예루살렘 성이 재건축되는 일을 도와주게 하고 사마리아인들이 그 일을 막지 못하게 하기 위해서 역사하고 계시는데, 마귀와 그의 악령들은 페르시아 왕과 그 군대들의 마음에 역사해서 그렇게 하지 못하게 방해함으로써 하나님의 역사를 막는 것이다. 다시 말해서 인간의 마음을 점령하기 위하여 선악 간의 대쟁투, 즉 하나님의 군대와 마귀의 군대가 보이지 않게 전쟁하고 있는 것을 말하는 것이다. 예수님과 가브리엘 천사가 도와주러 오시는데 마귀의 군대가 막아서 전쟁하므로 속히 올 수 없었다는 것을 말한다. "우리의 씨름은 혈과 육에 대한 것이 아니요 정사와 권세와 이 어두움의 세상 주관자들과 하늘에 있는 악의 영들에게 대함이라"(엡 6:12).

우리 주위에 보이지 않는 영적인 전쟁이 있는 것을 기억하라. 마귀는 우리 마음을 빼앗아서 더럽히고 멸망시키려고 하며, 예수께서는 우리를 구속하기 위하여 성령과 천사를 통해서 항상 역사하시는 것이다. 고레스 왕과 페르시아 나라의 군주들의 마음속에서 작용하고 있는 마귀의 역사를 이 예언에 말하고 있다. 우리는 눈에 보이지 않는 하늘의 영들의 전쟁을 볼 수 있어야 한다. 모든 영혼들마다 그리고 각 나라들의 역사 속에서 선악 간의 대쟁투가 지금도 벌어지고 있다. 인간의 구원의 계획들을 둘러싼 진짜 전쟁들을 볼 수 있어야 한다.

21절에 나오는 "미가엘"은 예수 그리스도를 상징한다. 군장들 중의 하나라고 했다. 영어 성경으로는 "One of the chief princes" 아니면, "the first of the princes" 왕들의 왕이라는 뜻이다. 성경에서는 예수님을 만왕의 왕, 만주의 왕, 평강의 왕 등 그리스도의 다른 이름들을 기록하고 있다. 미가엘의 뜻은 히브리말로 "누가 여호와와 같으냐?"이다. 미가엘은 예수 그리스도의 별명이다. 마귀와 싸울 때 예수님은 미가엘이 되는 것이다. 미가엘은 다른 천사장의 이름이 아니다.

"천사장 미가엘이 모세의 시체에 대하여 마귀와 다투어 변론할 때에 감히 훼방하는 판결을 쓰지 못하고 다만 말하되 주께서 너를 꾸짖으시기를 원하노라 하였거늘"(유 9절). 예수께서 죽은 모세의 시체를 부활시키려고 할 때 마귀가 나와서 항의하고 싸웠다. 그때 마귀를 꾸짖으시고 모세를 데리고 하늘에 올라가셨다. 모세는 지금까지 하늘에 있다. 어떻게 그것을 알 수 있는가? 예수님께서 변화산 상에서 변화되었을 때 한 쪽에는 엘리야, 다른 한쪽에는 모세가 내려와서 예수님을 위로했지 않은가! 죽은 사람을 죽음에서 일으키시는 분은 하나님뿐이다. 그러므로 미가엘은 예수 그리스도이심을 알 수 있다. 21절의 말씀처럼 마귀와 싸워서 이기는 분은 예수 그리스도밖에 없는 것이다.

17절의 말씀처럼 계시를 보는 자들은 많은 경우에 숨을 쉬지 않고 신령한 힘으로만 지탱된다. 여기에서 다니엘의 숨이 끊어졌고 완전히 기운이 빠졌다. 요즈음에 얼마나 거짓 선지자와 가짜 계시가 많은지 모르겠다. 모두가 그런 것은 아니지만 특별히 예수 그리스도의 계시 가운데 들어갔다는 특징 가운데 하나가 이 장면에서 나온다. 마지막 시대까지 이르는 예언들을 보여주시기 위해서 예수께서 다니엘을 찾아 오신 것이다. 또한 가브리엘 천사는 그 예언을 다니엘에게 보여주고 설명하려고 와 있는 것이다. 이때 헬라군이 오는 것부터 예언이 시작된다. 메대 페르시아도 무너지고 이제는 헬라 나라가 올 것이라고 말씀하면서 이 예언은 11장에서 계속된다. 여기에 나오는 예언은 시대적으로 정확하고 자세하게 설명되어 있다.

남방 왕과 북방 왕 | 제11장

The King of The South
And The King of The North

다니엘서 제 11 장 – 1부

남방 왕과 북방 왕

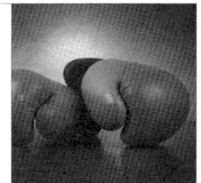

다니엘 11장은 성경을 연구하는 사람이라면 누구나 난관에 빠지기 쉬운 어려운 예언장이다. 그 이유는 그 속에 기록된 예언들이 너무나 복잡한 구조를 가지고 있는 것처럼 보이기 때문이다. 그러나 사실상에 있어서 다니엘 11장의 구조는 간단하게 되어 있다. 다니엘 11장은 역사를 통하여 전개되는 남방 왕과 북방 왕의 투쟁을 묘사하고 있다. 다니엘 11장에 등장하는 남방 왕과 북방 왕의 정체와 그 흐름을 중심으로 예언을 분석한다면, 모든 문제를 쉽게 풀 수 있다.

다니엘 11장의 예언에서 가장 흥미 있는 것은 세상 역사를 통하여 남방 왕과 북방 왕 사이에서 벌어지는 전쟁들과 사건들이 바로 현대 공산주의의 몰락을 예언하고 있는 놀라운 성경 예언의 실마리가 된다는 사실이다. 어떤 이들에게는 이 예언 문제가 좀 어려운 것일지 혹 모르겠다. 그러나 이 문제에 온 관심을 기울여서 연구한다면, 세상 역사를 주관하시는 하나님의 섭리와, 미래를 내다보시고 간섭하시는 하나님의 능력에 대한 보다 깊은 이해를 가질 수 있는 동시에, 지금 우리가 세상 종말에 얼마나 가까이 다가와 있는지를 알 수 있다.

다니엘서의 각 장들은 어떠한 시기에 계시를 받았으며, 어떠한 시점에서 그 예언된 사건들이 시작되는지를 언급하면서 시작되는데, 11장도 예외없이 메대 페르시아(메대 바사) 시대에 계시가 임했다는 사실과, 페르시아 시대(B.C 6세기 중반)부터 그 받은 계시의 사건들이 진행된다는 사실이 11장 1~4절에 기록되어 있다. 다니엘 11장에는, 다니엘 2장(금신상)과 7장(네 짐승과 작은 뿔)에 묘사되었던 세상 역사에 대한 예언이, 북방 왕과 남방 왕 사이의 투쟁으로 재조명되고 있다.

단 11:1~15

"내가 또 메대 사람 다리오 원년에 일어나 그를 돕고 강하게 한 일이 있었느니라 이제 내가 참된 것을 네게 보이리라 보라 바사에서 또 세 왕이 일어날 것이요 그 후의 넷째는 그들보다 심히 부요할 것이며 그가 그 부요함으로 강하여진 후에는 모든 사람을 격동시켜 헬라국을 칠 것이며 장차 한 능력 있는 왕이 일어나서 큰 권세로 다스리며 임의로 행하리라 그러나 그가 강성할 때에 그 나라가 갈라져 천하 사방에 나누일 것이나 그 자손에게로 돌아가지도 아니할 것이요 또 자기가 주장하던 권세대로도 되지 아니하리니 이는 그 나라가 뽑혀서 이 외의 사람들에게로 돌아갈 것임이니라 남방의 왕은 강할 것이나 그 군들 중에 하나는 그보다 강하여 권세를 떨치리니 그 권세가 심히 클 것이요 몇 해 후에 그들이 서로 맹약하리니 곧 남방 왕의 딸이 북방 왕에게 나아가서 화친하리라 그러나 이 공주의 힘이 쇠하고 그 왕은 서지도 못하며 권세가 없어질 뿐 아니라 이 공주와 그를 데리고 온 자와 그를 낳은 자와 그때에 도와주던 자가 다 버림을 당하리라 그러나 이 공주의 본족에서 난 자 중에 하나가 그의 위를 이어 북방 왕의 군대를 치러 와서 그의 성에 들어가서 그들을 이기고 그 신들과 부어 만든 우상들과 그 은과 금의 아름다운 기구를 다 노략하여 애굽으로 가져갈 것이요 몇 해 동안은 그가 북방 왕을 치지 아니하리라 북방 왕이 남방 왕의 나라로 쳐들어갈 것이나 자기 본국으로 물러가리라 그 아들들이 전쟁을 준비하고 심히 많은 군대를 모아서 물의 넘침 같이 나아올 것이며 그가 또 와서 남방 왕의 견고한 성까지 칠 것이요 남방 왕은 크게 노하여 나와서 북방 왕과 싸울 것이라 북방 왕이 큰 무리를 일으킬 것이나 그 무리가 그의 손에 붙인 바 되리라 그가 큰 무리를 사로잡은 후에 그 마음이 스스로 높아져서 수만 명을 엎드러뜨릴 것이나 그 세력은 더하지 못할 것이요 북방 왕은 돌아가서 다시 대군을 전보다 더 많이 준비하였다가 몇 때 곧 몇 해 후에 대군과 많은 물건을 거느리고 오리라 그때에 여러 사람이 일어나서 남방 왕을 칠 것이요 네 백성 중에서도 강포한 자가 스스로 높아져서 이상을 이루려 할 것이나 그들이 도리어 넘어지리라 이에 북방 왕은 와서 토성을 쌓고 견고한 성읍을 취할 것이요 남방 군대는 그를 당할 힘이 없을 것이므로."

다니엘 11장의 예언들은 너무나 자세하게 기록되었기 때문에 어떤 학자들은 그것은 역사 속에서 이미 이루어진 일들을 예언처럼 꾸며서 이후에 만들었다고 의심한다. 그러나 다니엘서는 하나님의 예언서이다. 세월을 거쳐서 역사와 고고학적으로 증명된 하나님의 말씀이다. 12절 말씀은 페르시아 나라가 멸망하기 전에 고레스 왕 이후에 네 왕이 마지막으로 일어날 것을 말한다. 고레스 이후에 차례대로 그 아들 캄비세스가 왕위에 올랐다. 캄비세스를 처치하고 두 번째로 스멜디스가 왕이 된다. 그 다음에는 다리우스 왕인데 이름을 다리우스 히스타스페스라고 했다. 네 번째로 아닥사스다 왕인데 이 왕은 왕후 에스더의 남편 아하수에로의 왕이었다고 생각된다. 그는 부요한 왕이어서 나라를 부강하게 일으켰다고 했다. 돈으로 많은 군대를 만들어서 나라를 힘있게 했다. 이 왕이 아닥사스다 왕인데 역사에서는 크세르크스라고 부른다. 그가 헬라를 쳤다고 11장에 와서 말한다(2절). 헬라를 쳤으나 결국은 멸망한다. 그 다음에 "능력 있는 왕"이 일어나면서 헬라 나라 왕이 일어난다(3절). 10장 끝에서 헬라 나라가 일어날 것을 예언하였는데 11장에서 헬라가 일어나는 보다 자세한 장면이 나온다.

"한 능력 있는 왕"은 헬라의 알렉산더 대왕이다. 인도까지 이르는 거대한 제국을 만들었다. 강성할 때에 그 나라가 나뉘어진다고 했다(4절). 알렉산더 대왕이 인도까지 가서 정복한 다음에 돌아오는 길에 술을 많이 마신 후, 바벨론 지방에서 열병으로 B.C 323년에 요사했다. 다니엘서는 알렉산더 대왕의 자손에게 돌아가지 않고 네 장군들에게 돌아간다고 설명되어 있다(4절). 얼마나 정확한가! 세상 사방으로 나누어질 것이라는 예언대로 이루어졌다. 알렉산더 대왕의 휘하에 있던 장군 네 명이 헬라를 4분하여 나누어 가졌다. 리시마커스 장군이 북쪽을, 탈러미 장군은 남쪽을, 셀류커스 장군은 동쪽을, 캇산더 장군은 서쪽을 차지했다.

그러나 나중에 서로 갈등하고 오랜 전쟁을 한 후에 결국에는 네 나라가 두 나라로 합쳐지게 되었는데 북방 왕국(시리아)과 남방 왕국(애굽)으로 나뉘게 되었다. 다시 말해서 바벨론, 메대 페르시아, 헬라, 그 다음 북방 왕국과 남방 왕국 두 나라가 되었다. 이런 역사를 역사 순으로 자세하게 기록한 것이 다니엘 11장의 내용이다. 시리아(북방 왕)와 애굽(남방 왕)의 전쟁의 역사가 바로 북방 왕과 남방 왕의 시작이다. 나중에 시리아가 로마에게 정복당한 이후부터 예언에서 북방 왕의 존재는 로마제국이 되었다. 그 다음부터 로마와 애굽의 역사가 있게 되는 것이다. 그런데 유대 나라가 그 사이에 끼어서 많은 고난을 당했다.

6절에 북방 왕국 시리아와 남방 왕국 이집트(애굽)가 평화 조약을 한다고 되어 있다. 평화 조약을 하는데 그것은 애굽의 탈러미 2세가 자기 딸 버레니스를 북방 왕 셀류커스의 손자인 안티오커스 테오스에게 주어서 결혼을 시킨다. 그래서 잠시 평화가 유지된다고 설명하는 것이다. 안티오커스 테오스는 본 부인과 이혼하고 그 아들들을 호적에서 제적하고 버레니스와 결혼하면서 잠시 평화가 있긴 했다. 그러나 성경은 그 평화가 오래가지 못한다고 설명한다.

7절을 보면 그 후에 탈러미 2세의 세력이 약화되고 죽게 되자 그 후에 북방 왕인 안티오커스가 애굽 왕의 공주인 버레니스와 이혼하고 본 부인을 데리고 왔다. 그때 본 부인이 와서 얼마 있다가 자기를 처음에 버렸다가 다시 데려온 남편인 안티오커스를 독물로 죽이고 자기 아들을 왕위에 올려 세운다. 이렇게 복잡한 역사를 예언적으로 간단히 설명해 두었다. 애굽에서는 베레니스의 오빠가 자기 동생의 죽음을 복수하러 군대를 이끌고 올라와서 북방 왕국 시리아를 쳐서 이기고 많은 금, 은을 노략하여 간다.

후에 시리아의 왕들이 애굽을 계속 공격하려고 애쓰지만 실패하게 될 것을 성경은 예언해 둔 것이다. 시리아의 왕 안티오커스도 결국 실패하고 마는데 이것이 7~14절까지의 요약이다. 그런데 12절에는 애굽의 왕이 교만하여져서 유대인들을 핍박하고 이방신을 숭배하지 않는다는 이유로 수많은 유대인들을 죽일 것을 말하고 있다. "**그(애굽)가 큰 무리를 사로잡은 후에 그 마음이 스스로 높아져서 수만 명을 엎드러뜨릴 것이나 그 세력은 더하지 못할 것이요**"(단 11:12). 많은 사람을 죽이고 핍박한 내용 가운데 남방 왕국이 유대인들을 엄청나게 핍박한 사실도 여기에 포함되어 있는 것이다.

이렇게 남방 왕국과 북방 왕국인 시리아 왕국과 애굽 왕국의 전쟁에 대해서 설명한 다음에, 15절부터는 로마제국의 등장을 소개한다. 다시 말해서 세상 역사가 메대 페르시아와 헬라가 어떻게 되며, 또 헬라가 어떻게 분열되어서 북방 왕국과 남방 왕국이 되고, 북방 왕과 남방 왕 싸움에서 애굽이 어떻게 승리하며, 북방 왕국의 앗시리아(시리아)가 로마제국에 점령된 다음에 로마가 어떻게 북방 왕국으로 변하는지 여기서 보여주고 있는 것이다. 앞에서 설명했던 것처럼 북방 왕국과 남방 왕국이 나뉘어 전쟁을 하는데 시리아와 애굽의 세력 다툼이 된다. 그리고 드디어 이교 로마가 등장하고 그 후에 교황 로마가 순서대로 등장하는 예언을 기록하고 있다.

이 예언에서 초점은 무엇인가? 작은 뿔이 나타나기까지의 역사적 순서와 과정에 대해서 설명해 주는 것이다. 다리오가 살던 페르시아 시대부터 진행되는 역사에서 로마제국을 지나고 어떻게 교황 로마가 도래하는지를 말하고 있으며, 교황 로마인 짐승 세력이 하나님의 백성을 어떻게 핍박하고 성소와 진리를 어떻게 파괴하는가를 중점적으로 설명하면서 그 세력이 언제 어떻게 성립하는지에 대해서 설명하고 있다. 이미 다니엘 7장에서 작은 뿔의 정체에 대해서 설명했다. 다니엘 11장은 역사가 어떻게 흘러서 작은 뿔이 나타나게 되는지에 대해서 초점을 맞추고 있다. 그런데 여기서 로마제국을 이교 로마라고 부르는 이유는 그 이후의 교황 로마와 분리하기 위해서이다. 15절에는 로마가 폼페이 장군을 통해 유대 나라를 한 번 정복하고 핍박하는 모습이 기록되어 있다. 그런데 17절부터 24절까지는 로마가 세계적인 대제국으로 강성하여 가는 그림을 보여주고 있다.

단 11:17~30

"그가 결심하고 전국의 힘을 다하여 이르렀다가 그와 화친할 것이요 또 여자의 딸을 그에게 주어 그 나라를 패망케 하려 할 것이나 이루지 못하리니 그에게 무익하리라 그 후에 그가 얼굴을 섬들로 돌이켜 많이 취할 것이나 한 대장이 있어서 그의 보이는 수욕을 씻고 그 수욕을 그에게로 돌릴 것이므로 그가 드디어 그 얼굴을 돌이켜 자기 땅 산성들로 향할 것이나 거쳐 넘어지고 다시는 보이지 아니하리라 그 위를 이을 자가 토색하는 자로 그 나라의 아름다운 곳으로 두루 다니게 할 것이나 그는 분노함이나 싸움이 없이 몇 날이 못 되어 망할 것이요 또 그 위를 이을 자는 한 비천한 사람이라 나라 영광을 그에게 주지 아니할 것이나 그가 평안한 때를 타서 궤휼로 그 나라를 얻을 것이며 넘치는 물 같은 군대가 그에게 넘침을 입어 패할 것이요 동맹한 왕도 그렇게 될 것이며 그와 약조한 후에 그는 거짓을 행하여 올라올 것이요 적은 백성을 거느리고 강하게 될 것이며 그가 평안한 때에 그 도의 가장 기름진 곳에 들어와서 그 열조와 열조의 조상이 행하지 못하던 것을 행할 것이요 그는 노략하며 탈취한 재물을 무리에게 흩어주며 모략을 베풀어 얼마 동안 산성들을 칠 것인데 때가 이르기까지 그리하리라 그가 그 힘을 떨치며 용맹을 발하여 큰 군대를 거느리고 남방 왕을 칠 것이요 남방 왕도 심히 크고 강한 군대를 거느리고 맞아 싸울 것이나 능히 당하지 못하리니 이는 그들이 모략을 베풀어 그를 침이니라 자기의 진미를 먹는 자가 그를 멸하리니 그 군대가 흩어질 것이요 많은 자가 엎드러져 죽으리라 이 두 왕이 마음에 서로 해하고자 하여 한 밥상에 앉았을 때에 거짓말을 할 것이라 일이 형통하지 못하리니 이는 작정된 기한에 미쳐서 그 일이 끝날 것임이니라 북방 왕은 많은 재물을 가지고 본국으로 돌아가리니 그는 마음으로 거룩한 언약을 거스리며 임의로 행하고 본토로 돌아갈 것이며 작정된 기한에 그가 다시 나와서 남방에 이를 것이나 이번이 그 전번만 못하리니 이는 깃딤의 배들이 이르러 그를 칠 것임이라 그가 낙심하고 돌아가며 거룩한 언약을 한하고 임의로 행하며 돌아가서는 거룩한 언약을 배반하는 자를 중히 여길 것이며."

이것은 매우 놀라운 예언이다. 처음에는 북방 왕국이 시리아였는데 그 세력이 로마로 넘어간 후 북방 왕 로마와 남방 왕 애굽이 어떻게 전쟁하는가를 자세하게 보여준 다음에 교황권이 이교 로마인 북방 왕의 자리로 올라서는 장면을 소개한다.

17절은 애굽의 클레오파트라와 로마 왕들과의 관계에 대한 짧은 예언이다. 로마제국을 세운 쥴리어스 시이저가 동쪽의 시리아를 정복하고 애굽을 치러 갔을 때에 애굽의 탈러미 11세가 죽었다. 그가 죽으면서 어린 아들과 딸 클레오파트라에게 함께 나라를 다스리도록 명했다. 그런데 클레오파트라의 동생이 누나를 무시하고 자신이 전국을 다스리려고 하였는데, 이것은 클레오파트라를 화나게 만들었고 내전이 일어났다. 이러한 상황에서 로마의 장군 쥴리어스 시이저가 애굽을 공격하여 온 것이다. 클레오파트라는 다음과 같은 계략을 꾸몄다. "내가 저 로마 장군에게 붙으면 애굽을 다스리는 자가 되겠구나." 그래서 다음과 같은 유명한 이야기가 남겨지게 된다.

클레오파트라가 힘센 종에게 부탁해서 자기를 큰 상자에 넣은 다음 그 종으로 하여금 상자를 어깨에 메고 시이저의 방으로 가서 선물을 가져 왔다고 말하게 하였다. 아무도 없을 때 클레오파트라는 상자에서 빠져 나왔다. 클레오파트라의 아름답고 요염한 모습을 본 시이저는 그녀를 첩으로 삼는다. 17절은 클레오파트라는 로마를 자기의 아름다움을 통해 가져보려고 했지만 나중에 실패하게 된다는 짧은 예언이다.

그 후에 로마가 아프리카 북부 지방 섬나라들을 정복하고 시이저는 본국으로 돌아가지만 암살을 당해 죽는다. 18, 19절 "**그 후에 그가 얼굴을 섬들로 돌이켜 많이 취할 것이나…거쳐 넘어지고 다시는 보이지 아니하리라.**" 20절의 "토색하는 자"는 어거스터스(Augustus)황제를 말하는데 그 황제는 각 로마제국의 속국들에게서 세금을 걷는 제도를 만들었다. 그것을 "토색하는 자"라고 성경은 말하고 있다. 어거스터스 황제가 만든 세금 징수 제도를 법령화할 즈음에 요셉과 마리아는 세금을 내기 위하여 호적을 하러 베들레헴에 갔다가 예수님을 탄생하였던 것이다.

21절에 나오는 "비천한 사람"은 타이베리우스 황제를 말한다. 그는 아주 간악한 자였기 때문에 어거스터스는 타이베리우스를 왕좌에 올리지 않기 위해서 애를 썼다. 그러나 결국에는 보좌에 오르고 왕이 된다. 22절의 "동맹한 왕(Prince of the covenant)"은 언약의 왕으로서 그리스도를 상징한다. 예언을 모르는 사람이 번역을 했기 때문에 "동맹한 왕"이라고 했지만 올바른 번역은 "언약의 왕"이다. 그 당시 로마의 못 때문에 예수님께서 십자가에 돌아가심으로서 피의 언약을 맺지 않았는가! 로마제국은 약소 국가들과 불평등한 조약을 맺고 그들을 이용해서 큰 제국이 된다.

24절 "얼마 동안 산성을 칠 것"에서 "얼마 동안"이란 말이 영어 성경에는 "한 때"라고 되어 있는데 고대 영어에서 "한 때", "a time", 곧 1년이다(for a time=한 때=1년 인데 1년은 유대력으로 360일이므로 1일=1년이라는 기간 환산법에 의하여 360년임). 로마가 360년 동안 왕성할 것이라는 예언이다. 로마 제국은 애굽에 있는 악티움 전쟁(B.C 31)에서 승리한 다음부터 제국으로서의 면모를 갖추게 되었으며 A.D 330년에 컨스탄틴 황제가 수도를 로마에서 컨스탄티노플로 천도할 때까지 서 로마가 왕성했다가 그 다음부터 내리막길을 달린다. 예언은 정확하게 이루어졌다.

그 다음 식탁에서 먹고 지내던 어거스터스 시이저(옥타비우스)와 마크 안토니오는 서로 매제와 매형지간이었는데 쥴리어스 시이저가 죽은 후에 서로 왕권을 차지하려고 싸우다가 안토니오가 져서 클레오파트라가 있는 애굽으로 도망가서 클레오파트라의 애인이 된 다음에 클레오파트라와 공모하여 로마를 치려고 했다. 그래서 어거스터스가 로마의 군대를 이끌고 애굽에 내려와서 자기의 매제가 있는 안토니오와 전쟁을 한다. 이 전쟁에서 안토니오는 패전하여 자살하였고 클레오파트라도 죽고 만다. 이 세상의 권세도 없어지고 아름다움도 없어지지만 하나님을 믿고 주의 명령을 지키는 자는 영원히 사는 것을 역사 가운데서 보는 것이다.

30절 **"이는 깃딤의 배들이 이르러 그를 칠 것임이라 그가 낙심하고 돌아가며 거룩한 언약을 한하고 임의로 행하며 돌아가서는 거룩한 언약을 배반하는 자를 중히 여길 것이며"** 여기에서 "깃딤의 배들"은 외부의 야만족들의 침입을 말한다. 이로 인해 서쪽의 이교 로마는 멸망의 길을 걷게 된다. "거룩한 언약"은 하나님의 진리 곧 계명인데, 이교 로마는 언약을 배반하는 자를 중요하게 여긴다. 다시 말하면, 이교 로마가 진리대로 살지 않고 말씀대로 살지 않으며 계명대로 살지 않고 예수의 정신으로 살지 않으며 정치와 타협하고 돈을 좋아하는 로마 기독교회의 감독을 중히 여긴다는 의미이다. 이것은 이교 로마가 교황 로마에게 힘을 주는 것으로 설명할 수 있다. 이러한 상황 속에서 교황의 세력이 이교 로마 권력층의 지지에 힘입어 크게 부상하게 된다. 이교 로마는 로마 교회의 머리인 감독으로 하여금 이단을 척결하고 박멸하게 하고 전 세계 교회의 우두머리로 임명, 보좌에 앉게 해 준다는 예언이다.

단 11:31

"군대는 그의 편에 서서 성소 곧 견고한 곳을 더럽히며 매일 드리는 제사를 폐하며 멸망케 하는 미운 물건을 세울 것이며."

"군대는 그의 편에 서서"에서 "군대"는 로마의 군대를 말하는데 이 군대가 로마 교황 편에 서고, 나아가서는 불란서의 군대가 합세한다. 클로비스(Clovis) 왕이 로마교로 개종한 다음에 그는 교황권의 세력을 확립시켰다. 그래서 로마의 군대와 프랑크족인 클로비스 왕의 힘이 커지면서 교황권에게 힘을 실어 주었다. 커다란 세력을 얻은 교황권은 진리를 폐하고 하나님의 뜻을 어기며 "멸망의 미운 물건"을 세운다. 다니엘서는 "멸망의 미운 물건"이 작은 뿔 즉, 교황권이라는 사실을 계속해서 증명하고 있다. 중세기의 교황권의 핍박은 "작정한 기한"까지 계속된다(35절).

단 11:32

"그가 또 언약을 배반하고 악행하는 자를 궤휼로 타락시킬 것이나 오직 자기의 하나님을 아는 백성은 강하여 용맹을 발하리라."

그러나 그 가운데 정말 말씀을 믿고 진리를 사모하며 하나님을 신뢰하는 자들은 계속 남아서 교황권에게 굴복하지 않을 것을 말한다. 즉, 종교 개혁 운동이 생길 것을 여기에서 은유하고 있다.

단 11:33

"백성 중에 지혜로운 자가 많은 사람을 가르칠 것이나 그들이 칼날과 불꽃과 사로잡힘과 약탈을 당하여 여러 날 동안 쇠패하리라."

    교황권 아래서 종교 개혁을 하는 사람들, 진리를 믿는 사람들, 계명에 순종하는 사람들이 얼마나 많이 핍박당하고 투옥되며 목이 잘리고 불에 타 순교 당했는가! 수천만 명이 순교 당하지 않았는가!

단 11:34,35

"그들이 쇠패할 때에 도움을 조금 얻을 것이나 많은 사람은 궤휼로 그들과 친합할 것이며 또 그들 중 지혜로운 자 몇 사람이 쇠패하여 무리로 연단되며 정결케 되며 희게 되어 마지막 때까지 이르게 하리니 이는 작정된 기한이 있음이니라."

    교황권이 중세기에 하나님의 백성들을 핍박하고 죽이고 순교시키는 일들을 자행하지만 거기에도 기한이 있다고 말하고 있다. 그들의 배도와 핍박에 1260년 동안의 한정된 기한이 있다고 말하고 있는 것이다. 11장에서는 7장과 8장의 예언을 조금 더 자세하게 설명하고 있는 것을 볼 수 있다.

단 11:36

"이 왕이 자기 뜻대로 행하며 스스로 높여 모든 신보다 크다 하며 비상한 말로 신들의 신을 대적하며 형통하기를 분노하심이 쉴 때까지 하리니 이는 그 작정된 일이 반드시 이룰 것임이니라."

    로마 교황권은 하늘에 계신 신들의 신인 하나님을 대적하며 참람된 일을 할 것이라고 계시록 13장에 기록되어 있지만 구약 시대에 기록된 다니엘 7장에 이미 교황권에 대한 예언이 정확하게 기록되어 있다. 이교 로마에서 올라온 로마 교황권이 1260년 동안 온 세상을 다스리면서 그 작정된 일을 이룰 때까지 번성할 것이지만 그 끝이 온다.

단 11:37,38

"그가 모든 것보다 스스로 크다 하고 그 열조의 신들과 여자의 사모하는 것을 돌아보지 아니하며 아무 신이든지 돌아보지 아니할 것이나 그 대신에 세력의 신을 공경할 것이요 또 그 열조가 알지 못하던 신에게 금, 은 보석과 보물을 드려 공경할 것이며."

여기에 교황권의 본질이 나타나 있다. 로마 교황권은 교회이지만 성경의 진리보다 국가와 종교가 연합하는 세력의 힘과 재물을 더 중히 여긴다는 뜻이다. 그들은 지위, 인기, 많은 사람들, 금과 은을 더 섬긴다.

단 11:39

"그는 이방신을 힘입어 크게 견고한 산성들을 취할 것이요 무릇 그를 안다 하는 자에게는 영광을 더하여 여러 백성을 다스리게도 하며 그에게서 뇌물을 받고 땅을 나눠주기도 하리라."

교황권이 이교 세력과 연합하여 기독교회의 참 진리와 이교의 가르침을 섞어 놓음으로써 교회를 타락시키는 모습이 그려져 있다. 돈으로 사람들을 사고 자신을 지지하는 사람들만 높이며 반대의 입장에 서있는 사람들은 박멸하고 핍박하는 모습이 여기에 나온다. 로마 교황권은 진리를 폐하고 교회를 타락시켰으며 참 주의 백성들을 핍박하고 죽이는 일을 자행했다. 그들은 재물을 좋아하였으며 금으로 치장하기를 좋아했다. 다니엘 11장에는 교황권의 세속적 모습에 관한 자세한 설명이 기록되어 있다.

다니엘 11장 40~45절은 우리가 살고 있는 20세기, 21세기인 바로 이 시대에 대한 예언이다. 참으로 놀랍다. 공산주의가 멸망할 것을 예언하고 앞으로 미국이 어떻게 될 것과 교황권이 세상을 어떻게 할 것인가에 대해 알려준 마지막 예언이 11장의 마지막 6절 가운데에 들어있는 것이다. 성경은 분명한 책이다. 성경 속의 예언은 역사를 통하여 분명하게 성취되어 왔다. 그러므로 11장의 마지막 예언들도 우리 시대에 성취될 것이다. 때가 얼마 남지 않았다. 예수님께서 속히 오신다.

지구 역사의 마지막 부분에 대한 예언 | 제11장

The End-time Prophecy

11
Chapter Eleven
Part 2

다니엘서 제 11 장 – 2부

지구 역사의
마지막 부분에 대한 예언

다니엘 11장 1~39절까지의 복습

1. **북방 왕인 교황권의 시작** : 앞장에서는 역사 속에서 전개되는 남방 왕과 북방 왕의 대결과 그 투쟁이 전개되는 장면을 보았는데, 그러한 와중에서 두 번째 북방 왕 세력인 로마제국의 황제가 그리스도교회로 개종하면서 교황권에게 엄청난 세도를 넘겨주는 장면이 나온다. 이때부터 교황권이 세 번째 북방 왕의 권좌를 차지하게 되었고, 온 유럽은 캄캄한 종교 암흑시대로 접어들게 되었다. "거룩한 언약을 배반한 자를 중히 여길 것이며…멸망케 하는 미운 물건을 세울 것이며"(30,31절).

계속해서 나오는 32,33절에는 중세기의 종교 암흑시대 동안에 교황권이 하나님의 계명과 진리를 훼파하고, 성경적인 믿음을 고수하는 종교 개혁자("지혜로운 자")들에 대한 핍박과 박해의 장면이 나온다. "**그가 언약을 배반하고…백성 중에 지혜로운 자가 많은 사람을 가르칠 것이나 그들이 칼날과 불꽃과 사로잡힘과 약탈을 당하여 여러 날 동안 쇠패하리라**." 그러나 35절에는 중세기 동안의 핍박과 박해를 통과하는 하나님의 참 백성들에게 커다란 용기를 가져다 주는 희망의 빛이 나온다. 즉, 하나님의 예언에 의해서 "작정된" 기간인 1260년(종교 암흑시대)의 끝인 1798년을 기점으로 "마지막 때"

제11장 2부 | 239

로 돌입하게 될 것이라는 예언의 말씀이 나온다. "또 그들 중 지혜로운 몇 사람이 쇠패하여 무리로 연단되며 정결케 되며 희게 되어 마지막 때까지 이르게 하리니 이는 작정된 기한이 있음이라"(35절).

2. <u>무신론 세력인 남방 왕의 권좌가 바뀌는 역사의 과정</u> : 북방 왕이 로마제국에서 교황권으로 바뀌면서, 무신론 세력을 대표하는 남방 왕의 자리도 세계사에서 그 세력을 완전히 잃어버린 애굽으로부터 프랑스로 바뀌었다. 1260년의 종교 암흑시대의 끝이 가까워오자, 유럽에서는 교황권의 압제적인 신본주의에 대한 저항으로써, 르네상스와 인본주의 사상이 불타올랐는데, 특히 프랑스에서는 이러한 사상을 배경으로 해서 성경과 신의 존재를 부인하는 세력들에 의한 혁명이 일어나게 되었고, 이로써 프랑스는 무신론을 공식적으로 주창하는 세 번째 남방 왕의 자리에 앉게 되었다. 그러므로 40절에 나오는 "마지막 때"란, 세 번째 북방 왕(교황권)과 남방 왕(프랑스 무신론주의)의 대결이 시작되는 시점을 말하는데, 바로 그때에 프랑스 혁명정부를 상징하는 남방 왕이 북방 왕인 교황권의 세도를 무너뜨리는 역사적인 사건이 일어났다. "마지막 때에 남방 왕이 그(주: 북방 왕)를 찌르리니"(단 11:40). 하나님의 예언의 시계가 종교 암흑시대의 끝인 "마지막 때" 즉, 1798년을 가리키자, 프랑스 혁명정부의 버티어 장군이 교황 피우스 6세를 로마로부터 파리로 압송하여 감옥에서 옥사시킴으로써, 1260년 동안의 길고 긴 종교 암흑시대가 그 종말을 고함과 동시에, 지구 역사의 마지막 시대가 그 막을 열게 되었다.

지금 이루어지고 있으며 앞으로 성취될 예언

다니엘 11장 1~39절까지는 메대 페르시아 시대부터 교황권이 권력을 가지고 세상을 다스리게 되는 시대까지를 다루는 예언이었다. 그러나 지금부터 공부하게 될 다니엘 11장 40~45절의 예언은 우리가 살고 있는 이 마지막 시대에 대한 예언이다. 성경에 나타나 있는 거의 모든 예언들은 이미 과거에 정확하게 성취되었다. 앞으로 예수께서 이 땅에 오시기 전까지 이루어질 예언은 불과 몇 가지밖에 남아 있지 않은데 특별히 다니엘 11장 40~45절에 나오는 예언은 최근 우리 눈앞에서 이루어지고 있는 세상 역사와 사건에 대한 예언을 다루고 있다. 우리가 살고 있는 이 시대에 펼쳐지고 있는 예언에 대한 분명한 이해는 예수 그리스도의 두 번째 오심을 위해 준비하고 있는 모든 그리스도인들의 영적인 안목과 시야를 보다 넓고 깊게 만들어 줄 것이며, 항상 깨어 주님의 오심을 준비하도록 만들어 줄 것이다.

다니엘서에 나타나 있는 예언의 거의 대부분은 과거에 이미 모두 성취되었다. 그러나 지금부터 연구하려고 하는 다니엘 11장 40~45절까지의 여섯 개의 성경절에 나타나 있는 예언은 우리 시대를 위하여 남아 있다. 우리는 우리 당대에 이 성경절들에 나타나 있는 예언들이 성취되는 것을 눈으로 볼 수 있는 특권을 가지고 살고 있다. 얼마나 놀라운 사실인가! 이 성경절에 나타나 있는 예언들은 이 지구 역사의 마지막 순간에 일어날 사건들을 다루고 있으므로, 장래의 사건들에 대하여 진지한 열심을 가지고 있는 그리스도인들에게 있어서 이 연구는 불투명한 미래의 문을 여는 중요한 열쇠가 될 것임에 틀림이 없다.

단 11:40~45

"마지막 때에 남방 왕이 그를 찌르니 북방 왕이 병거와 마병과 많은 배로 회리바람처럼 그에게로 마주 와서 그 여러 나라에 들어가며 물이 넘침 같이 지나갈 것이요 그가 또 영화로운 땅에 들어갈 것이요 많은 나라를 패망케 할 것이나 오직 에돔과 모압과 암몬 자손의 존귀한 자들은 그 손에서 벗어나리라 그가 열국에 그 손을 펴리니 애굽 땅도 면치 못할 것이므로 그가 권세로 애굽의 금 은과 모든 보물을 잡을 것이요 리비아 사람과 구스 사람이 그의 시종이 되리라 그러나 동북에서부터 소문이 이르러 그로 번민케 하므로 그가 분노하여 나가서 많은 무리를 다 도륙하며 진멸코자 할 것이요 그가 장막 궁전을 바다와 영화롭고 거룩한 산 사이에 베풀 것이나 그의 끝이 이르리니 도와줄 자가 없으리라."

마지막 때를 위한 예언

이 예언은 마지막을 위해 주어진 것이다. 그래서 이 예언은 "마지막 때에"라는 말로 시작된다(40절). "마지막"이란 단어의 영어의 뜻을 보면 "at the time of the end"라고 되어 있는데, 이 뜻은 누구나 알 수 있듯이 "마지막 시대" "말세" 곧 우리가 살고 있는 이 시대를 뜻한다. 다니엘서의 예언에는 1260년간의 중세기 종교 암흑시대, 즉 성도들이 핍박을 받던 시대가 나오는데, 앞에서 공부했던 것처럼 1260년의 예언은 1798년도에 끝마쳐진다. 그때부터 그리스도인들은 이 세상이 드디어 말세, 곧 마지막 때에 접어 들었다고 말하기 시작하였다. 1798년은 아주 의미심장한 해인데, 이 해를 전후로 교황권이 잠시 동안 몰락하게 되었고, 프랑스 혁명이 일어나 무신론 세력이 기치를 들기 시작했으며, 또한 신대륙이 발견되면서 미국이 건국되어 일어남으로써 이 세상 역사는 드디어 말세를 가리키고 있는 예언의 시대로 접어들게 되었다.

그런데 예언을 푸는 한 가지 원칙이 있다. 십자가 이후에 이스라엘에 관련된 모든 일들은 그것이 문자적이든지 상징이든지 간에 교회에 속한 일로 해석해야 한다. 다니엘과 요한계시록의 예언을 풀 때, 이 원칙은 특별히 계속 적용될 수 있는데, 하나님께서는 바울에게 교회가 어떻게 하나님의 이스라엘이 되는지에 대하여 말씀해 주셨다. "곧 **육신의 자녀가 하나님의 자녀가 아니라 오**

직 약속의 자녀가 씨로 여기심을 받느니라"(롬 9:8). "너희가 그리스도께 속한 자면 곧 아브라함의 자손이요 약속대로 유업을 이을 자니라"(갈 3:29). 이 말씀처럼 현시대의 그리스도인들은 영적인 이스라엘 백성이며, 과거에 이스라엘 백성들에게 일어났던 영적인 일들과 상태는 마지막 시대의 모든 교회와 교인들에게 일어날 일들과 영적 상태를 상징한다고 말할 수 있다. 그래서 현대 교회는 영적인 이스라엘이라고 보아야 한다.

시대에 따라 변하는 북방 왕과 남방 왕의 정체

"마지막 때에 남방 왕이 그를 찌르리니 북방 왕이 병거와 마병과 많은 배로 회리바람처럼 그에게로 마주 와서 그 여러 나라에 들어가며 물이 넘침 같이 지나갈 것이요"(40절).

또한 남방 왕과 북방 왕의 연구에 앞서서 먼저 한 가지 이해하고 지나가야 할 중요한 원칙이 있는데 그것은 다니엘서 11장에 나오는 북방 왕과 남방 왕이 항상 같은 시대의 어떠한 특정 나라에게만 국한될 수가 없다는 사실이다. 그 이유는 다니엘 11장 예언이 세계 역사의 흐름에 따라 시대적으로 어떠한 사건들이 일어날 것이며, 마지막 시대에 가서는 과연 세상이 어떠한 식으로 끝나게 될 것이고, 또한 이러한 역사적 사건들이 하나님의 참 교회와 무슨 관계를 가지게 될 것인지를 보여주는 방대하고도 기나긴 역사를 제시하는 긴 예언이기 때문이다. 그래서 나라들이 일어났다가 사라지는 흥망성쇠의 역사를 반복하면서, 팔레스타인의 북쪽과 남쪽에서 시작된 북방 왕과 남방 왕의 대결은 그것이 벌어지는 투쟁의 시기와 장소와 양상에 따라 그때 그때마다 시대를 지나가면서 변화되는 것이다. 이것은 긴 예언이기 때문에 어떤 특정한 나라가 전체 긴 예언의 주인공으로 계속 남아있을 수가 없는 것이다.

그러므로 우리는 다니엘 11장의 초반부터 끝까지 반복적으로 등장하는 북방 왕과 남방 왕을 어떤 특정한 나라에만 한정시킬 수가 없다. 그 당시마다 이 특성에 맞는 나라들을 살펴 보아야 하며, 또한 나아가서는 북방 나라와 남방 나라의 영적인 특징들을 연구하여 영적인 입장에서 적용시켜야 한다. 다니엘 11장 전체에서 남방 왕과 북방 왕은 4번에 걸쳐서 그 정체와 투쟁의 양상이 변화되는데, 성경에서 방향을 가리킬 때는, 그 기준을 예루살렘을 중심으로 한다. 성경에 쓰여진 히브리어를 보면 "남방"이라는 단어는 항상 "이집트(애굽)"과 관련이 있는 단어였다.

성경 역사에 나오는 모든 나라들 중에 이집트(애굽)는 가장 대담하게 살아계신 하나님의 존재를 부인하고 그분의 명령에 저항한 나라였다. 그리고 어느 왕국 중 애굽의 왕만큼 공개적이고 직접적으로 하늘의 권위에 반항하고 도전한 왕조가 없었다. 모세가 여호와의 이름으로 하나님의 기별을 전달했을 때, 애굽 왕 바로는 거만하게도 "**여호와가 누구관대 내가 그 말을 듣고 이스라엘을 보내겠느냐? 나는 여호와를 알지 못하니**"(출 5:2)라고 말하였다. 애굽 왕 바로에 의한 이 말은 곧 무신론 사상을 대표하는 말이라고 할 수 있는데, 이 무신론 사상은 이집트 국가에 의하여 가장 잘 대표되어 나타났으며, 살아계신 하나님을 부인하고 성령의 현저한 계시의 현상에 대하여 눈을 감고 불신하는 사상이었다.

다니엘 11장 40절 예언에 나오는 "남방 왕"은 요한계시록 11장에 있는 예언과 깊은 연관이 있다. 요한계시록 11장 8절에 나오는 예언, 즉 프랑스의 무신론주의 혁명에 대한 예언을 보면 프랑스를 "큰 성" 또는 영적으로 "소돔과 애굽"이라고 부른 것을 알 수 있다. 마지막 때가 시작되는 1798년의 얼마 전에 사단의 특성을 가진 세력이 성경을 없애고 대적하는 엄청난 투쟁을 일으켰는데 그 세력은 하나님의 "두 증인"인 구약과 신약 성경을 없애려 한 무신론 세력이었다. 이 무신론 세력을 애굽이라고 하고 애굽이 또한 남방 왕으로 출발하게 되었던 것이다.

무신론 사상은 1793년 프랑스 혁명을 통하여 수많은 사람들의 지지를 받고 일어났다. 프랑스는 혁명을 일으킨 다음 창조를 부인했다. 프랑스 혁명 당시에 무신론 사상은 의회에서 만장일치로 통과되었다. 하나님께 대한 신앙과 예배를 부인하는 법이 국가에 의하여 만들어졌다. 우주의 창조주에 대하여 공공연하게 반역의 손을 든 국가로서 역사적으로 확증된 기록을 남긴 나라는 세계에서 오직 프랑스뿐이며 이 세력이 바로 바로 교황을 찔러 무너뜨렸다. 그래서 최초의 남방 왕이 애굽이었었지마는 이 시점에서는 남방 왕의 세력이 프랑스로 옮겨지게 되었다. 피우스 6세를 잡아다가 옥에 가두어서 죽게 하여 '교황을 찌른 세력', 즉 나폴레옹의 혁명세력이 남방 왕이었다.
　그렇다면 근대에 와서 남방 왕의 실체는 무엇일까? 근대 및 현대에 있어서도 무신론 이념을 추구하는 국가가 존재했는가? 그렇다. 러시아의 볼쉐비키 혁명이 아닌가! 흥미로운 것은 세계의 역사에 나타나는 무신론주의의 특성의 하나는 항상 혁명을 뒤에 엎고 일한다는 것이다. 프랑스 혁명을 통하여 시작된 무신론주의는 프랑스를 남방 왕의 위치에 놓게 되었고, 프랑스 혁명으로 인하여 뿌려졌던 무신론주의의 씨앗들은, 백 년이 조금 지난 후인 1917년에 일어난 러시아 혁명으로 발아하게 되었고 나중에 그것이 소련연방이 되었다. 러시아 혁명을 통하여 무신론 사상은 공산주의 이론의 기초가 되었고, 공산주의를 표방하는 강한 국가인 소련 연방을 탄생시켰다. 많은 나라들이 혁명이라는 과정을 통해서 공산주의 국가인 구 소련의 수하로 들어왔고, 혁명을 통하여 무신론을 근거로 한 공산주의 사상이 소련의 지배를 받는 모든 국가들로 침투되어 들어가 그 사상을 심어 주게 된 것이다. 구 소련연방의 지배에 들어 간 나라들은 거의 모두 천주교 세력의 지배를 받던 나라들이었다.
　북방 왕은 그러면 누구를 가리키는가? 최초의 북방 왕은 예루살렘에서 동북쪽에 있는 바벨론을 가리켰다. "**보라 내가 보내어 북방 모든 족속과 내 종 바벨론 왕 느부갓네살을 불러다가 이 땅과 그 거민과 사방 모든 나라를 쳐서**

진멸하여 그들로 놀램과 치소거리가 되게 하며 땅으로 영영한 황무지가 되게 할 것이라"(렘 25:9). "나 주 여호와가 말하노라 내가 열왕의 왕 곧 바벨론 왕 느부갓네살로 북방에서 말과 병거와 기병과 군대와 백성의 큰 무리를 거느리고 와서 두로를 치게 할 때에"(겔 26:7). 그러므로 "북방 왕"은 "바벨론"을 가리킨다. 그러나 현시대에 고대 바벨론은 존재하지 않으므로, 영적으로 "바벨론"의 특성을 가진 종교 단체나 종교 세력을 바벨론, 즉 북방 왕에 적용시켜야 할 것이다.

요한계시록에는 바벨론을 상징하는 여자에 대하여 다음과 같이 묘사되어 있다. "그 여자는 자주빛과 붉은 빛 옷을 입고 금과 보석과 진주로 꾸미고 손에 금잔을 가졌는데, 가증한 물건과 그의 음행의 더러운 것들이 가득하더라. 그 이마에 이름이 기록되었으니 비밀이라, 큰 바벨론이라, 땅의 음녀들과 가증한 것들의 어미라 하였더라. 또 내가보매 이 여자가 성도들의 피와 예수의 증인들의 피에 취한지라…"(계 17:4,5,6). "땅의 임금들을 다스리는 큰 성이라"(계 17:18).

이상의 성경절들에 나타난 바벨론의 특성과 연관지어 생각해 볼 때, 영적으로 바벨론의 특성을 가진 종교 단체는 로마 교회인 것을 알 수 있다. 과거에 그리스도교국의 모든 왕들에 대하여 여러 세기 동안 전제적 세력을 휘둘러온 종교 세력은 로마 교회이다. 성경에 쓰여진 대로 그 자주빛과 붉은 빛, 금과 보석과 진주는 과거로부터 로마 교황이 취했던 존귀와 일반 임금들보다 뛰어난 위세를 여실히 묘사해 준다. 또한 바벨론이 "성도들의…피에 취한지라"고 기록되어 있는데, 과거에 진실한 기독교인들을 매우 잔혹하게 박해한 로마교회 이외에는 그런 세력으로 인정받을 만한 세력이 없다.

또 바벨론은 "땅의 임금들"로 더불어 불법적 관계를 맺는 것으로 나와 있는데, 일찍이 유대교가 주님을 떠나 이교도로 더불어 동맹을 맺음으로 음녀가 되었던 것처럼, 로마교회도 그와 마찬가지로 세속적 권력의 지지를 받기 위하여 왕권과 결탁하였으며, 자신의 종교와 세속적 권력을 결속시켜 하나님의 신실한 백성들과 참 교회를 핍박하는 음녀 역할을 하였다. 로마 교회는 현대 혹은 영적인 바벨론을 조종하는 세력을 세상에 펴고 있다. 로마교는 과거의 세력을 다시 구축하고 잃어버린 최상권을 회복하기 위한 목적을 관철시키고 있다. 결론적으로 현시대의 "북방 왕"은 교황권을 말한다.

북방 왕의 복수

"북방 왕이 병거와 마병과 많은 배로 회리바람처럼 그에게로 마주 와서 그 여러 나라에 들어가며 물이 넘침 같이 지나갈 것이요" (단 11:40).

교황권이 찌름을 받은 사건이 있는데 이것을 가지고 남방 왕이 북방 왕을 찔렀다고 했다(40절). 다시 말해서 남방 왕 애굽이 나중에는 프랑스로 옮겨 갔듯이 북방 왕 바벨론이 말세에는 교황권으로 옮겨 간 것이다. 1798년에 남방 왕(프랑스)이 프랑스 혁명을 일으켜서 북방 왕(교황권)을 찌름으로써 북방 왕(교황권)은 잠시 동안 죽게 되었다. 다니엘 11장 40절에 예언된 대로 남방 왕이 북방 왕으로 표상된 교황을 "찌르"는 일이 1798년에 일어났다. 그 이후에, 교황권의 "죽게 되었던 상처"가 낫기 시작하게 되는 시점을 살펴보면, 이탈리아의 무솔리니가 108에이커의 땅인 바티칸을 교황에게 주면서 독립국가로 인정해 준 라테란 조약(1929년)이 바로 그것이다. 이렇게 상처가 나아지자 로마교회의 교황권(북방 왕)은 남방 왕(공산주의 세력)을 공격하기 위한 계획을 암암리에 세워나가기 시작하게 된다. 그런데 말세에는 남방 왕이 어디로 옮겨졌다고 했는가? 무신론 세력인 공산주의로 옮겨졌다고 했다. 곧 교황권이 공산권에게 복수를 하게 되는 것이다.

"마지막 때(1798년 이후)에 남방 왕(프랑스 무신론 세력)이 그(북방 왕인 교황권)를 찌르니 북방 왕(교황권)이 병거와 마병과 많은 배로 회리바람처럼 그(남방 왕)에게로 마주 와서 그 여러 나라에 들어가며 물이 넘침 같이 지나갈 것이요"(40절). 여기서 "찌르다" 즉 "push"의 뜻은 "뿔로 찌르다"는 의미인데, 이것은 비유적인 표현으로서 "대항하여 전쟁을 하다", 혹은 "유혈사태", 또는 "폭력을 사용하여 싸운다"는 뜻이다. "마지막 때에 남방 왕이 그를 찌르리니" 여기서 언급된 "남방 왕"은 마지막 때가 시작하는 기점에 존재하는 남방 왕이어야 한다.

일찍이 찌름을 받았던 북방 왕(교황권), 즉 상처가 나은 북방 왕이 말세에 들어와서 자신을 상해한 남방 왕에 대해서 복수 및 대반격을 가하는 장면이 예언된 것이다. 그런데 어떤 방법으로 복수를 하는가? "병거와 마병과 많은 배로 회리바람처럼 그(남방 왕—무신론주의)에게로 마주 와서"라는 말씀에서 힌트를 얻을 수 있다. 성경에서 "병거와 마병"은 군사력을 상징하고 "배"는 무역과 장사를 상징하며 "회리바람"은 갑작스러운 사건을 상징한다. 마지막 때가 시작된 1798년 이후에 교황권(북방 왕)이 무신론 세력(남방 왕)을 회오리바람처럼 대적한 일이 있었는가? 그렇다. 이 예언적 사건은 불과 몇 해 전에 우리들의 눈앞에서 분명하게 성취되었다. 교황권(북방 왕)이 공산주의 국가 소련(무신론 남방 왕)을 찔렀다.

잠시 과거를 생각해 보자. 무신론을 신봉하는 공산주의는 한때 교황권의 지배를 받았던 여러 나라들을 점령함으로써 그 나라들에 퍼져 나가게 되었다. 공산주의 세력이 점령했던 지역은 동남 아시아, 동유럽, 중남미인데, 무신론 세력인 공산주의에 의해서 점령당한 나라들에서는 교황권과 천주교의 세력이 발을 붙일 수 없게 되어 버린 것이었다. 그래서 교황권이 공산주의를 무너뜨리고 다시 자기 세력들의 나라를 찾기 위해 복수한 것이다.

볼쉐비키 혁명이 일어난 5년 이내에 소련에서 28명의 천주교 감독과 1200명의 신부들이 다른 개신교 성직자들과 마찬가지로 처형되었으며, 스탈린 정권 때에도 수만 명의 천주교 성직자들이 처형을 받았다. 세계 2차 대전 후에는 소련 유크레인에서 약간 나아지기는 했지만 그래도 무서운 핍박이 기독교인들과 그 지도자들, 그리고 천주교도들에게 이르러 왔다(1989. 12. 4. 타임지 참조). 그리하여 천주교 세력은 공산권 국가에서 발을 붙일 수 없게 되었다. 이렇게 되자, 교황권과 무신론 세력(소련) 사이에 치열한 투쟁이 벌어지게 되었다. 그래서 공산주의 국가를 "회리바람처럼" 쳐들어갔다.

세계적인 시사매거진, 뉴스위크에서는 1989년 12월 25일자에 "회오리바람의 시대"라는 제목으로 놀라운 기사가 실렸는데, 그것은 다름이 아닌 소련의 붕괴를 다룬 기사였다. 타임지에서 성경의 단어를 써서 표현했던 것은 우연이었을까? 선지자 다니엘은 하나님의 계시를 받아서 교황권이 "병거와 마병", 즉 경제적인 힘과 군사적인 힘을 가지고, "회리바람처럼" 강하게, 그리고 갑자기, 또 충격적으로 "그에게로" 마주와서(대항하여) 소련을 무너뜨릴 것을 예언했던 것이다. 예언은 성취되었다! 성경은 하나님의 살아있는 말씀이다. 우리는 성경을 통해서 미래를 볼 수 있기에 빛의 아들들이다.

교황권이 폴란드에서 시작한 노조운동을 비밀리에 지지해 주면서 시작된 공산권의 붕괴는 실로 놀라운 세기적인 사건이 아닐 수 없다. 북방 왕이 남방 왕을 칠 때에는 **병거와 마병과 많은 배로 회리바람처럼 여러 나라에 들어**갈 것이라고 예언되어 있는데(40절), 이 또한 놀라운 예언이 아닐 수 없다. 그러나 교황권 자체에는 군사력이 없지 아니한가? 그러므로 다른 세력의 군사력과 경제력을 빌려야 하는 것이다. 그것이 바로 미국의 세력이었다. 교황권은 미국의 힘을 빌려서 공산권을 친 것이다. 또한 마지막 시대에 남방 왕은 "여러 나라"라고 성경은 언급하고 있다. 북방 왕이 남방 왕에게 복수하면서 마주 나와 "여러 나라"에 들어갈 것이라고 다니엘 11장 40절의 예언이 말하고 있는 그대로, 공산주의 나라들은 하나가 아니라 여러 나라들이었다. 소련 연방 아닌가! 그러므로 마지막 때에 북방 왕이 남방 왕을 칠 때에는 여러 나라에 들어 갈 것이라는 예언이 얼마나 정확한 예언인가!

교황권과 미국의 비밀 동맹

미국의 대통령에 당선된 로널드 레이건 대통령은 강한 미국을 표방하면서 무엇보다도 군사력을 크게 증강하였으며, SDI(Startegic Defence Initiative)라는 우주 방어 계획을 발표하였는데, 이것은 미국으로 날아오는 모든 종류의 미사일을 방어하는 시스템이었다. 그리고 교황권은 니카라과, 앙골라, 캄보디아 그리고 아프가니스탄 같은 지역에서 봉기되는 반공산주의 세력들을 후원하였다.

타임지 1992년 2월호는 "거룩한 동맹"이라는 제목으로 어떻게 레이건과 교황이 폴란드의 노조운동을 도왔으며, 공산주의의 죽음을 촉진하는 일에 공조하였는가에 대한 기사를 실었다. 이 기사에는 교황권이 미국과의 비밀 동맹을 통하여 소련을 무너뜨릴 수 있었다고 쓰고 있으며, 1982년도에 레이건과 교황이 만난 사진이 나오고 상호간의 협력을 협의한 사실이 기록되어 있다. 또한 이것은 세상 역사 가운데 가장 비밀스러운 동맹이었다고 설명하고 있다. 그리고 또한 폴란드에 있는 "솔리데리티 노동당"을 지지해 주기 위하여 미국의 CIA와 바티칸의 비밀 은행 구좌를 통하여 자금이 조달되었다고 설명하고 있다.

교황과 미국의 대통령은 마치 다니엘 11장 40절의 예언을 성취하듯이 현대의 남방 왕 무신론 세력인 공산주의 소련을 붕괴시키려고 힘을 합하였다. 유럽의 여러 나라들 역시 소련에게 압력을 가하는 요인이 되었다. 1990년 3월호 리더스 다이제스트에는 "미국을 비롯한 서구 세계의 군사적인 압력이 소련이 힘을 잃도록 만든 근본 원인이 되었다"는 기사가 실렸었다. "많은 배"는 경제적인 압력을 말한다.

고르바초프는 소련의 정치적 또 경제적인 생존이 공산주의 안에 존재하고 있던 많은 수의 기독교인들에게 의존되어 있다는 사실을 파악하였다. 구 소련은 경제 공황 상태에 있었다. 그 결과 그렇게도 강하던 소련은 차차 힘을 잃게 되고, 어이없이 붕괴하게 되는 사태를 부르게 된다. 그런데 놀라운 것은, 이 세상에 이루어지는 사건들은 신기하게도 약 2500년 전에 다니엘이 하나님께로부터 받은 예언의 현저한 성취라는 사실이다. 세계 무신론의 황제인 미하일 고르바초프가 그리스도의 대리자라고 말하는 교황 요한 바오로 2세를 방문하였다. 이 두 사람의 만남은 20세기에 일어난 가장 드라마틱한 영적인 전쟁을 상징한다.

1989년 12월호 라이프지 기사 "동 유럽에 돌진해(rush) 온 자유는 교황의 승리"라는 대서특필의 기사가 있었다. "물이 넘침 같이 지나갈 것이요"라고 성경은 표현했다. 갑자기 물이 엄몰해서 홍수가 들이닥치는 것처럼 갑자기 교황권과 미국이 협력해서 현시대의 남방 왕인 공산주의를 무너뜨리고 말았다. 레이건과 교황권이 협력하게 된 동기를 아는가? 1981년도에 두 가지 사건이 일어났다. 미국의 레이건 대통령이 저격을 당하고 그 6주 후에 또 교황이 똑같이 저격을 당했다. 그 후 두 사람은 만나 회담 중에 "자신들이 살아남은 것은 서로 연합하라고 주신 신의 섭리다"라고 말했다. 레이건은 소련이 성경에서 말하는 적그리스도라고 믿고 있었다. 그래서 이 두 세력은 힘을 합하여 소련을 붕괴시키는 일을 도모하게 된 것이었다.

마지막 시대의 영화로운 땅

"그가 또 영화로운 땅에 들어갈 것이요" (단 11:41).

다니엘 11장 41절에 나오는 영화로운 땅이란 무엇인가? "그(북방 왕)가 또 영화로운 땅에 들어갈 것이요 많은 나라를 패망케 할 것이나 오직 에돔과 모압과 암몬 자손의 존귀한 자들은 그 손에서 벗어나리라." 교황권은, 공산주의가 무너진 다음에 영화로운 땅에까지 들어간다고 했는데 과연 "영화로운 땅"이란 어느 곳을 가리키는가? 그리고 교황권은 왜 영화로운 땅에 들어가려고 하는가? 그리고 많은 나라를 패망케 한다는 뜻은 무엇이며, 그 일을 벗어나는 존귀한 자들은 누구를 가리키는가? 마지막 시대에 교황권인 북방 왕의 공격에서 피해가는 자들은 누구인가?

옛날의 "영화로운 땅"은 이스라엘의 팔레스타인 땅을 의미했다. 예레미야 3장 18,19절 "그 때에 유다 족속이 이스라엘 족속과 동행하여 북에서부터 나와서 내가 너희 열조에게 기업으로 준 땅에 함께 이르리라 내가 스스로 말하기를 내가 어떻게 하든지 너를 자녀 중에 두며 허다한 나라 중에 아름다운 산업인 이 낙토를 네게 주리라 하였고…"에 언급된 "낙토"는 기쁨의 땅으로서 이스라엘이 기업으로 받을 약속의 땅을 일컫는다. 그러므로 고대 이스라엘은 옛날의 "영화로운 땅"이었으며, 그 땅의 지역은 팔레스타인 지방이었다. 고대 이스라엘은 사람들이 찾아 와서 복음을 듣기 쉬운 위치인 세계의 교차로에 자리잡고 있었다. 이스라엘은 하나님의 백성들을 위한 도피처였다. 그리고 이스라엘은 하나님의 백성들의 도피처로서 선택된 국가였다. 하나님께서는 고대 이스라엘을 축복하셨고, 복음을 전하는 매개체로 삼으시기를 원하셨다. 또한 이스라엘은 빛과 은총을 많이 받은 나라였다.

그러나 하늘의 원칙과 참 복음, 그리고 무엇보다도 하나님의 아들 메시야를 거절하여 죽임으로 하나님의 택하신 나라와 백성으로서의 특권을 잃어버렸다. 한 가지 성경 해석 원칙이 있다. 십자가 이전에는 이스라엘 나라가 문자 그대로 하나님의 백성이고 하나님의 택하신 나라였지만, 그들이 예수 그리스도를 메시야로 거절하고 하나님의 선택된 백성으로서의 기회를 거절했으므로 더 이상 이스라엘이 아니다. 십자가 이후의 이스라엘은 영적으로 하나님을 믿고 받아들인 교회(하나님의 백성)를 가리킨다. 그러므로 다니엘 11장 41절에 나오는 영화로운 땅은 십자가 이후, 즉 마지막 때에 등장하는 영적인 이스라엘 땅을 가리키는 것이다.

자, 그러면 현시대의 영적 이스라엘의 "영화로운 땅"은 어디일까? 현시대에 있어서 어떤 국가가 하나님의 참 백성들이 피할 수 있었던 도피처가 되었던 땅이었으며, 하나님의 백성들이 자신의 양심을 따라서 자유로이 하나님을 예배드릴 수 있도록 하기 위하여 하나님께서 오랫동안 보호해 오시고 마련하신 땅인가? 그리스도의 순수한 신앙을 심기 위하여, 그리고 진정한 종교의 자유를 위하여 세워진 국가가 있다면 그 나라는 어떤 나라일까? 피난 오는 주의 백성들을 붙들어서 종교의 자유를 주고 복음을 세상에 전파하기 위해서 택했던 국가는 두말 할 것도 없이 미국이다. 미국은 현시대의 "영화로운 땅"이라고 할 수 있다.

고대 이스라엘은 하나님께서 당신의 백성들과 진리를 보존하기 위하여 특별히 선택한 국가였으며, 그 지역은 인류의 문명이 싹트기 시작한 곳이었다. 주변에 바벨론, 이집트와 같은 강대국들이 융성하였기 때문에 세계 문명과 교통의 중심지에 자리 잡고 있어서, 많은 사람들이 복음을 접하기 쉬운 지리적인 조건을 갖추고 있었다. 팔레스타인 위에서는 바벨론이 항상 쳐들어왔고 밑에서는 애굽이 쳐들어왔던 것과 마찬가지로 이 마지막 시대에도 영화로운 땅에 세워진 개신교회를 영적인 바벨론인 교황권이 거짓 가르침으로 공격하였고 또한 남방 왕인 공산주의 세력이 공격을 했었다. 미국은 종교 암흑시대 이후에 하나님의 백성들을 위한 피난처로 선택된 국가이며, 모든 문명과 교통과 과학의 중심지이기 때문에 온 세상 사람들에게 복음을 전파하기 위한 조건을 골고루 갖추고 있는 현대의 "영화로운 땅"이다. 하나님께서는 다른 어떤 나라보다도 미국을 위해서 더 많이 역사하셨다. 그분께서는 미국을 당신의 백성들을 위한 피난처로 준비하셔서, 양심이 지시하는 바에 따라서 그분을 경배할 수 있게 하셨다. 미국에서 기독교 정신은 순수하게 진보되었고, 하나님과 사람 사이에는 오직 한 중보자만이 존재한다는 중요한 교리가 자유롭게 가르쳐졌다. 또 민간인들의 기구들과 산업의 팽창을 통하여 복음의 특권과 자유를 전하고 나타낼 수 있는 나라로 미국을 선택하셨다.

영화로운 땅에 들어가는 북방 왕

미국은 요한계시록 13장 11절에 "두 뿔이 있는 새끼 양"으로 예언되어 있는 것처럼, 두 뿔, 즉 종교와 정치의 분리라는 건국 이념 위에 세워진 국가였다. 그러나 새끼 양 같은 순한 짐승이 자신의 순수한 신앙을 버리고 타협하여 나중에 "용처럼 말하"는 무서운 존재가 될 것을 성경은 예언하고 있다. "그가 또 영화로운 땅에 들어 갈 것이요" 마지막 때에 북방 왕(교황권)이 영화로운 땅(미국)에 들어간다고 예언은 말하고 있다. "죽게 되었던 상처가 나은 짐승"으로 요한계시록 13장 3절 예언에 표현된 교황권은 상처가 나아가는 시점에 맞추어 점점 힘을 얻기 시작하였으며, 그리하여 성경은 마지막 때에 교황권이 남방 왕(무신론주의 공산권)을 무너뜨린 다음에 미국(영화로운 땅)에 들어갈 것이라고 예언하고 있다.

어떤 사람은 이렇게 말할 것이다. "이미 미국과 교황청이 대사를 교환하고 서로 왕래하고 있는데, 새삼스럽게 교황권이 미국에 들어간다니 그것이 무슨 뜻입니까?"라고. 여기서 "들어 갈 것이요"란 말은, 구교인 교황권이 신교인 미국과 종교적, 정치적으로 하나가 되어서 동일한 목적을 성취하기 위하여 동맹한다는 의미이다. 마치 공산주의의 몰락을 위해서 둘이 하나로 연합했었던 것처럼 말이다.

불과 백여 년 전만해도 천주교회는 철저한 개신교 국가인 미국에서 푸대접을 받았지만, 오늘날에는 미국에서 단일 종교로서는 천주교인들의 숫자가 모든 기독교파 중에서 가장 많다. 이제는 미국 국회에서 단일 종교로서 가장 많은 의석수를 확보하고 있는 종교는 천주교회가 되었다. 그러므로 이제는 미국의 국회의원들과 정치인들이 천주교인들의 투표 숫자를 크게 의식할 수밖에 없는 상황에 처했다. 더욱이 1993년 3월에는 천주교회 대표자들과 개신교회 대표들이 모여서, "복음주의자들과 카톨릭의 단결"이라는 선언문을 채택함으로써, 이제는 선거 때마다 미국의 국회의원뿐만 아니라 대통령 후보들까지도 천주교인들과 개신교인들의 눈치를 살피지 않을 수 없게 되었다. 2004년도의 부시 대통령의 선거도 천주교인과 개신교인들의 연합된 투표 때문에 당선된 것이 아닌가! 종교적 세력이 정치인들을 지배하고, 정치인들은 종교적 세력의 영향력을 이용하여 자신의 정치적 입지를 강화하는 것이 오늘날 미국 정치의 현실이다.

교황권과 미국의 연합

세상의 마지막 사건이 일어나는 중심 장소는 다른 곳이 아닌 "영화로운 땅" 미국이며, 그렇기 때문에 마지막에 온 세상을 자신의 세력에 넣으려는 작은 뿔의 세력인 교황권이 미국에 들어오려고 하는 것이다. 하나님의 마지막 백성들을 없애기 위하여 그렇게 하는 것이다. 중세기의 종교 암흑시대 동안에 유럽에서 로마의 정치 권력을 등에 업고 교황권이 최상권을 휘둘렀던 것처럼 마지막 시대에도 교회와 국가가 연합하여 그 일을 다시 하려는 것이다. 그 일을 미국 안에서부터 시작하려는 것이다.

요한계시록 13장 15절 후반부터 마지막 절까지 보면, 짐승의 표를 거절하는 사람은 모두 죽이라는 사형 명령이 예언되어 있다. 참으로 두렵고도 놀라운 예언이지만, 바로 이것이 성경이 지구의 종말에 대해서 예언하는 바이다. 짐승의 우상에게 경배하지 않고 짐승의 표를 받기를 거절하는 하나님의 백성들은, 예수 재림 직전에 중세기 종교 암흑시대 때처럼 다시 엄청난 핍박을 통과하게 될 것이다. 그러나 살아계신 하나님의 인을 받은 그분의 참 백성들은 끝내 승리하게 된다는 것이 요한계시록 13장이 하나님의 백성들에게 주는 메세지이다. 마지막 남방 왕인 공산주의의 몰락에 대한 예언이 놀라운 방법으로 정확하게 이루어졌던 것을 생각하면, "짐승의 표"에 대한 예언도 그대로 이루어질 것이라는 사실을 믿을 수밖에 없다. 마지막 시대에 짐승의 표가 내려질 것이고 또 한 번의 종교 개혁운동이 있을 것이다. 짐승의 표 환난이 임하면 아직도 오류와 어둠 가운데 있는 기독교회 안에서 완전히 개혁하자는 마지막 승리의 큰 운동이 있을 것이다. 십계명 전부를 지키는 운동이 있을 것이다.

1979년 9월 18일자 워싱톤 스타지에는 교황의 첫 번째 미국 방문에 대하여 다음과 같은 기사를 기재하였다. "과거에는 교황이 미국을 방문한다는 것은 상상만 해도 벼락을 맞을 일이었다. 그러나 이제 역사상 최초의 폴란드인 교황 요한 바오로 2세가 온 세계의 하늘에 빛나는 별로서 만 7일간을 우리와 함께 지내겠다는 약속 아래 미국에 오게 되었다. 정치가들은 앞을 다투어 그를 맞을 준비를 하고 있다. 여섯 개 도시의 시장들은 그들의 업무를 실제적으로 중단하고 교황을 맞이할 행사를 열렬하게 준비하였다."

개신교회의 지도자인 빌리 그래햄 목사마저 교황의 미국 방문을 크게 환영하면서 다음과 같은 글을 발표하였다. 1979년 9월 27일자, Religious News, "교황 요한 바오로 2세의 미국 방문은 로마 천주교회뿐만 아니라, 세계는 물론이요 온 미국 사람들에게 참으로 의미 깊은 사건이다. 현시점에 요한 바오로 2세는 세계의 영적 지도자가 되었다. 그가 여행하는 동안 나의 기도와 헤아릴 수 없이 많은 개신교도들의 기도가 그를 위하여 드려질 것이다." 1984년,

미국은 공식적으로 바티칸의 교황청을 합법적인 정부로 인정하고 대사를 바티칸에 파견했다. 냉전시대의 초강대국이었던 구 소련 역시 1989년 고르바초프가 바티칸 도서관에서 교황을 만나는 자리에서도 교황을 인정하고 그의 협조를 구하였다. 옐친이 고르바초프 정권을 넘어뜨리고 러시아를 세운 후에, 그는 곧바로 1991년에 바티칸과의 관계를 재결성하였다.

전 예수회 신부였던 말라카이 말틴(Malachi Martin)이 쓴 "피의 열쇠"(The Keys of this Blood) 란 책은 우리에게 놀라운 사실들을 가르쳐 주고 있다. 다음은 이 책의 첫 장의 3쪽과 15쪽에서 간추린 것이다. "원하든지 않든지, 준비가 되었든지 그렇지 않든지 간에, 우리 모두는 전면적이고도 무제한의 방법을 통한 3자간의 세계적 정권다툼에 휩싸여 있다. 이 경쟁은 누가 지구 역사상 처음으로 세계를 한 정부 아래로 통합시키느냐 하는 것이다. 비록 많은 사람들에게는 숨겨져 있지만, 요한 바오로 교황이 선택한 정책과 매일, 매년 분투하고 있는 그의 싸움의 목표는, 바로 이 경쟁에서 승리하는 것이라는 사실은 너무나도 분명하다. 이 경쟁은 지구 인구 60억 전체에 영향을 미칠 것인데, 모든 개인과 모든 집단을 지배하고 조종할 수 있는 강력한 세력을 누가 확보하여 휘두를 것인가에 관한 경쟁이다. 또한 이 경쟁은 수단 방법을 가리지 않는 무제한의 경쟁이다. 일단 경쟁이 끝나면 세계와 그 안에 있는 모든 것, 즉 개인과 국민의 생활 방식, 가족 관계와 직업, 무역과 상업과 화폐단위, 교육과 종교와 문화, 그리고 이제까지는 누구나가 자동적으로 받았던 시민권(주민등록증)과 같은 제도들이 크게 바뀌게 될 것이기 때문이다."

같은 책 15쪽에는 다음과 같은 글이 이어진다. "이 새로운 세계 질서는 먼 훗날에 일어날 어떤 일로서가 아니라 이제 곧 일어날 일로서 우리가 살고 있는 이 두 번째 천년 기간의 마지막 10년 끝 부분에 소개되고 세워질 것이다." 소련과 미국과 교황권이 수퍼 파워로 싸우고 있다가 소련이 무너졌다. 이제 미국과 교황권이 협력해서 세상을 장악한다는 말이다.

짐승의 표 법령을 가속화 시키는 요소들

짐승의 표가 어떻게 강요될 것인가? 교황권이 짐승의 표를 강요하기 위해서는 반드시 교황권의 세력과 그의 다스리는 권세가 이 세상을 지배해야만 하는 사회적인 분위기나 어떤 극적인 상황이 발생해야 한다. 9.11사태가 그런 것이다. 요한계시록에 나오는 셋째 화(계 11:14)가 이 땅에 임하고 있다. 그리스도인들은 사회의 돌아가는 세태와 징조들을 잘 파악하여 마지막 때를 잘 분별할 수 있어야 한다. 그러면 지금 우리가 살고 있는 때는 어떤 때이며, 짐승의 표를 받도록 강요할 수 있는 사회적 분위기와 요소와 조건이 얼마만큼 이루어지고 있는가를 살펴보아야 할 것이다.

1) 사회적 분위기 – 각종 범죄로 인한 도덕성의 타락

지금, 미국은 정치적으로뿐만 아니라, 도덕적으로 종교인들의 도움을 절실히 요구하고 있다. 각종 범죄, 동성연애, 이혼, 미혼모, 음난, 마약 등과 같은 도덕적 가치 기준이 바닥에 떨어져 있는 미국의 현실은 수많은 미국인들의 마음에 불안감을 가져다 주고 있다. 이러한 상황은 미국인들에게 어떤 종교적인 힘이나 회복, 혹은 위대한 지도자의 영적인 지도력을 기대하게 만들고 있다. 미국의 기독교 보수파 단체들은 미국이 영적으로 회복되어야 한다고 믿기 때문에 사회의 타락상을 막는 유일한 길은 기독교의 힘뿐이라는 강력한 소신을 가지고 있다. 그래서 각종 사회 활동과 정치 활동에 참여하여 자신들이 믿는 종교적 신조들을 국가에 반영시키려고 매우 열심히 노력하고 있다. 특별히 미국 사회의 도덕의 타락과 십계명 준수에 촛점을 맞추어 추진하고 있다.

미국의 보수파 기독교인들은 미국의 영적인 회복을 위하여 종교운동을 정치에 결합시킨 일과 또 연방 정부의 자금으로 기독교 학교 특히 천주교회의 교구 학교를 지원하는 일과, 낙태를 막는 운동에 있어서 정치적으로 성공을 거두자, 이제는 동성연애를 사회적 문제로 부각시키고 있으며 각 공립 학교들과 법정에 십계명을 새긴 돌비를 세우는 운동에 박차를 가하고 있다. 이렇게 종교적인 이슈를 정치적인 이슈로 끌어들여 법제화하는 일에 성공하였기 때문에 종교적 이슈인 짐승의 표를 강요하고 이것을 법제화하는 길이 아주 용이해졌다. 사회적 이슈들을 국가 차원에서 추진하기 위하여 천주교회와 개신교회가 서로 손을 잡고 있다.

천주교회 내에서 어린 아이들이 성직자들에 의하여 성추행 당한 사실들이 드러나면서 놀라운 숫자의 천주교회 신부들이 그와 연관되어 있는 것으로 나타났다. 무너져 가는 바벨론의 상태를 눈으로 목도하고 있음에도 불구하고 천주교회와의 정략적인 연합이 없이는 자신들의 목표가 성공하지 못할 것을 알기 때문에 입을 다문 채 묵묵히 따라가고 있는 개신교회 지도자들의 눈먼 상태는 그들이 교리적인 입장에서뿐만 아니라 영적인 경험에 있어서도 음녀의 딸들이라는 사실을 스스로 증거하고 있다.

미국에는 현재 기독교 극우 보수파들의 움직임이 활발하게 진행되고 있다. 그러나 '미국이 옛날의 신앙을 회복해야 한다'는 그럴듯한 명제 아래, 정치권의 힘을 빌려 그들의 종교적인 주장을 펼치려는 기독교 극우 보수파들이 추진하고 있는 일들은, 과거 중세기 때 교황권이 행하던 행적과 같은 성격의 것으로서, 이것이 나중에 핍박의 세력으로 변하여 종교를 강요하고 짐승의 우상을 세워 하나님의 참 백성들을 핍박하게 될 것을 유추해 낼 수 있다. 그러므로 그들의 행보와 움직임을 주시해 보는 것은 중요하다고 할 수 있겠다.

2) 지구에 이르러 오는 재난들 - 경제 파탄과 천연재해들

이 지구에 증가하고 있는 천연재해들은 이 세상을 한 세력으로 통제해야 할 상황들을 야기할 수 있다. 계속해서 지구의 대기와 땅과 바다에서 엄청난 천연재해가 덮칠 것인데, 이때에 세계 경제는 파탄을 가속화시킬 것이다. 미국을 비롯하여 세계의 많은 나라들은 흔들리는 경제를 신기하게 오래 유지해 오고 있다. 미국의 부채가 상환하기에 거의 불가능한 상당한 액수라는 사실은 알만한 사람들은 다 알고 있다. 이제 머지 않은 장래에 야고보 5장에 있는 부한 자들이 통곡하며 울게 될 것이라는 예언이 세상을 깜짝 놀라게 할 것이다. 이렇게 갑자기 경제적인 파탄이 올 때, 이것은 미국을 비롯한 많은 나라들로 이 문제를 해결하기 위해 바티칸의 부와 리더쉽으로 향하게 할 것이다.

3) 일곱 나팔의 예언 중 "셋째 화"의 예언의 성취 (계 8~11장)

계시록 8~11장에는 마지막에 이르러 올 재앙, 곧 "화"에 대하여 예언하고 있다. 이 예언들을 연구해 보면, 우리는 현재 일곱째 나팔 시대에 살고 있다는 사실을 알 수 있다. 다시 말해서, "셋째 화"(계 11:14)의 시대에 살고 있다는 말이다. 우리는 "첫째 화"와 "둘째 화" 때에, 배도한 교회를 벌하시려고 하나님께서 채찍으로 사용하셨던 이슬람 세력이 현재 다시 일어나 미국을 괴롭히고 있는 모습을 보고 있다. 이러한 일들은 결코 우연히 일어나는 사건들이 아니다. 지금 미국은 배도한 기독교회의 중심지가 되었으며, 교황권을 지지하는 정치적인 세력이 되었다. 만일 이슬람 테러 단체들에 의하여 미국 땅에 한 번 더 큰 참화가 생긴다면, 우리는 잠시 후 짐승의 표를 강요하는 일을 보게 될 가능성이 높다. 9.11사태 이후에 미국의 정치체제는 계시록 13장의 예언을 성취시킬 수 있는 체제로 완전히 변모된 사실을 주목하게 된다. 지금은 하나님의 천사들이 **"사방의 바람을 붙잡"**(계 7:1)고 있는 시기이다. 그러나 바람을 놓게 되면서 마지막 예언들은 신속하게 성취될 것이다.

"많은 나라를 패망케 할 것이나 오직 에돔과 모압과 암몬 자손의 존귀한 자들은 그 손에서 벗어나리라"(단 11: 41).

교황권이 미국과 동맹하여 짐승의 표를 온 세상에 강요할 때, "많은 나라"에 있는 대부분의 사람들이 짐승의 표를 받게 될 것이다. 이 사실이 "많은 나라를 패망케 하"는 것으로 표현되었다. **"저가 모든 자 곧 작은 자나 큰 자나...오른손에나 이마에 표를 받게 하고"**(계 13:16). **"오직 에돔과 모압과 암몬 자손의 존귀한 자들은 그 손에서 벗어나리라"**(단 11:41). 성경에서 에돔과 모압과 암몬 자손들은 어디에 나오며, 어떻게 생성된 부족들인가? 창세기 19:30~38절에 소돔과 고모라를 피해서 나온 다음에 롯과 롯의 두 딸이 불륜의 관계를 맺음으로써, 불의한 자손을 낳는 이야기가 나오는데, 두 딸이 낳은 아이들의 이름이 "모압"과 "암몬"이다. 바로 이들이 모압족과 암몬족의 조상인데, 이 두 부족은 나중에 타락하여서 이스라엘의 역사를 통하여 하나님의 백성을 가장 많이 괴롭힌 부족들 가운데 하나가 되었다. 또한 "에돔"은 에서의 자손으로서, 그 역시 불순종과 패역함으로써, 하나님의 백성을 탄압하는 부족이 되었다. 그러므로 "에돔과 모압과 암몬 자손들"은 타락한 바벨론 교회들로서 하나님의 백성들을 핍박하는 종교적 연합 세력을 상징한다.

구약 시대에도 이들 세 부족은 서로 연합 전선을 형성하여 하나님의 백성을 계속해서 괴롭혔었다. 짐승의 표가 강요될 때에 거의 모든 사람들이 짐승의 표를 받게 될 것이다. 그러나, 세속과 거짓 복음에 의해서 타락한 개신교회와 마지막 북방 왕인 교황권이 서로 연합하여 미국 정부에 강력한 영향력을 행사함으로써 짐승의 표를 온 세상에 강요하게 될 때, 비록 그들의 기만적인 가르침과 세속적인 영향력 하에 있었을지라도 오직 순결한 믿음을 지키면서 진리의 빛에 순종하는 생애를 살던 "존귀한 자들"은, 하나님의 기적적인 도우심을 받아서 짐승의 표를 강요하는 세력의 "손"에서 "벗어"날 수 있을 것이다.

그러므로 이 말씀은 비록 교황권과 세속화된 기독교의 악한 영향력 하에서 교회를 다니는 그리스도인들 가운데도, 진실된 소수의 하나님의 백성이 있다는 사실을 말해주고 있다. 그러므로 어떠한 교파나 교단에 속해 있다는 사실이 중요한 것이 아니다. 중요한 관건은 진리를 올바로 이해함으로써, 사단의 기만에 빠지지 않고, 자신이 알고 있는 진리의 빛에 온 마음을 다하여 순종하는 생애를 사는 자들만이 구원을 받게 될 것이다. 그들은 짐승의 표를 거절하고 최후의 승리를 거두는 자들인 "에돔과 모압과 암몬 자손의 존귀한 자들"이 될 것이다. "짐승과 그의 우상에게 경배하고 그 이름의 표를 받는 자는 누구든지 밤낮 쉼을 얻지 못하리라 하더라. 성도들의 인내가 여기 있나니 저희는 하나님의 계명과 예수 믿음을 지키는 자니라"(계 14:11,12).

"그가 열국에 그 손을 펴리니 애굽 땅도 면치 못할 것이므로" (단 11:42).

미국의 정치와 개신교회를 점령하고 자기의 손에 넣은 북방 왕은 이제 아랍권을 굴복시킬 차례이다. 모든 비밀 조직은 바티칸의 하수인들이다. 그들의 온 세계 통제 목적의 길을 아랍 독재와 왕정세력들이 발목을 잡아왔다. '과연 북방 왕은 이 일을 어떻게 해결할 수 있을까?' 마지막 때에 애굽(이집트)이 아랍권 세력의 표상으로 등장한다. 그러나 북방 왕이 아랍권의 보물을 잡을 것이라고 성경은 예언하고 있다. 중동의 오일머니는 세계 경제를 뒤흔드는 기축으로 작용했다. 이렇게 막강했던 국가들이 자국민의 폭동과 시위로 무너지고 있는 것이다. 이것은 경제적인 것으로 인한 폭동이다. 이 갑작스런 사건들의 배후는 과연 누구일까? 그렇다. 북방 왕이다.

"그가 권세로 애굽의 금과 은과 모든 보물을 잡을 것이요, 리비아 사람과 구스 사람이 그의 시종이 되리라"(단 11:43).

43절은 짐승의 표가 강요될 즈음, 유사이래 없었던 경제 파탄이 온 세상을 덮을 것이라는 예언이다. 왜 이것을 경제적인 위기로 해석해야 할까? 구약시대에 애굽이 **"금과 은과 보물"**을 잃어버렸던 때를 생각해보면, 43절의 의미를 이해할 수 있다. 구약시대에 하나님께서는 이스라엘을 애굽으로부터 해방시키기 위해서, 계속적인 재앙을 애굽 땅에 보내셨다. 그리하여 결국에는 바로 왕과 모든 애굽인들은 자신들이 가지고 있던 보물들을 이스라엘 사람들에게 주면서, 애굽을 떠나달라고 애원하였다.

마찬가지로, 사탄이 온 세상에 짐승의 표를 강요하는 종말의 시간에는, 하나님의 진노하심을 표시하는 일곱 재앙(계 16장)이 내려지면서 지구의 대기와 땅과 바다에서 엄청난 천연 재해가 덮칠 것인데, 이때에 세계 경제는 파탄을 맞이하게 될 것이고, 이러한 상황은 사탄에 의해서 한층 악용되어서 결국에는 **"짐승의 표를 가진 자 외에는 매매를 못"**할 정도로 악화될 것이다(계 13:17). 그러한 때에 온 세상은 고대의 애굽 사람들처럼 하나님의 진노의 재앙을 막아 보려는 인간적인 생각으로 교황권의 영적인 권세 아래에 엄청난 "금과 은과 보물"을 가져다 놓을 것이다.

성경이 애굽(이집트) 다음으로 리비아를 지목한다. 그리고 구스를 지목한다. 애굽과 리비아는 북아프리카 지방에 있는 나라들로 폭동은 애굽, 리비아, 튀니지, 알제리, 모르코 등등 아랍권으로 번져갔다. 요르단, 바레인, 쿠웨이트, 사우디아라비아 등은 전쟁으로 이미 그 세력을 상실했으므로 아랍 귀녀이 다 몰락한 것이나 다름없다. 하루 아침에 북방 왕의 발목을 잡아 오던 이슬람 세력들이 쉽게 넘어갔다. 그 중 리비아는 가장 힘든 세력이었다. 그러나 아랍 국가연맹은 미국과 유럽에 도움을 요청했다. 북방 왕의 오랜 계략은 놀라운 예언을 성취시켰다. **"그의 시종이 되리라"**(단 11:43)

구약 시대에 구스(에디오피아)는 애굽과 함께 부자 이웃 나라였으며, 반면에 리비아는 애굽 옆에서 매우 가난한 나라였다. 그러므로 이 예언은 부자 나라나 가난한 나라 모두가 교황권이 강요하는 짐승의 표를 받게 되고 그의 시종이 될 것이라는 의미이다. **"모든 자 곧 부자나 빈궁한 자나 자유한 자나 종들로 그 오른 손이나 이마에 표를 가진 자 외에는 매매를 못하게 하니 이 표는 곧 짐승의 이름이나 그 이름의 수라"**(계 13:16,17). 다니엘 11장 43

절은 경제적인 문제로서 요한계시록 13장 16,17절과 매우 유사한 의미를 가진 예언이다.

마지막 시대의 종교 개혁운동

"그러나 동북에서부터 소문이 이르러 그로 번민케 하므로"(단 11:44).

"그가 또 때와 법을 변경하고자 할 것이며"(단 7:25). 천주교와 교황권은 임의로 하나님의 십계명을 변경하였다. 짐승의 표가 내려질 때 하나님의 법인 십계명을 완전히 지키는 종교 개혁이 생길 것이다. 16세기경에는 중세기 종교 암흑시대 때에 왜곡되었던 성경의 진리를 회복하기 위해 종교 개혁운동이 일어났다. 그러나 그 종교 개혁운동에도 불구하고, 작은 뿔의 세력이 1260년이란 긴 세월 동안 세상을 통치한 결과로 인해 너무 많이 왜곡되고 타협되어버린 진리는 완전히 회복되지 못하고 개신교 속에 많이 숨어 있다. 그러므로 종교 개혁운동은 계속 진행되어야만 하며, 세상 역사가 마쳐져 갈 즈음, 즉 짐승의 표가 내려질 때에 다시 한 번 큰 능력으로 일어나, 아직까지 미처 회복되지 못한 진리들이 완전히 회복되는 일이 반드시 생길 것이다.

성경에서 북쪽은 항상 하나님의 보좌의 위치를 말하며 또한 그리스도께서 이 땅에 오시는 방향이 동쪽이다. 그러므로 "동북에서부터 소문이" 온다는 것은, 예수 재림과 심판의 복음이며 이것을 알리는 큰 소리 외침을 가리킨다. "셋째 화"(계 11:14)가 올 때, 세계에 흩어져 있는 하나님의 참 백성들을 모으는 세계적인 또 하나의 놀라운 종교운동이 일어나게 될 것이다. 요한계시록 18장 1절에는 마지막 시대에 일어날 큰 종교 개혁운동을 "영광으로 온 땅이 환하여 지"는 늦은 비 성령 운동, 곧 큰 소리 외침으로 묘사하고 있다. "또 내가 들으니 하늘로서 다른 음성이 나서 가로되 내 백성아, 거기서 나와 그의 죄에 참여하지 말고 그의 받을 재앙들을 받지 말라"(계 18:4).

이때, 작은 뿔의 세력과 기만을 파헤치며 짐승의 표를 받지 말라고 경고하는 영광스러운 운동과 외침으로 인하여 각각 다른 종파에 속해 있던 하나님의 참 백성들은 참된 진리의 빛을 따라 함께 모이게 되는데 그들은 모두 짐승의 표를 거절하게 될 것이다. 마지막 때에 일어날 이 종교 개혁운동은 점점 더 완전한 빛으로 나아가 완전한 개혁을 이룰 것이다. 양심적으로 진리에 순종하며 진실되게 산 하나님의 참 백성, 곧 거듭난 그리스도인들은 어떤 교파에 속해 있었던지를 막론하고, 이 영광스러운 빛으로 온 세상이 환해지는 거룩한 부르심의 운동을 식별할 수 있을 것이며 이 소문을 듣고 함께 이 운동에 참여할 것이다. 짐승의 표의 환난이 오면 늦은 비 성령이 임해서 큰 마지막 부흥이 생긴다.

다니엘 시대에 두라 평지에서 있었던 시험의 관건은 둘째 계명이었다. 곧, 우상 숭배에 관한 것이었으나, 마지막 쟁점은 짐승이 바꾸어 놓은 하나님의 계명 곧, 넷째 계명이 관건이 될 것이다. 이것이 마지막 시대 종교 개혁의 쟁점이 될 것이다. 짐승의 표를 받으라는 강제적 명령이 내려질 때에 일어날 종교 개혁운동으로 인해서 짐승의 표의 쟁점이 되는 하나님의 계명에 대한 완전한 회복이 이루어질 것인데, 하나님의 신실한 참 백성들은 교황권이 변개한 계명을 지키기를 거절하므로 짐승의 표를 받지 않을 것이며, 또한 저들은 **"하나님의 계명과 예수 믿음을 지키기"**(계 14:12) 위해 목숨을 걸고 하나님께 충성할 것이다.

"그가 분노하여 나가서 많은 무리를 다 도륙하며 진멸코자 할 것이요"(단 11:44).

"짐승의 우상에게 경배하지 아니하는 자는 몇이든지 다 죽이게 하더라"(계 13:15). 늦은 비 성령을 받은 참 하나님의 백성들이 바벨론의 오류와 거짓을 지적할 때 북방 왕(교황권)은 화가 나고 번민해서, 넷째 계명까지 개혁해서 주의 계명을 온전히 지키며 예수의 믿음을 가지고 있고, 참된 마지막 종교 개혁을 이루고 있는 마지막 남은 참 교회를 진멸하고자 애쓸 것이다. "**사람들이 너희를 출회할 뿐 아니라 때가 이르면 무릇 너희를 죽이는 자가 생각하기를 이것이 하나님을 섬기는 예라 하리라**"(요 16:2). 그러나 하나님의 거짓 계명이 강요되고 핍박이 올 때, 그들은 하나님의 뜻에 충성하기 위하여 목숨을 아끼지 않을 것이다.

"그가 장막 궁전을 바다와 영화롭고 거룩한 산 사이에 베풀 것이나 그의 끝이 이르리니 도와 줄 자가 없으리라" (단 11:45).

이 말씀에서 하나님께서는 사단이 마지막 시대에 교황권을 통하여 어떻게 사람들을 기만하는가를 보여주고 계신다. "장막 궁전"은 전쟁시에 왕이 거하는 "텐트(tent)"인데, 여기서의 전쟁은 영적인 전쟁이다. 현재 교황권은 영적인 전쟁을 하고 있다. 특별히 미국에서 일어나는 모든 영적인 일들을 뒤에서 총 지휘하고 있다. 미국에서 돌비에 십계명을 새겨서 법정 앞에 세우는 일을 법적으로 추진하고 하고 있다. 현재 미국은 종교적인 색채를 강하게 띤 나라로 바뀌어 가고 있다. 기독교 보수세력이 힘을 얻고 득세하고 있다.

마지막 시대에 "그(북방 왕)가" 마지막 전쟁을 치르기 위해서, 자신의 활동 거점을 "바다와 영화롭고 거룩한 산 사이에" 세운다고 하였다. 그런데, "바다와 영화롭고 거룩한 산" 이란 무엇을 말하는가? 성경에서 "물(바다)"은 "사람들"을 말하며 (계 17:15), "거룩한 산"은 하나님께서 거하시는 곳을 뜻한다 "영화롭고 거룩한 산"은 고대 이스라엘에 있던 시온산의 또 다른 표현으로서, "영화롭고 거룩한 산" 또는 "시온 산"은 모두 하나님의 참 교회를 상징적으로 표현하는 단어이다.

"영화롭고 거룩한 산"을 현재의 이스라엘로 볼 수 없는 이유는 이스라엘은 예수 그리스도와 그분의 진리를 거절함으로써, 국가로서의 그들의 은혜의 기간이 끝났으며 지금도 한 국가로서 메시야의 초림을 부인하고 있기 때문에 "영화롭고 거룩한 산"이 될 수 없다. 히브리서 12장 22절과 갈라디아서 6장 6절에서도 교회를 "하나님의 이스라엘"로 불렀다. 북방 왕은 하나님의 참된 교회와 사람들 사이에 장막 궁전을 칠 것이다. 일반 사람들이 하나님의 참 교회에서 흘러 나오는 진리를 듣지 못하게 가로막고 있다는 의미이다. 동북에서 오는 소문, 곧 "예수님께서 곧 재림하신다. 그것은 죄이며 오류다. 참된 진리로 돌아오라"는 주님의 마지막 심판과 자비의 기별이 하나님의 참된 그리스도인들에 의해서 전파될 때 북방 왕은 사람들로 하여금 그 진리의 말씀을 듣지 못하게 하기 위해 분노하여 그 사이에서 텐트를 치고 막고 있는 상태를 말하는 것이다.

　이러한 상황이 전개될 때 주님께서는 마지막 칠 재앙을 이 땅에 퍼부어 심판을 내리실 것이다. 북방 왕과 그 바벨론을 지지하는 모든 나라들과 세력들에게 주님께서 일곱 재앙을 부으시면서 심판하신다. "**그의 끝이 이르리니 도와 줄 자가 없으리라**"(단 11:45). 11장의 끝인 45절의 후반부에는 교황권의 최후의 종말이 나온다. 요한계시록 17, 18장에는 마지막 시대의 바벨론의 정체가 드러나며 멸망하는 모습을 보여주고 있다. 예수께서 재림하시기 전에 북방 왕의 종말이 먼저 오는데, 그때에는 누구도 교황권의 편에 서지 않을 것이며, 그를 도와줄 자도 없을 것이다. 왜냐하면, 마지막 시대의 하나님의 용사인 "하나님의 계명과 예수 믿음을 지키는 자"들이 교황권의 기만과 그들의 참된 정체를 폭로할 때 온 세상이 그 동안 교황권에게 당했던 기만을 생각하면서 복수의 칼을 교황권에게 들이댈 것이기 때문이다.

　요한계시록 17장에는 "**음녀**"로 상징된 교황권이 "**참람된 이름**"을 가지고 있으며, "**일곱 머리와 열 뿔**"을 가진 "**붉은 빛 짐승**" 위에 타고 앉은 모습으로 등장하는데(계 17:3), 계시록 17장 16절에서 천사는 세상 사람들에 의해서 처절하게 복수당하는 음녀(교황권)의 최후의 모습을 이렇게 묘사하고 있다. "**내가 본 바 열 뿔과 짐승이 음녀를 미워하며 망하게 하고 벌거벗게 하고**

그 살을 먹고 불로 아주 사르리라." 이 음녀는 딸들을 가지고 있다. 바벨론의 어미와 바벨론의 딸들이 있다. 이것이 오늘날 바벨론을 구성하는 총체적 세력이다. 다니엘 11장 40~45절은 우리가 살고 있는 이 시대에 성취되고 있는 사건들을 예언한 것인데 그 사건은 지금 순서대로 정확하게 진행 중에 있다. 이것은 무엇을 말하는가? 이제 이 세상은 곧 끝날 것이며 인간의 역사는 곧 종말에 이르고 예수께서 다시 오시게 될 것이라는 의미이다. 예수께서 재강림하시기 전에 짐승의 표의 환난이 있을 것인데 그때에는 하나님의 계명을 지키며 예수의 믿음을 가진 자들이 승리할 것이다. 다니엘서를 연구하는 모든 이들은 마지막 시대에 하나님의 참 교회 안에 속하게 되기 위하여 열심히 기도하며 말씀을 연구해야 할 것이다.

다니엘서 예언의 결론 | 제12장

The Conclusion

다니엘서 제 12 장

다니엘서 예언의 결론

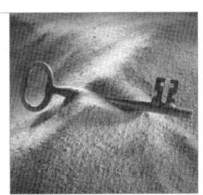

우리는 지금까지 다니엘서에 기록된 파노라마 같은 예언들을 함께 연구해 왔다. 참으로 하나님의 말씀 성경은 놀라운 계시임에 틀림이 없다. 시작부터 미래를 꿰뚫어 보시는 하나님, 당신의 백성들을 진리의 길로 인도해 주시기 위하여 앞으로 일어날 사건들을 상세하게 보여주시는 하나님을 배워 왔다. 다니엘서는 지구의 역사를 바벨론 시대부터 예수께서 재림하실 시기인 바로 우리가 살고 있는 이 시대까지를 분명하게 보여주고 있으며 마지막 시대의 모든 중요한 사건들을 확실하게 조명하여 주고 있다. 그러나 성경 예언의 사건들은 하나님께서 인류를 어떻게 구원하시는가 하는 구속사적인 면에서 사건들을 다루고 있는 것이지, 지구의 역사 그 자체를 설명하기 위해서 사건들을 다루고 있는 것은 아니다. 이러한 이유 때문에 성경에는 중국이나 러시아에 대한 예언들이 등장하지 않는다.

다니엘 11장 마지막 절들인 40~45절에 기록된 세상 마지막 예언에 대한 연구를 지나 이제는 다니엘 예언 연구의 마지막 단계로서 지구 역사의 마지막 환난과 우리의 준비, 그리고 간단한 예언들의 반복들을 다룬 다니엘 12장을 공부할 차례이다. 성경 예언은 하나님께서 오늘도 살아계셔서 지구 역사의 흐름을 주관하고 계시다는 사실을 확인시켜 주고 있다. 이 세상 역사가 우연히 꼴 지워지는 것처럼 보일지 모르지만 하늘의 하나님께서 역사를 붙잡고 운영하고 계신 것이다. 결국은 하나님의 역사 안에서 성도들이 승리할 것이다. 자 이제부터 본문에 들어가서 읽어 보자.

하나님의 참 백성을 호위하는 대군 미가엘

단 12:1

"그때에 네 민족을 호위하는 대군 미가엘이 일어날 것이요 또 환난이 있으리니 이는 개국 이래로 그때까지 없던 환난일 것이며 그때에 네 백성 중 무릇 책에 기록된 모든 자가 구원을 얻을 것이라."

다니엘 12장은 시작하기를, "그때에 하나님의 백성들을 보호하기 위하여 미가엘이" 일어날 것이라고 한다. 왜냐하면 "개국 이래로 없던 환난"이 일어날 것이기 때문이다. 여기에서 "그때에"는 어느 때인지에 대하여서 먼저 이해할 필요가 있다. 또한 "미가엘"은 누구이며 "개국 이래로 없던 환난"이란 무슨 환난을 말하는 것인지를 알아 보아야 한다. 다니엘 12장을 시작할 때에 왜 "그때에"라고 했을까? 물론 그것은 11장 마지막의 사건이 일어나는 바로 "그때"를 가리키기 때문이다. 그렇다면 다니엘 11장 마지막 부분에 기록된 사건의 때는 무엇이었는가? 그것은 다름이 아니라, 교황권이 분노하여 나아가서 하나님의 참 백성들을 죽이기 위하여 공격할 때이다. 바로 그러한 마지막 환난과 핍박인 짐승의 표의 환난이 생기는 "그때에" 미가엘이 다니엘의 백성들을 보호하기 위하여 일어난다.

여기서 "네 민족" 즉 다니엘의 민족이라고 했는데 그들은 유대인들일까?

아니다. 마지막 시대에는 유대인들만 미가엘의 보호를 받는 것이 아니다. 오늘날 중동 지방에 있는 유대인들 중에 누가 예수 그리스도를 메시야로 믿고 있는가? 그러므로 "네 민족"이란 다니엘과 같은 품성을 가지고, 다니엘처럼 하나님께 충성을 다하며, 다니엘처럼 성경의 진리를 믿는 자들을 의미하는 것이다. 마지막 시대의 환난의 시간에 당신의 충성스런 백성들을 보호하기 위하여 미가엘이 일어날 것이다.

앞으로 하나님의 백성들을 향한 마지막 핍박이 올 것이다. 마치 중세기 종교 암흑시대 동안 수천만 명이 순교 당했던 것과 같은 환난이 곧 우리에게 다시 일어나게 될 것이다. 그렇다면 그때에 주의 백성들을 보호하기 위하여 일어날 미가엘은 누구인가? 그분은 바로 예수 그리스도시다. 예수께서 마귀와 더불어 싸울 때의 이름이 바로 미가엘이다. 미가엘이란 히브리말로서 "누가 여호와와 싸우겠느냐?" 혹은 "누가 여호와와 같으뇨?"라는 뜻으로서 여호와 하나님 이외에는 가질 수 없는 이름이다. 미가엘이라는 이름이 쓰여진 다른 성경절들을 찾아보면 더 확실해진다. "**하늘에 전쟁이 있으니 미가엘과 그의 사자들이 용으로 더불어 싸울새 용과 그의 사자들도 싸우나 이기지 못하여 다시 하늘에서 저희의 있을 곳을 얻지 못한지라**"(계12:7,8). "**천사장 미가엘이 모세의 시체에 대하여 마귀와 다투어 변론할 때에 감히 훼방하는 판결을 쓰지 못하고 다만 말하되 주께서 너를 꾸짖으시기를 원하노라 하였거늘**"(유 9절).

그러므로 미가엘은 마귀와 싸울 때 쓰는 예수 그리스도의 다른 이름인 것을 알 수 있다. 하나님의 마지막 백성들인 여자의 남은 무리가 마지막 환난 속에서 죽음을 당면하게 될 때에 그들을 보호하기 위하여 예수께서 특별히 일어나셔서 성도들을 위하여 싸우게 될 것이다. 왜냐하면 그 전쟁은 매우 특별하고 중요한 전쟁이기 때문이다. 여러분은 미가엘의 보호를 받을 수 있는 믿음과 품성이 준비되어 있는가? 마지막 환난을 위해서 준비할 때는 바로 지금이다.

개국 이래로 없던 환난

그런데 왜 마지막 환난을 "개국 이래로 없던 환난"이라고 부를까? 과거에 국가들이 생겨난 이래로 그러한 적이 없다는 뜻이다. 상식적으로 생각해 보아도 앞으로 오는 환난은 과거에 있어 본 적이 없는 최대의 것이 될 것이다. 그 스케일이 전세계적인 것이 될 것이다. 지금처럼 전세계의 경제가 하나로 뭉쳐져 있고 일일 생활권 안에 들어와 있는 교통과 통신의 발달로 더욱 더 그러할 것이다. 사단이 마지막 시대를 위하여 준비한 환난은 참으로 엄청날 것이다.

마귀가 주의 참 백성들과 진리를 미워해서 마지막 환난을 불러올 때 여러분은 그날 어디에 있을 것인가? 그날 주님의 보호를 받을 수 있는 품성과 믿음이 준비되어 있는가? 그런데 다니엘 12장 1절의 "환난"이라는 단어의 의미는 육신적인 고난보다는 정신적인 고뇌, 정신적인 괴롭힘을 당하는 의미가 더 많이 포함되어 있다. 동일한 히브리어 단어를 쓴 예레미야 30장 6,7절을 보면 그 단어의 의미를 더 잘 이해할 수가 있다. **"너희는 자식을 해산하는 남자가 있는가 물어 보라 남자마다 해산하는 여인같이 손으로 각기 허리를 짚고 그 얼굴 빛이 창백하여 보임은 어찜이뇨 슬프다 그날이여 비할 데 없이 크니 이는 야곱의 환난의 때가 됨이로다 마는 그가 이에서 구하여 냄을 얻으리로다."**(렘 30:6,7)

이것은 육신적인 고통보다는 정신적인 고통을 의미한다. 마지막에 주의 백성들은 엄청난 정신적인 고뇌 가운데서 씨름하게 될 것이다. 야곱이 얍복강가에서 씨름한 이유는 무엇인가? 자기 죄가 용서받았음에도 불구하고 에서가 자기를 죽이려고 4백 명의 군사를 거느리고 온다는 소리를 듣고, 혹시 하나님께 버림받은 것이 아닌가 하는 고뇌 가운데서 그는 씨름했다. 그러한 정신적인 고통이 앞으로 주의 백성들 가운데 있을 것이다. 변치 않는 진실됨과 충성심을 가지고 마지막 환난을 통과하면서 놀라운 증인의 역할을 하게 될 것이다.

자기 죄가 진실로 용서받고 도말되어 없어졌다는 확신이 없는 자들은 엄청난 고민 가운데 멸망을 당하게 되는 환난이 된다. 이때에는 "책"에 기록된 자들만 구원받는다고 했다. 무슨 책일까? 물론 하늘의 생명책을 말한다. "**죽임을 당한 어린양의 생명책에 창세 이후로 녹명되지 못하고 이 땅에 사는 자들은 다 짐승에게 경배하리라**"(계 13:8). "**누구든지 생명책에 기록되지 못한 자는 불못에 던지우더라**"(계 20:15). "**무엇이든지 속된 것이나 가증한 일 또는 거짓말하는 자는 결코 그리로 들어오지 못하되 오직 어린양의 생명책에 기록된 자들뿐이라**"(계 21:27).

그러므로 생명책에 기록되지 않은 자들은 모두 멸망하고 책에 기록되어 있는 자들만 미가엘의 보호를 받아서 구원을 받을 것이다. 생명책은 모든 죄를 용서받고 그 죄의 힘에서 벗어나 승리한 자들의 이름이 기록되는 곳이다. 여러분의 이름은 지금 하늘 생명책에 기록되어 있는가? 여러분은 영생의 평화와 용서의 평화를 소유하고 있는가? 만일 소유하고 있지 않으면 지금 예수께 나와서 생애를 굴복하라. 아직 은혜의 시간이 있을 때 그렇게 하라. 죄를 용서받기는 했어도 똑같은 죄를 계속 지으면서 사는 사람들은 진실로 용서받은 자들이 아니다.

부활의 소망

> **단 12:2**

" 땅의 티끌 가운데서 자는 자 중에 많이 깨어 영생을 얻는 자도 있겠고 수욕을 받아서 무궁히 부끄러움을 입을 자도 있을 것이며."

그런데 다니엘 12장 2절에 이와 같이 이상한 말씀이 기록되어 있다. 이 말씀은 무슨 뜻일까? 이것은 예수께서 오실 때에 있을 특별한 부활의 사건을 상징한다. 예수께서 오실 때에 의인들의 부활이 있다. 그러나 어떤 소수의 특정한 악인들도 부활하여 예수께서 재림하시는 그 영광의 광경을 목격하고 다시 죽을 것이다. 원래 성경은 악인들의 부활은 천년기 이후에 있다고 말한다. 그러나 예수께서 오실 때에 소수의 특정한 악인들이 부활한다. 왜 그 악인들은 부활하게 될까?

예를 들자면 예수께서 십자가에 돌아가시기 직전, 유대 교회의 대제사장이었던 가야바의 법정에서 심판 받으실 때에 그 주위에 둘러서 있는 교회의 지도자들과 제사장들에게 다음과 같이 말씀하신 것이 성경에 기록되어 있다. "**예수께서 가라사대 네가 말하였느니라 그러나 내가 너희에게 이르노니 이 후에 인자가 권능의 우편에 앉은 것과 하늘 구름을 타고 오는 것을 너희가 보리라 하시니**"(마 26:64).

그러므로 예수 그리스도를 십자가에 못 박은 그 당시 유대교회의 지도자들과 로마의 군인들은 자기들이 죽인 그분이 과연 누구인지를 확실히 보게 하기 위하여, 비록 그들이 악인일지라도 미리 부활시켜서 예수께서 영광의 구름을 타고 재림하시는 광경을 보게하여 주실 것이다. 예수께서 오시는 광경을 보면서 그들은 이를 갈며 놀라다가 영광의 광채 속에 다시 죽게 될 것이다. 그래서 어떤 이들은 부활하여 영생에 들어가고 어떤 이들은 영원한 수욕을 받게 된다고 다니엘 12장 2절은 말씀하고 있다. 그리고 지혜 있는 자와, 많은 사람들을 옳은 데로 즉, 의로운 진리와 의로운 생애로 인도한 자들은 영원히 빛날 것이라고 했다. 영원히 하나님과 함께 살 것이라고 했다. 이 지구에서의 삶은 오래가지 않아 끝날 것이지만 주님과 진리를 위해서 희생하고 봉사하는 삶을 산 자들은 하늘에서의 큰 상급이 영원토록 별처럼 빛날 것이다.

성경이 뜻하는 지혜 있는 자

> 단 12:3

"지혜 있는 자는 궁창의 빛과 같이 빛날 것이요 많은 사람을 옳은 데로 돌아오게 한 자는 별과 같이 영원토록 비취리라."

"지혜 있는 자"란 무슨 뜻인가? 지혜 있는 자는 거룩하고 의로운 생애를 사는 자를 말한다. "오직 위로부터 난 지혜는 첫째 성결하고 다음에 화평하고 관용하고 양순하며 긍휼과 선한 열매가 가득하고 편벽과 거짓이 없나니 화평케 하는 자들은 화평으로 심어 의의 열매를 거두느니라"(약 3:17,18). 앞으로 환난이 올 것이다. 우리의 마음속에 있는 믿음이 진짜인가 아닌가를 시험할 엄청난 환난이 각 개인들에게 올 것이다. 우리가 진실로 의로운 사람인지 아니면 그저 지식적으로만 믿는 자들인지 시험하는 환난이 올 것이다. 여러분은 준비되어 있는가?

마지막 때까지 봉함되어 있던 다니엘서

> 단 12:4~9

"다니엘아 마지막 때까지 이 말을 간수하고 이 글을 봉함하라 많은 사람이 빨리 왕래하며 지식이 더하리라 나 다니엘이 본즉 다른 두 사람이 있어 하나는 강 이편 언덕에 섰고 하나는 강 저편 언덕에 섰더니 그 중에 하나가 세마포 옷을 입은 자 곧 강물 위에 있는 자에게 이르되 이 기사의 끝이 어느 때까지냐 하기로 내가 들은즉 그 세마포 옷을 입고 강물 위에 있는 자가 그 좌우 손을 들어 하늘을 향하여 영생하시는 자를 가리켜 맹세하여 가로되 반드시 한 때 두 때 반 때를 지나서 성도의 권세가 다 깨어지기까지니 그렇게 되면 이 모든 일이 다 끝나리라 하더라 내가 듣고도 깨닫지 못한지라 내가 가로되 내 주여 이 모든 일의 결국이 어떠하겠사옵나이까 그가 가로되 다니엘아 갈지어다 대저 이 말은 마지막 때까지 간수하고 봉함할 것임이니라."

얼마나 놀라운 말씀인지 모른다. 다니엘서 예언을 마지막 때까지 봉함하고 닫아 두라고 하신 이유는 무엇일까? 왜냐하면 그 당시에는 이해할 수가 없었고 다니엘서의 예언들은 마지막 시대를 위한 것이기에 그렇다. 그렇다면 언제가 마지막 시대인가? 4절은 말하기를 마지막 시대가 되면 많은 사람들이 빨리 왕래하며 지식이 더할 것이라고 하였다. 물론 이것은 엄청난 교통의 발달을 의미한다. 그러나 많은 사람들이 마지막 시대가 되면 빨리 서로 교통하면서 다니엘서의 예언을 연구하게 될 것과 예언들에 대한 깨달음과 지식이 더해질 것에 대한 내용도 포함되어 있다.

인류는 1800년도 말기까지는 과학적인 발명보다는 예술적인 발견 즉, 미술, 건축, 문학, 음악에 대한 발견에 더 관심이 많았다. 그러나 마지막 시대에 접어 들면서 갑자기 과학적인 발명의 시대가 도래하였다. 증기기관이 발명되더니 자동차가 나오게 되고 나아가서는 하늘을 나는 비행기들이 발명되고 나중에는 우주를 도는 인공위성과 로켓트를 발사하는 시대가 되었다. 지난 약 100여 년 동안 인류는 갑자기 놀라운 과학 문명의 시대를 만들어 냈다. 인류의 문명은 오래 전에 시작되었지만 불과 100년 전까지만 해도 마차를 타고 말을 달리는 정도의 속도로 세상을 여행했었다. 예수 그리스도의 시대에도 말을 타고 달렸고 종교 개혁 시대에도 그러했다. 지난 수천 년 동안 인류는 계속해서 말을 타고 달리는 속도로 교통했지만 성경의 예언대로 마지막 시대가 되자마자 사람들이 갑자기 빨리 왕래하기 시작했다. 교통의 속도가 짧은 시간 동안에 엄청나게 증가하기 시작했다.

그러므로 다니엘 12장 4절의 말씀은 "지금은 잘 이해가 안 될 것이니 마지막 때까지 다니엘서를 잘 봉함해 두라. 그러나 교통이 빨라지고 지식과 과학의 힘이 증가하는 마지막 때에 가서 사람들이 드디어 이 말씀을 이해하게 될 것이다"라고 하나님께서 말씀하신 것이다. 이제 먼 우주는 물론 소 우주인 우리의 인체 속에 있는 유전인자 DNA까지도 자세히 살펴서 아는 지식까지 가지게 되었고 몇 해 전부터는 생명을 복제하는 기술까지 가지게 되었다. 왜 이렇게 갑자기 교통의 발달과 지식의 증가가 폭등하게 되었을까? 성경이 그렇게 될 것이라고 말씀했기 때문이다. 만일 인간이 일찍부터 이러한 과학적 지식과 능력이 발달되었더라면 주님께서 오시기도 전에 원자폭탄 등과 같은 핵무기의 발달로 인하여 인류는 벌써 자멸하여 스스로 멸망하고 말았을 것이다. 그래서 하나님께서 마지막 시대가 올 때까지 이러한 과학적인 지식의 발달을 막아 오신 것이다. 지금은 말세이다. 개국 이래로 없던 환난이 곧 올 시대이다.

그 다음에 다니엘은 두 사람을 계시 가운데 보았다. 한 사람은 그가 계시를 보고 있는 을래 강변에 서 있고 다른 한 사람은 을래 강물 위에 서 있었다. 강 언덕에 서 있던 자는 천사였고 강물 위에 흰 세마포 옷을 입고 서 있던 분은 예수 그리스도셨다. 그런데 강 언덕에 서 있던 천사가 강물 위에 세마포를 입고 서 있는 예수께 언제나 이러한 일들이 끝이 나겠느냐고 질문했다. 그때에 예수께서 두 손을 하늘을 향하여 높이 드시고 맹세하시며 대답하셨다. **"반드시 한 때 두 때 반 때를 지나서 성도의 권세가 다 깨어지기까지니 그렇게 되면 이 모든 일이 다 끝나리라"**(7절).

"한 때 두 때 반 때"에 관해서는 이미 살펴 보았지만 여기서 다시 한 번 간단하게 복습해 보자. 한 때는 1년이라는 뜻이므로 한 때와 두 때와 반 때는 3년 반이라는 상징적 기간이다. 1년은 성경 예언에서 360일로 계산하기 때문에 3년 반은 1260일이 된다. 또한 기간 예언에서 1일은 1년이므로 1260일은 1260년이라는 기간의 뜻이다. 이것은 중세기 교황권의 핍박 기간을 가리키는 예언으로서 서기 538년부터 1798년까지 1260년 동안의 기간을 말하는 것이다. 이 1260년 동안의 핍박 기간 동안 성도의 권세가 깨어지게 되지 않았는가! 그 길고 긴 기간을 통과해야만 말세가 오는데 그때가 되면 성도들을 몹시 핍박해온 교황권의 세력이 잠시 동안 죽게 되는 상처를 받는 일이 생길 것이라는 예언이다.

그 이후부터는 즉, 1798년 이후부터는 이 세상이 말세가 시작되어 마지막 예언 시대로 접어들게 된다는 뜻이다. 그래서 성경은 1798년에 교황 피우스 6세가 프랑스의 혁명 세력에 의하여 죽게 되는 지점부터 이 세상이 말세로 접어들게 되는 것이라고 설명하고 있다. 그때부터는 하나님께서 이 세상 역사를 정리하시기 위하여 심판을 준비하시고 6000년 동안이나 진행되어 온 죄악의 역사를 끝마치시고 마무리 지으실 때가 되는 것이라고 예수께서 맹세하시는 장면이 바로 이것이다.

"…이 기사의 끝이 어느 때까지냐 하기로 내가 들은즉 그 세마포 옷을 입고 강물 위에 있는 자가 그 좌우 손을 들어 하늘을 향하여 영생하시는 자를 가리켜 맹세하여 가로되 반드시 한 때 두 때 반 때를 지나서 성도의 권세가 다 깨어지기까지니 그렇게 되면 이 모든 일이 다 끝나리라 하더라"(6,7절). 성도들을 핍박하던 북방 왕의 세력이 1260년이라는 예언적 기간이 끝나는 1798년까지 성도들이 큰 핍박과 고난을 당하게 될 것이라고 말씀하시는 것이다. 그러나 예수께서는 결코 성도들을 잊지 않으신다. 하나님은 우리가 진리를 위하여 투쟁한 싸움과 고난을 기억하신다. 여러분의 고통을 결코 잊지 않으시니 낙심치 말라.

1290일과 1335일의 예언

단 12:10~13

"많은 사람이 연단을 받아 스스로 정결케 하며 희게 할 것이나 악한 사람은 악을 행하리니 악한 자는 아무도 깨닫지 못하되 오직 지혜 있는 자는 깨달으리라 매일 드리는 제사를 폐하며 멸망케 할 미운 물건을 세울 때부터 일천이백구십 일을 지낼 것이요 기다려서 일천삼백삼십오 일까지 이르는 그 사람은 복이 있으리라 너는 가서 마지막을 기다리라 이는 네가 평안히 쉬다가 끝날에는 네 업을 누릴 것임이니라."

앞에서 공부한 6절에서 천사는 예수 그리스도께 언제가 되어야 이러한 일들이 끝이 나겠느냐고 질문했다. 천사가 예수께 물었던 질문의 요점은 도대체 언제가 되어야 성도들을 향한 마귀의 공격과 계략이 올바로 밝혀지고 심판되겠냐는 것이다. 언제쯤 하나님의 참 교회를 변호하시고 판단해 주시겠냐는 것이다. 천사의 이러한 질문에 대한 예수 그리스도의 답변은 다음과 같은 세 가지이다.

첫 번째, 하나님의 백성들은 교황권을 통하여 가해지는 사단의 공격과 시련을 받으면서 오히려 연단을 받고 믿음이 생겨 정결함을 입게 될 것이라는 것이다. 시련과 고난은 우리를 정결케 하는 방법들 중 하나이다. 악한 자들은 깨닫지 못하지만 지혜 있는 자들은 즉, 의로운 생애를 사는 하나님의 백성들은 깨닫게 될 것이다. 우리의 생애 가운데서 진리 때문에 의를 위하여 핍박당하는 경험들이 있는가? 주님께서는 그런 자들의 품성을 연단케 하셔서 마지막 환난을 통과할 수 있는 믿음을 주신다. 마지막 환난을 통과하는 믿음, 순교하는 믿음이 하루 아침에 갑자기 오는 것이 아니다. 매일 매일 주님과 함께 살면서 성령의 은혜와 능력을 받으면서 마귀와 싸워 이기는 자들, 시험과 유혹을 승리하는 자들이 바로 마지막 시대의 믿음을 준비하게 될 것이다.

두 번째, "매일 드리는 제사를 폐하며 멸망케 할 미운 물건을 세울 때부터 일천이백구십일을 지낼 것이"라는 것이다. 매일 드리는 제사를 폐한다는 것은, 두 가지 해석이 가능하다. 한 가지는 하늘 성소에서 진행 중이신 예수 그리스도께서 매일 드리시는 성소 봉사 사업을 무시하고 지상의 교회에서 신부제도를 만들어 죄를 용서하는 일을 함으로써 하나님께서 복음으로 인간들을 구원하시는 일을 오도하였던 교황권의 배도가 매일 드리는 제사를 폐한다는 말의 의미로 해석될 수 있다.

또 다른 해석을 살펴보도록 하자. 사실 매일 드리는 제사라는 표현에서 "제사"라는 단어는 원래 히브리어 원어에는 없으므로 매일 드리는 제사는 "매일 드리는" 또는 "항상 있어 온" 것으로 해석할 수 있다. 다시 말해서 지금까지 항상 있어 온 이교 로마 제국의 세력을 폐하고 교황권이 들어 선다는 의미로 해석할 수도 있다. 어쨌든 이 두 가지 해석 모두 교황권의 설립을 의미한다. 그러므로 교황권이 정식으로 교회 안에 확립되는 시기로부터 시작해서 1290일, 즉 1290년이 지나면서 마지막 시대가 도래할 것이요, 또한 교황권이 죽게 되는 상처를 받는 때가 이르러 올 것이라는 의미이다.

교황권이 확립된 시기는 우리가 배웠듯이 A.D 538년이다. 헤룰라이, 반달, 오스트로고스 이 세 족속인 세 뿔을 완전히 뽑아 버리고 로마교회의 감독이 교황권으로 자리를 잡고 일어나서 세계 교회의 감독이 되었던 해이다. 그래서 1798년에 교황 피우스 6세가 잡혀 죽게 되기 전까지 1260년 동안 다스렸다. 그런데 여기서는 1290년이라고 언급함으로 30년을 더한다. 그것은 교황권의 확립되기 시작한 해인 A.D 508년으로 거슬러 올라가서 적용시키는 예언이다. 물론 사실상 교황권은 A.D 538도에 그 세력이 확립되었으나 그렇게 된 원래 동기와 계기는 그 30년 전인 A.D 508년도에 발생했다.

508년도에 프랑스의 클로비스(Clovis) 황제가 이교에서 천주교회로 개종하고 로마교회의 감독인 미래의 교황에게 충성을 맹세했다. 그것은 그 당시 가장 강력한 군사력을 가지고 있었던 프랑스가 교황의 편에 서게 됨으로 온 세상과 교회를 다스리고 주관하는 실제 세력을 얻게 된 셈이 된다. 그래서 어떤 사람들은 교황권의 확립의 시기를 508년부터 시작된 것이라고 생각하는 것이다. 그러므로 이 시점에서부터 본다면 1260년이 아니라, 1290년으로 조금 더 긴 기간으로 볼 수가 있다.

그런데 성경은 교황권이 사람들에게 오류를 가르치며 거룩한 하나님의 성소와 진리를 멸망의 가증한 것으로 대치시킨 세력이기 때문에 그 세력을 멸망의 가증한 것 또는 참람된 것이라고 부르고 있다. 그러므로 1290년의 예언은 1260년의 예언의 반복으로 보아야 한다. 옛날 프랑스의 클로비스 황제가 교황권에게 굴복해서 교황권이 확립된 것처럼 오늘날 이 시대에도 이 세상에서 가장 강력한 군대를 가지고 있는 미국이 교황권에게 굴복하고 협조하고 있기 때문에 교황권의 세력이 이 세상의 가장 큰 세력으로 지금 부활하고 있는 것을 보고 있지 않은가! 이 멸망의 미운 물건을 세울 때부터 시작해서 1290년이 지나면 교황권이 죽는 일이 있을 것이고 말세가 시작되는 것이라고 말하고 있는 것이다.

또한 "**기다려서 1335일까지 이르는 사람**"(12절)은 복이 있다고 했다. 무슨 복일까? 앞에서 살펴보았던 것처럼 서기 508년 교황권이 확립된 시기부터 1290년을 계산하면 1798년도가 되는데 그것은 1798년도에 교황권이 죽게 되는 예언을 조금 다른 각도에서 다시 강조해 주신 예언이다. 1798년도에 교황권이 죽게 될 것을 부각시키기 위해서 1260년과 함께 1290년이라는 기간 예언을 주셨는데 서기 508년부터 1335년을 계산해 보면 1843년이 된다. 바로 이 해에 전 세계적으로 예수께서 이 땅에 다시 오실 때가 되었다고 외치는 재림 운동이 한창 진행 중이었는데, 그 당시 재림 운동을 하던 지도자들은 이듬해인 1844년도에 하늘에서 매우 중대한 사건이 일어날 것이라는 2300일의 다니엘의 예언을 확실하게 이해하고 외치게 되었던 해다. 그 예언을 확신하게 된 연합된 세력이 생긴 때가 1843년도이다. 다시 말해서 1843년도가 다니엘의 예언이 진실로 올바로 이해되기 시작한 해이다. 마지막 때에 대한 예언이므로 봉함하고 닫아 두라고 했던 다니엘서의 예언은 드디어 1843년도에 올바로 펼쳐지고 이해되기 시작해서 복을 받기 시작했다. 드디어 다니엘서의 중요한 예언들이 이해되는 시간이 오기 때문에 그때까지 "기다려서 1335일까지 이르는 사람"은 복이 있다고 말씀하신 것이다.

　1335일 예언이 마쳐지는 시간이 되자 드디어 다니엘서의 예언이 제대로 이해되기 시작했다. **"너는 가서 마지막을 기다리라 이는 네가 평안히 쉬다가 끝날에는 네 업을 누릴 것임이니라"**(13절). 이 예언들은 "너의 때에는 이해가 잘 되지 않을 것이다. 나중에 마지막 말세에 가서야 하나님의 성도들이 네가 본 마지막에 대한 계시들을 이해하게 될 것이다. 그러므로 너는 이제 가서 무덤에서 잠깐 쉬어라. 이제 마지막 시대가 되면, 말세가 되면 네가 네 업을 누릴 것이다. 네가 보고 기록해 둔 이 다니엘서 예언이 드디어 그때에 가서야 이해 될 것이다. 지혜 있는 자들, 의로운 자들, 스스로 정결케 되는 자들, 하나님의 말씀과 뜻과 계명대로 사는 사람들, 죄를 승리하는 사람들에 의하여 이 예언이 이해되고 감사케 될 것이다. 너는 네 할 일을 다하였으니 이제 무덤에 가서 편히 쉬어라"고 예수께서 다니엘에게 말씀하시는 것이다.

다니엘서를 마치면서

　이제는 우리의 차례가 되었다. 다니엘은 자기가 할 일을 하고 땅속에서 편히 쉬고 있다. 그러므로 이 예언들을 깨닫고 마지막 시대를 살아가는 사람들에게 책임이 놓여져 있다. 다른 사람들을 깨우고 오류에서 건져내어 진리로 인도할 책임이 우리에게 있는 것이다. 말세를 살고 있는 우리가 바로 다니엘이 경고한 그 일을 해야 할 후보들이다. 이 시대는 봉함되었던 다니엘의 예언을 이해해야 할 시기이다. 예수께서 속히 오신다. 다니엘이 예언하여 놓은 모든 예언들이 거의 다 이루어졌다. 이제는 개국 이래로 없던 환난의 때가 곧 다가오고 있는 시점이다. 요한계시록 13장 후반부에 기록된 짐승의 표의 환난이 다가오는 시기가 되었다. 이 세상에 살고 있는 모든 사람들을 시험하는 때가 되었다. 지금은 깨어서 근신하여 하나님을 만날 준비를 할 때이다.

여러분은 준비되어 있는가?

　엄청난 정신적인 고뇌가 있을 것이다. 그러나 주님을 사랑하고 진리를 사랑하는 사람들은 그 고뇌를 이길 것이다. 예수께서 겟세마네 동산에서 가지신 그 고뇌, 십자가에서 하나님 아버지께로부터 마치 버림받은 것 같은 고통을 성도들이 가지게 될 것이다. 그러나 예수께서는 믿음을 가지고 이기셨다. 요한계시록 14장 12절에 말씀하시기를 **"성도들의 인내가 여기 있나니 저희는 하나님의 계명과 예수 믿음을 지키는 자니라."** 십자가에서 죽게 되었을 때 예수께서는 엄청난 정신적인 고뇌 가운데 들어갔고 하나님께로부터 버림받은 것 같은 느낌을 느끼셨을지라도 끝까지 하나님을 믿고 신뢰하며 견디는 믿음을 소유하셨다.

　여러분은 그 예수의 믿음을 가지고 있는가? 예수님을 믿는 믿음이 아니고 예수님께서 가지고 계셨던 그 믿음을 우리도 소유해야 한다. 여러분은 준비되어 있는가? 이제는 살아계신 하나님의 인을 이마에 받아야 할 시기이다. 마귀의 고소 앞에 서서 하나님의 변호하심을 받고 의롭다고 인정을 받아야 할 시기이다. 주님께서 마지막 시대에 당신의 백성을 구원하시려고 각 개인의 심판의 책을 하나하나 펴실 때 마귀가 "이 사람은 구원할 수 없습니다. 내가 그들을 잘 압니다. 그들의 죄를 내가 기억합니다."라며 우리의 모든 죄를 들추어 고소할 것이다. 그때 주님께서는 우리가 회개하고 고백하므로 죄가 모두 용서받았다는 사실을 증명하셔야 한다. 또한 우리가 더 이상 그러한 죄의 세력에 붙잡혀서 노예로 끌려 다니지 않는 것과, 예수 그리스도의 힘과 능력으로 그러한 죄들을 승리하고 있다는 우리의 성품을 증명해 보이셔야만 한다. 용서받은 자가 똑같은 죄를 계속 짓고 있으면 용서받은 의미가 어디 있겠는가? 그래서 성경은 "이기는 자"에 대한 축복이 기록되어 있는 것이다.

　주님의 피의 보혈로 용서받고 우리 속에 내재하시는 성령의 능력과 하나님의 진리를 가지고 마귀를 승리하고 세상과 죄를 승리하는 생애를 살아야 한다. 주님께서 그러한 우리를 증인 삼으시고 마귀가 우리를 더 이상 고소할 수 없게 되어야 한다. 바로 그러한 상황과 조건 속에서 우리의 앞 이마에 보이지 않는 살아계신 하나님의 인이 쳐지게 되는 것이다. 그래서 마지막 환난 때 즉, 마귀가 하나님의 백성을 미워해서 죽이려고 할 때에 미가엘이 일어나서 그들을 보호할 것이다. 이 놀라운 시기에 우리는 과연 누구의 편에 속하여 있는가? 그때 여러분들은 누구 편에 설 것인가? 때가 얼마 남지 않았다. 예수 그리스도는 속히 오신다. 우리 모두가 다 미가엘 되시는 예수 그리스도의 보호를 받고 인침 받는 마지막 백성이 되기를 간절하게 기도드린다.

SOSTV 선교센터 안내

1. 〈웹사이트〉 ✔ www.SOSTV.net
분명한 진리의 말씀과 성경을 연구할 수 있는 효과적인 자료들인 월간지, TV 방송설교, 각종 세미나, 요한계시록과 다니엘 연구 동영상, 성경 주제별 공부시리즈, 아름다운 시와 음악 등 방대한 자료들이 준비되어 있습니다.

2. 〈인터넷 방송〉
차별화된 기독교 인터넷 방송이 제공됩니다. 성경강의는 물론 최근 시사들을 성경적인 관점에서 해석하는 시사뉴스, 그리스도인의 자녀 교육, 건강, 기독교 역사, 성경의 예언들, 채식 요리, 그리스도인 젊은이들이 세상을 바라보는 토크, 참 신앙을 찾는 사람들의 이야기, 거듭난 사람들의 간증, 예배 등 다양하고 유익한 프로그램들로 구성된 인터넷 방송국입니다.

3. 월간지 〈SOSTV MAGAZINE〉
매달 가정과 건강과 신앙에 관하여 중요하고도 참신한 기사들이 예쁘게 디자인된 총천연색 월간지에 실립니다. 각종 질병과 건강에 관한 천연 치료법들과 성경의 예언 및 구원에 관한 중요한 주제들이 심도 있게 다루어집니다.

4. 〈도서 단행본〉
요한계시록/다니엘 등 예언 연구, 복음, 그리스도인 생활, 교리, 그리스도의 생애, 기독교회사, 예배일에 관한 연구 등 삶을 변화시키는 진리가 담긴 책자들이 있습니다.

5. 〈성경으로 돌아가는 길잡이〉
성경 전체를 다양하고 심도 있게 공부할 수 있는 성경 연구 소책자 32권 시리즈

6. 〈미디어 선교〉
다니엘서, 요한계시록, 로마서, 히브리서 강해 및 각종 세미나와 설교 CD, DVD를 하나님의 말씀을 사모하는 모든 영혼들에게 보내드립니다.

7. YouTube 〈유튜브 채널〉 ✓ www.youtube.com/sostvnetwork

SOSTV에서 제작한 모든 영상을 PC와 스마트폰에서 쉽고 빠르게 보실 수 있는 〈SOSTV 기독교 방송〉 YouTube 채널이 준비되어 있습니다. YouTube에서 〈SOSTV〉를 검색하세요.

8. 〈팟빵〉, 〈팟캐스트〉 ✓ SOSTV 검색

컴퓨터와 스마트폰에 SOSTV의 영상과 MP3를 쉽게 다운받고, 들으실 수 있습니다.

9. 온라인 카페 〈그리스도인〉 ✓ http://kingsm.net

진리의 말씀을 사모하고 그 말씀대로 살아가길 원하는 사람들을 위한 온라인 카페입니다. 주제별로 분류한 월간지 글 모음! 다니엘서 및 요한계시록 Bible Study 자료 무료 다운로드! 채식 요리 레시피, 자녀 교육, 농사 일기 등 유용한 정보와 말씀으로 삶이 변화된 실제적인 경험이야기가 〈그리스도인〉 카페에 있습니다.

10. SOSTV 선교센터

〈SOSTV 선교센터〉는 깊은 영적 목마름을 해결하고자 진리의 생수를 찾는 그리스도인들을 위해 마련한 공간입니다. 지금까지 인터넷을 통해서만 접할 수 있었던 〈SOSTV〉가 여러분께 더 가까이 다가가고자 오프라인 성경 지식나눔터, 〈SOSTV 선교센터〉를 오픈하였습니다. 신앙생활을 하며 겪는 고민이나, 체계적인 성경공부, 성경과 관련된 질문이 있으신 분들을 위해 언제든지 방문할 수 있도록 오픈되어있습니다. 지금까지 〈SOSTV〉에서 발행한 월간지와 책자들, 설교 CD/DVD, 주제별 성경 공부 자료 등이 준비되어있으니 많은 도움 받으시길 바랍니다.

✓ 경기 남양주시 와부읍 덕소리 462-9 벽산메가트리움 218호 / ☎ 1544-0091

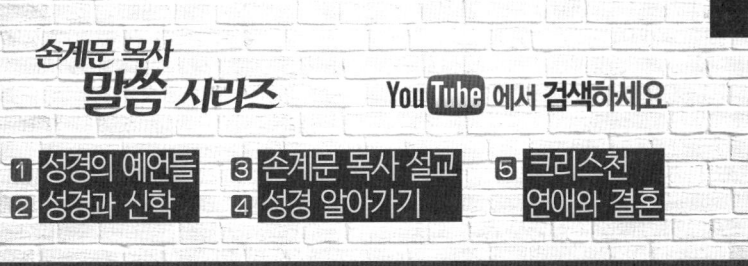

■ SOSTV 선교센터 후원 안내

SOSTV는 독자 여러분의 후원으로 운영되는 선교센터입니다.
여러분께서 정성스럽게 보내주시는 귀한 헌금은, 보다 많은 분들에게 진리를 전해 드리기 위하여, 가장 소중하고 조심스럽게 사용할 것을 약속드립니다. 책자를 보시고 마음에 감동을 받으신 분들은 아래 계좌로 후원을 부탁드립니다.

후원 계좌
(예금주:생애의 빛)

- 국민 : 611601-04-222007
- 신한 : 100-025-300569
- 우리 : 1005-601-482208
- 외환 : 630-006815-376
- 우체국 : 700245-01-002423
- 농협 : 301-0019-4151-11

후원하시는 분들은 세금 감면의 혜택을 받으실 수 있습니다.

■ SOSTV 선교센터 연락처

한국	1544-0091, sostvkr@hotmail.com
미국	1-888-439-4301, sostvus@hotmail.com
	P.O.Box 787 Commerce, GA 30529 U. S. A.
뉴질랜드	0800-42-3004(수신자부담), sostvnz@gmail.com
	55 Monk Rd. Helensville, Auckland, New Zealand
일본	050-1141-2318, sostvjapan@outlook.com
	〒298-0263 千葉県夷隅郡大多喜町伊保田53-1
	www.sostv.jp
중국	sostvnet@hushmail.com
	www.sostvcn.com

SOSTV Network

 카카오톡
아이디: SOSTV

 카카오스토리
아이디: SOSTV

 네이버
카페: 그리스도인

 유튜브 채널
검색: SOSTV기독교방송

 손계문 목사의 〈스토리 채널〉
검색: 이것이 그리스도인이다

 팟빵 & 팟캐스트
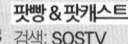 검색: SOSTV